Entrecruzamientos

ENTRECRUZAMIENTOS
D. R. © Luisa Valenzuela, 2014

Primera edición: junio de 2014

D. R. © 2014, derechos de edición mundiales en lengua castellana:
Santillana Ediciones Generales, S.A. de C.V., una empresa de
Penguin Random House Grupo Editorial, S.A. de C.V.
Av. Río Mixcoac 274, col. Acacias, C.P. 03240
México, D.F.

© Diseño de cubierta: Everardo Monteagudo

www.alfaguara.com/mx

Comentarios sobre la edición y el contenido de este libro a:
megustaleer@penguinrandomhouse.com

ISBN: 978-607-11-3363-2

Impreso en México / Printed in Mexico

Luisa Valenzuela

Cortázar - Fuentes
Entrecruzamientos
Fuentes - Cortázar

Para Ambrosio Vecino, en memoria

Presentación

De la escritura a la vida, ida y vuelta:
los pliegues de la historia

Nathalie Goldwaser
Dra. en Ciencias Sociales (UBA)
Dra. en Ciencias del Arte (París 1 - P. Sorbonne)

Que otros se jacten de las páginas que han escrito;
a mí me enorgullecen las que he leído.
No habré sido un filólogo,
no habré inquirido las declinaciones,
los modos, la laboriosa mutación de las letras,
la de que se endurece en te,
la equivalencia de la ge y de la ka,
pero a lo largo de mis años he profesado
la pasión del lenguaje.
[...]
No acabaré de descifrar las antiguas lenguas del Norte,
no hundiré las manos ansiosas en el oro de Sigurd;
la tarea que emprendo es ilimitada
y ha de acompañarme hasta el fin,
no menos misteriosa que el universo
y que yo, el aprendiz.

JORGE LUIS BORGES, "Un lector",
Elogio de la sombra, 1969

I

En el trabajo de investigación y reflexión de Luisa Valenzuela hay muchos hallazgos de los cuales quiero resaltar uno en particular: la intuición y la audacia de enlazar a Julio Cortázar y Carlos Fuentes, dos figuras que usualmente no son vinculadas en las prácticas canónicas de la crítica y la historiografía literaria. En ello Valenzuela genera una vía comparativa de exploración y acceso a las trayectorias de sendos monumentos literarios, atendiendo a aspectos eclipsados o directamente ignorados. Es decir, abona un terreno y recoge frutos de notable riqueza.

La comparación puede ser una metodología seleccionada *a priori*, o bien irrumpir como un descubrimiento. No cabe duda de que Valenzuela ha develado a la vez que ha llenado un vacío para los estudiosos de la historiografía y la historia literaria. El comparatismo, empresa necesaria y a la vez resistida, constituye una de las disciplinas que integran los estudios literarios, en las últimas décadas revalorizada gracias a los aportes de perspectivas críticas innovadoras. Con ello se contrarrestan los temores y se torna clara la importancia del comparar, puesto que esclarece no sólo las particularidades, sino también los escenarios comunes solapados tras las consecuencias de los grandes procesos históricos que atraviesan cada una de las dimensiones a comparar. Así, a diferencia de los escritos superficiales y carentes de rigor, sensibilidad y compromiso, y lejos de toda grandilocuencia sofisticada, el empeño de Valenzuela es ejemplar, pues se perfila en su audacia, derrotando cobardías, perezas y efectos de *Fata Morgana* que suelen padecer o acosar a muchos críticos.

Luisa Valenzuela traspasa esas fronteras y se proyecta hacia unos horizontes de cartografías lúdica, histórica, literaria y cuasi autobiográfica; y lo logra recobrando recuerdos de su propia cantera de vida, su memoria y la indispensable creatividad que como escritora ha brindado siempre y generosamente a sus lectores y lectoras. La autora entonces hace suyo lo que Marc Bloch, el padre de la Escuela de los Annales, aseveró en 1928: que la comparación es capaz de revelarnos lazos antes no conocidos y relaciones extremadamente antiguas de las que a simple vista no se podría señalar filiación común. En este sentido es que consideramos a *Entrecruzamientos* una labor de artesanía que, lejos de decorar, entrega al mundo cultural e intelectual una contribución única y sin precedentes, una muestra de hospitalidad crítica.

Pero hay algo más. Algo que a Valenzuela parecería, y sólo parecería, escapársele: cual obrera de *vitraux*, al mismo tiempo que funde el vidrio y lo tiñe de color, entremezcla sus elementos y dibuja una historia. Mira las obras de Cortázar y Fuentes a través de sus vidrios cromáticos, los combina, los separa e incorpora sus propias piezas. A lo que añade todavía otra riesgosa apuesta: parafraseando a Gilles Deleuze, este libro es un arduo trabajo de desentrañar pliegues, pliegues subterráneos, pliegues escurridizos de esas obras que han nutrido la cultura latinoamericana, pliegues que se repliegan y que Valenzuela deja deslizar para luego, sí, armar su propio *origami*, sus propias figuras, su propia materia-tiempo.

II

Cortázar - Fuentes son abrazados fraternalmente por Valenzuela, anfitriona que los aloja comprometiendo sus brazos, sus dedos, su mente, poniéndose al servicio de las obras literarias en un movimiento tridimensional, como quien se entrega a una velada talmúdica. Dos hombres y una mujer entrelazados en el tejido de la escritura. Cortázar, Fuentes y Valenzuela, en una suerte de constante errancia entre recuerdos, anécdotas, libros, signos, imágenes que se despliegan sin fin. Es una danza, y ellos son a la vez sus propios espectadores y bailarines. Cortázar lee a Fuentes y a Valenzuela, y dice que ella "es una de las mejores escritoras argentinas por su valentía, su lenguaje valiente, sin autocensuras ni ultranzas; exorbitado cuando es necesario pero recatado allí donde la realidad también lo es, autora consciente de discriminaciones todavía horribles en nuestro continente" —escribe Cortázar en el número 24 de *Review. Latin American Literature and Arts,* 1979— y a la vez llena de una alegría de vida que la lleva a superar las etapas primarias de la protesta o de la supervaloración de su sexo. El autor de *Rayuela* afirma que "leerla es tocar de lleno nuestra realidad, allí donde el plural sobrepasa las limitaciones del pasado; leerla es participar en una búsqueda de identidad latinoamericana que contiene por adelantado su enriquecimiento. Los libros de Luisa Valenzuela son nuestro presente pero contienen también mucho de nuestro futuro".

Fuentes lee a Cortázar y a Valenzuela, y en algún momento (1983) asevera que es la heredera de la literatura latinoamericana y un "sueño de Borges". Y aquí, una nueva coincidencia. Una visión de un horizonte latinoamericano que se reactualiza en la escritura, en las críticas, en las lecturas de la pluma de nuestra escritora, que rompe toda convención canónica.

III

Pero ¿qué aporta este libro? Sin lugar a dudas, Valenzuela ofrece las explicaciones más íntimas y recónditas, en una suerte de respuesta utópica, a la pregunta de por qué se escribe, cuál es esa necesidad, pasión o mandato que persigue un escritor o una escritora. Y esas preguntas como esas respuestas se convierten, de nuevo, en un pliegue tras otro pliegue infinitamente asible.

El objetivo del libro, por su parte, es explícito: lejos de ser un trabajo de análisis del discurso o de textos literarios —e incluso de una interpretación crítica de ellos—, es una "espeleología, un fisgoneo por las cavernas de la imaginación de cada uno de estos dos grandes escritores, tan dispares y a la vez con tantos puntos de encuentro" (Valenzuela dixit). Esa cueva indagada recibe más que justicia... recoge un reconocimiento nutrido por los diálogos revividos por la autora y en los que, de algún modo u otro, logra resucitar hombres fantásticos, únicos y hoy tan invocados por sus efemérides. Y el turno es de Cortázar para luego pasarle la posta a Fatone; y Fatone a Heráclito; y Fuentes a Reyes, Reyes a Nietzsche y a Buñuel, Breton, Benjamin, Agamben... se suceden otros y otras, figuras humanas y fantásticas como Diana, la Maga, Manuel, Aura, Anabel, madres, esposas, hijas, hijos, *madeimoselles*, geografías sanguíneas que se pasean de Banfield a París y de México D.F. a Londres, luego a Buenos Aires para volver a recorrer América Central, América del Norte y de Europa al más allá...

Aquí preferimos interrogarnos por Luisa Valenzuela: ¿De dónde emerge la escritura de esta autora? No bastaría leer *Hay que sonreír*, *Cola de lagartija*, *El mañana* o *La máscara sarda*, *El profundo secreto de Perón*. Podríamos indagar en sus libros de ensayo como *Peligrosas palabras* o *Escritura y secreto*... Habría también que indagar en sus notas como periodista, en sus fotos de viaje, en sus generosas presentaciones de libros, en sus clases en Estados Unidos, en Argentina, en México, en las múltiples referencias que hacen de ella. Sin embargo Valenzuela, que forma parte del núcleo duro de la producción literaria hispanoamericana, se coloca en ese lugar que Borges prefería: una lectora insaciable, intrépida, comprometida y, sobre todas las cosas, inteligente.

Entrecruzamientos

"Esto, como nada en mí, no es teoría literaria: son siempre
hipótesis. Botellitas al mar que podemos ir tirando y ustedes
pueden a su vez discutir o criticar."
JULIO CORTÁZAR, *Clases de literatura*, Berkeley, 1980

"Estamos en un cruce de caminos: tenemos que movernos de
la identidad adquirida a la diversidad por adquirir."
CARLOS FUENTES, Entrevista, 2003

"Se ha dicho alguna vez que en cada libro hay algo así como
un centro que permanece escondido; y que es para acercarse,
para encontrar y —a veces— para evitar este centro es que se
escribe ese libro."
GIORGIO AGAMBEN, Entrevista, 2004

A
Entrada - El juego

Julio Cortázar, Carlos Fuentes, un argentino y un mexicano. Norte y sur de nuestra América Latina (Homérica Latina la llamó Marta Traba, América Indoafrohispánica, la llamó Fuentes), dos extremos que al entrecruzarse se tocan por momentos y hasta se abrazan.

De ellos hay dos libros al filo de la muerte que dibujan, quizá sin que sus autores se lo hayan propuesto, las sendas poéticas. Las sendas sendas, los caminos que cada uno de ellos fue trazando a lo largo de una obra fecunda y excepcional.

Ambos libros son novelas, pero cobraron existencia de forma muy diferente. El primero quedó flotando en el aire, insustancial, hecho de la materia de la que están hechos los sueños. Tuve el enorme privilegio de conocer su contenido por boca del soñador y creo haber sido la única, por eso mismo asumí por años la misión de difundirlo. En más de una entrevista Cortázar mencionó ese sueño recurrente gracias al cual sabía que su nueva novela estaba al acecho, esperando el momento de pegar el salto hacia la luz; pero nunca antes explicó los detalles con los que habría de sorprenderme durante una memorable tarde en Nueva York a fines de noviembre de 1983.

Por su parte, Fuentes, el 1 de mayo de 2012 en la Feria del Libro de Buenos Aires, hizo el anuncio:

"La novela que acabo de terminar, *Federico en su balcón*, está protagonizada por dos interlocutores: el autor de la novela y el personaje Federico Nietzsche. Como Nietzsche dijo 'Dios ha muerto', Dios, para contradecirlo, le da una segunda vida a Nietzsche, pero le permite observar un mundo donde todo es un eterno retorno."

Julio Cortázar, 26 de agosto de 1914 - 12 de febrero de 1984.

Carlos Fuentes, 11 de noviembre de 1928 - 15 de mayo de 2012.

Más allá de esos dos libros que nos permiten enfocar su obra anterior desde una nueva perspectiva, hay todo tipo de cruces entre ambos escritores que vamos a explorar, aceptando las arbitrariedades propias de la literatura de ficción.

En la palabra Entrecruzamientos la X se cuela en reemplazo de la Z para honrar la incógnita, como en las matemáticas, o para simbolizar el abrazo, como en los mensajes amorosos. La disposición cruzada e invertida que en el quiasma óptico nos permite ver la imagen en toda su profundidad en este caso nos permite leer, desde estos dos autores seminales, la literatura latinoamericana más allá de fáciles etiquetas.

Julio Cortázar y Carlos Fuentes se alimentaron de la literatura que los antecedió y nutrieron la que vendría, y así la cosa: comer y dejarse comer y producir alimento. Producir, producir. Incansables ambos.

Al respecto pienso no sin cierta ironía en *Vidas paralelas* de Plutarco, lectura favorita —o al menos libro favorito para ser mencionado en entrevistas— de muchos de nuestros autócratas latinoamericanos. Plutarco define su obra como "un lance fútil, una palabra, algún juego" que "aclara más las cosas sobre las disposiciones naturales de los hombres que las grandes batallas ganadas, donde pueden haber caído diez mil soldados". Y pienso en las memorables ficciones, esas grandes batallas ganadas.

Cuando le pregunté a Fuentes en 2011 si había calculado cuántas páginas llevaba escritas me contestó que no, no las contaba porque no quería competir con el anuario telefónico.

Es que en ambos, Cortázar y Fuentes, tituló el deseo, compulsión o necesidad de decirlo todo. Cortázar lo intentó en la imperecedera *Rayuela*, Fuentes se largó de cabeza al ruedo con su primera novela, esa obra magna de memorable título: *La región más transparente*.

Para decirlo todo hay que romper con lo establecido y nadar contracorriente y darse de cabeza contra las paredes y vomitarlo todo, en lo posible.

Fuentes tenía más facilidad para el vómito integral, sin ambages, sin contenerse ante escatologías y espantos. En cambio Cortázar alguna vez habló de sentirse un caballo, y los caballos no tienen la salvadora capacidad de vomitar. Pero se desbocan. Julio buscaba desbocarse, si bien nunca irse de boca, no; mantener firme la rienda espoleando el lenguaje para llegar lo más lejos posible y tocar los límites de lo inefable. Caballo y a la vez jinete, montando en pelo y sin espuelas.

Fuentes en cambio fue un jinete con todos sus atavíos. Su silla de montar conoció la hibridez: criolla e inglesa, cerril y sofisticada; atributos que a veces chocaban entre sí sin por eso mandar al jinete al suelo. Más bien el jinete por los aires echando chispas, a pleno vuelo. Pegaso. Pegasos. La imaginación fue el caballo de ambos, a todo galope. Uno de ellos parecía galopar por las pampas del lenguaje en pos del inalcanzable horizonte, el otro trepaba montañas al tiempo que las rocas se desprendían a su paso y construían ciudades.

Metáforas, éstas, como un correr de los dedos sobre el teclado, trote firme. Sin embargo, curiosamente, ambos en algún momento tomaron la figura del caballo como materialización del deseo.

Pero desensillemos por ahora. Volvamos a lo nuestro.

No propongo acá un análisis de textos ni mucho menos. No será un trabajo crítico sino uno de espeleología, un fisgoneo por las cavernas de la imaginación de cada uno de estos dos grandes escritores, tan dispares y a la vez con tantos puntos de encuentro. La propuesta es simple. Entablar diálogos nutridos, reportando a veces los que mantuvimos en persona y otras poniendo a dialogar entre sí las palabras escritas de cada uno de ellos, imantándolas para ir descubriendo encuentros y rechazos.

¿Por qué se escribe, cuál es esa necesidad, pasión o mandato, al que atendieron sin tregua?

No fue la necesidad de contar historias, ni un afán constante de catarsis o expiación. Fue un intento de meterse en el meollo del secreto en busca del Santo Grial que explicaría el misterio de la vida.

El arte, dice Safranski, es sacar algo de la nada.

Distintas son las redes de cazar significado que Julio Cortázar y Carlos Fuentes fueron tejiendo con su obra. Ambas a veces se conectan como la red de Indra, esa telaraña cósmica con gotas de rocío que reflejan el mundo en su totalidad.

Para explorar dichas redes propongo un juego en el que iremos avanzando de casillero en casillero con una tirada de dados. Un juego que, nos lo dijo Einstein, Dios no juega pero nosotros sí, porque gracias a Mallarmé hemos aprendido que de todos modos nunca aboliremos el tan necesario azar. Menos mal. Gracias Dios, que no existe (Buñuel), que ha muerto (Nietzsche). De todos modos, Dios es un invitado bienvenido a nuestra mesa. Nuestra mesa de juego.

Lo nuestro no será un tablero de cuadros negros y blancos, o una sucesión de casillas o escaques como en el juego de la oca, sino más bien un laberinto espiralado, de esos que no están hechos para perderse sino para encontrar. El diseño configura la circulación de las energías y las circunvoluciones del cerebro. Se avanza hasta el centro, la roseta, y con la misma parsimonia se emprende el camino de salida retomando los circuitos de vaivén, esos meandros.

La espiral, símbolo de la orden de la *Grande Gidouille* patafísica que conmemora la panza del rey Ubú, también nos remite a los tiempos y espacios que circulan por la obra de Fuentes. Si somos afortunados, el laberinto como espiralada rayuela nos permitirá un atisbo de la región más transparente no ya del aire sino de esa materia inasible e invisible que constituye la creación literaria, la imaginación, la capacidad creativa que permite extraer, como por arte de magia, historias completas que manan como recién nacidas.

Será un juego, sí. Y para proponerlo tengo permiso del maestro secreto de Julio, el filósofo argentino Vicente Fatone quien, para justificar su libro *Cómo divertir a chicos y grandes*, explicó: "A muchos pudo extrañar que yo escribiese un libro de entretenimientos; pero cuento con el antecedente del filósofo

Heráclito, que alguna vez se entretuvo jugando a la payana con los niños. Y cuando algunos hombres importantes se detuvieron, escandalizados, al mirarlo jugar, Heráclito les contestó: '¿Qué miran...? (y agregó una palabra fuerte). ¿No les parece preferible esto a que me ponga a administrar la república con ustedes?'."

Y no hay duda de que el maestro de Carlos, Alfonso Reyes, también aprobaría la idea de juego. No puede ser de otra forma, tratándose del creador de las jitanjáforas, armadas con palabras que "juegan solas" y "no se dirigen a la razón sino más bien a la sensación y a la fantasía".

Cortázar y Fuentes. La obra de cada uno de ellos responde a una distinta música de fondo y a una diferente latitud de la geografía y del deseo, y sin embargo... Cortázar excava en busca del secreto escondido, Fuentes apila estrato sobre estrato para tratar de acceder a la inalcanzable altura. Parecería tratarse de contradicciones y sí, también de eso se trata, el juego se abre a una dialéctica que contiene los términos opuestos. Y las más inesperadas simetrías. Las siete diferencias y las siete semejanzas.

Julio Cortázar moraba en lo lúdico como en su propia casa. Porque la casa de lo lúdico tiene también sus sótanos y mazmorras, como toda mansión que se precie; tiene sus zonas de sombra que Julio no se privó de recorrer hasta el punto de ponerlas al descubierto en medio de la risa. O viceversa. Porque, qué tristes son sus historias más allá de las bromas y las travesuras de sus personajes. Casi siempre amores contrariados, búsquedas insatisfechas; como si la bruma del Río de la Plata soplara sobre esos personajes algo desamparados si bien valientes, dispuestos a enfrentarse a su vez con los propios conos de sombra. El espíritu del tango, ese pensamiento triste que se baila ("una lágrima asomada"), sobrevuela las páginas de Cortázar al igual que el espíritu de la rosa que no está pero deja sus imperceptibles huellas.

En cambio Carlos Fuentes, el otro jugador de esta partida, entra de pleno en lo oscuro sacudiéndose las tinieblas del lomo, dejándolas donde pertenecen, en el texto, para abrirle a quien lee las puertas del horror. Habiendo mencionado muy poco al humor en su discurso literario pero ejerciéndolo en más de una novela, el soplo que mueve sus páginas es un canto a la vida, cualquiera que ésta sea, la más baja, la más alta, la más abyecta o sublime.

Cuando dos seres o cosas combinan (la cartera y los zapatos, pongamos por caso) se dice que hacen juego. En la ruleta de la vida —para citar un tango— Cortázar y Fuentes hicieron juego entre sí sin proponérselo y eso es lo que este libro —metiéndose en el laberinto— pretende develar. Ellos jugaron a pleno, cada uno por su cuenta. Jugaron fuerte. Como aquel viejo amigo décadas ha, el reo filósofo como le gustaba autodefinirse, quien habiendo perdido hasta el último peso al grito de ¡Me juego entero! se tiró cuan largo era sobre una mesa de ruleta en el casino de Mar del Plata y con suma algarabía desparramó todas las fichas.

Cortázar y Fuentes también se jugaron enteros y supieron desparramar fichas a conciencia, abriéndole nuevas posibilidades a la escritura de ficción. Y cuando el Gran Croupier* exclamó ¡No va más! nos legaron sus ganancias.

---

* ¡No se puede pensar nada nuevo! Un mes después de haber escrito esto, avanzando en la investigación, leí en *Diana o la cazadora solitaria* de Carlos Fuentes: "las mañas de dios son peores que las de un croupier de Las Vegas". Como yo estaba pasando a la sazón unos días en el Uruguay, mi Croupier Celestial era más humildemente del Casino Nogaró.

B
Comienzos

Infancias

Al remontarnos a la infancia de cada uno de ellos nos metemos de cabeza en el juego de las diferencias. No pudieron haber sido más opuestas. El niño nacido en Bruselas el 26 de agosto de 1914, hijo de un oscuro funcionario del Consulado Argentino que habría de abandonar a su familia cuando el pequeño Julio tenía apenas nueve años y vivían en Banfield, una plácida localidad suburbana del Gran Buenos Aires, y el niño nacido en cuna dorada en Panamá el 11 de noviembre de 1928, día del Armisticio, hijo de un brillante diplomático mexicano, que habría de criarse en Washington D. C.

Tigre de madera el uno, Dragón de tierra el otro, de acuerdo con el horóscopo chino que tiene la bella condición de ser el más antiguo, cercano al *I ching* y a otras tradiciones que ambos apreciaban. He aquí un punto de contacto en medio de tanta diferencia: El Tigre y el Dragón, junto con el Conejo (ya volveremos a él más adelante) comparten las mismas cualidades: Creatividad, Consolidación, Crecimiento.

"Siempre seré como un niño para tantas cosas, pero uno de esos niños que llevan consigo al adulto, de manera que cuando el monstruito llega verdaderamente a adulto ocurre que a su vez éste lleva consigo al niño y en medio del camino se da una coexistencia pocas veces pacífica de por lo menos dos aperturas al mundo", supo reconocer Cortázar en "Del sentimiento de no estar del todo", *La vuelta al día en ochenta mundos*. Y en una vieja entrevista confesó que cuando sus personajes son niños u adolescentes los trata con enorme amor, él mismo se convierte en el adolescente mientras escribe. Muy distinto es cuando sus personajes son adultos.

El filósofo Giorgio Agamben en su libro *Profanaciones* cita a Walter Benjamin cuando dijo que la primera experiencia que los niños tienen del mundo no es "que los adultos son más fuertes, sino su incapacidad de hacer magia". Atendiendo a lo cual, Cortázar supo mantener intacta esa capacidad infantil, mientras que Fuentes, adulto desde muy temprana edad, hubo de reencontrarse con la magia (la magia creadora) en la tierra que le corre por la sangre. No en vano Breton encontró que México era el verdadero país surrealista. Y eso que Breton, como buen extranjero, nunca tuvo acceso a los misterios del mundo prehispánico que tan bien exploró Fuentes.

¡Pero qué niñitos pintan estos dos!

Un nonato que entiende todo como desde su limbo de narrador omnisciente dado al humor y que habla hasta por los codos (al menos a medida que los va adquiriendo en su desarrollo embrionario): *Cristóbal Nonato*: "mi padre dijo que quería tener un hijo (yo, cero años) con ella aquí en Acapulco de vacaciones frente al océano origen de los dioses que dice homérica ves pussy, arrastrándose boca abajo y desnudo sobre la playa caliente, sintiendo el muy cachondo cómo la arena del mediodía comienza a moverse entre sus piernas, acercándose a mi madre, diciendo coño origen de los dioses y de las diosas, arrastrándose como culebra, ceba, culea, celebra, cerebro, el sexo no anda entre las piernas sino dentro del coconut grove que produce más hormonas que cualquier otro planeta de nuestro afrodisíaco cuerpo solar mamacita alrededor del cuerpo esbelto, desnudo, inocente, divino de mi madre con su tomo de Platón cubriéndole la careta, mi padre y mi madre desnudos bajo los litros del sol torrencial y borracho de Acapulque el día que me inventaron a mí gracias gracias."

Y un bebé, Manuel, que todavía no habla, y menos aún lee, pero al cual le están preparando un ominoso cuaderno de recortes para que al llegar a la edad de la razón se entere a qué mundo de mierda (con perdón) lo han traído, contra su voluntad claro, como a todos nosotros. Y la cosa se le presenta complicada, al pobre. En *Libro de Manuel* "algún confuso y atormentado" personaje, a decir de su autor, "sueña algo que yo soñé tal cual en los días en que empezaba a escribir y, como tantas veces en mi incomprensible oficio de escritor, sólo mucho después me di cuenta de que el sueño era también parte del libro y que contenía la clave de esa convergencia de actividades hasta entonces disímiles. Por cosas así no sorprenderá la frecuente incorporación de noticias de la prensa, leídas a medida que el libro se iba haciendo: coincidencias y analogías estimulantes me llevaron desde el principio a aceptar una regla del juego harto simple, la de hacer participar a los personajes en esa lectura cotidiana de diarios latinoamericanos y franceses. Ingenuamente esperé que esa participación incidiera más abiertamente en las conductas; después fui viendo que el relato como tal no siempre aceptaba de lleno esas irrupciones aleatorias, que merecerían una experimentación más feliz que la mía. En todo caso no escogí los materiales exteriores, sino que las noticias del lunes o del jueves que entraban en los intereses momentáneos de los personajes fueron incorporadas en el curso de mi trabajo del lunes o del jueves; algunas informaciones."

Esto no es nada. Muchos son los niños que aparecen en cuentos y novelas de nuestros dos escritores sublimes que supieron mirar de frente todo el horror que se esconde tras la aparente inocencia. Esta mirada los hermana desde las tan opuestas regiones de su infancia. Por lo pronto, el amor de Cortázar a la infancia no le nubla la vista, y menos cuando decide hurgar en territorio autobiográfico y —pongamos por caso— describir su intento de matar a la bella vecinita que lo había traicionado, o al menos matar la planta de jazmines que ella amaba, con veneno para hormigas. "Los venenos" es el título del cuento. Venenos del alma.

Nada mejor se puede esperar de los dos Heredia, chamacos simétricos que Carlos pinta en *Una familia lejana*. Y los lectores (recordemos la desafortunada categorización de Julio, "machos y hembras", significando activos y pasivos), lectores y lectoras, retomo, lo apreciamos porque si de buenas intenciones está pavimentado el camino al infierno, más vale llegar a él por las sendas tortuosas y fascinantes, llenas de sorpresas, de las *malas* intenciones. Desde el punto de vista literario, claro está.

Tanto Julio como Carlos supieron dibujar esas sendas para invitarnos a transitarlas en su prosa, si bien vivieron sus respectivas infancias como una forma especial de paraíso.

Cortázar el centrípeto y Fuentes el centrífugo. Ambos se criaron bastante rodeados de mujeres. En casa de Julio además de su madre y su hermana estaban su abuela y su tía, pero él no escuchaba a ninguna de ellas. Enfrascado en sus libros vivía las aventuras como propias y se resentía profundamente cuando lo llamaban para algo tan banal como comer o bañarse. Era un niño raro, reconocía él, a quien le interesaba mucho más la lectura que los juegos propios de su edad. "Pasé mi infancia en una bruma de duendes, de elfos, con un sentido del espacio y del tiempo diferente al de los demás."

"Mi madre me ha dicho que desde los nueve años había que agarrarme por el cuello y sacarme un poco al sol, porque yo leía y escribía demasiado. Hubo un médico por ahí que recetó que había que prohibirme los libros durante cuatro o cinco meses, lo cual fue un sufrimiento tan grande que mi madre me los devolvió pidiéndome simplemente que leyera menos. Sin duda era necesario."

El pequeño Carlos en cambio disfrutaba plenamente del sol con las mujeres que lo apapachaban, para decirlo en su lengua. "De niño vivía en el extranjero pero los veranos los pasaba con mis abuelitas. Todo lo que yo sé del pasado mexicano lo sé por ellas, que me contaban estas grandes historias. Una venía de Veracruz y la otra era sonorense radicada en Mazatlán, Sinaloa. Me narraban historias de las dos costas. Historias fantásticas", me contó en una entrevista. Sus dos abuelas, una del Golfo de México y la otra del Pacífico, tan distintas entre sí a pesar de ser tocayas, doña Emilia Boettiger de Fuentes y doña Emilia Rivas de Macías.

Carlos no fue el único que aprendió de su abuela, abuelas en este caso, a habitar la fantasía. Su gran amigo Gabo García Márquez solía contar algo muy parecido.

Adolescencias

Si bien todos los caminos conducen a Roma, algunos tienen su punto de partida en Buenos Aires, por extraño que parezca. Al menos así lo demuestran los héroes de esta historia. Ambos pasaron sus años adolescentes en la antigua Capital Federal de la Argentina, hoy CABA (Ciudad Autónoma de Buenos Aires).

Hay catorce años de diferencia entre uno y otro, pero por esos vaivenes de nuestra política nacional (el eterno retorno, ya sabemos), les tocó vivir en épocas represivas, bajo dos gobiernos militares de facto. Cortázar: el general José Félix Uriburu; Fuentes: el general Pedro Pablo Ramírez.

Carlos Fuentes, el menor de los dos, contó en distintas oportunidades su feliz experiencia en la ciudad de los porteños, a la que llegó a los quince años en 1943. Su padre, Rafael Fuentes Boettinger, consejero de la embajada de México, era sin duda un hombre de ideas amplias y cuando su hijo se negó a ir a la escuela en un país donde el ministro de Educación era un fascista, el señor Fuentes le dio plena libertad. Eran los tiempos de Hugo Wast, repitió Carlos en sus distintos pasos por la Argentina y todos entendíamos quién se escondía tras ese pseudónimo: Gustavo Adolfo Martínez Zuviría. Si los nombres de bautismo condicionan, ser tocayo de Bécquer le sirvió a ese señor para devenir poeta, pero para nada más. Nacionalista, admirador de Franco, Martínez Zuviría alias Hugo Wast logró instaurar en su tiempo la enseñanza religiosa en las escuelas públicas. "Mira, yo vengo de la escuela pública de Washington, no soporto esto", le dijo nuestro Carlos a su padre, y don Rafael le dio a su hijo varón el ucase para que se dedicara a pasear ("Hoy detesto Washington" aclara Fuentes en su libro *En esto creo*. "Todo lo que era grande en mi niñez se volvió enano en mi vejez: los parques, las avenidas, las casas, la política, los políticos…").

"Pasear" en la jerga elegante de la época significaba ir adquiriendo ciudadanía de macho adulto. Y en ese mismo libro que es un vademécum de memorias semiconfesionales organizadas alfabéticamente, Carlos desgrana sus recuerdos de mi Buenos Aires querido en la letra U. "Urbes, ubres", se titula la entrada: "Buenos Aires donde me hice hombre y amé y circulé libremente y leí a Borges y me negué a repetir las consignas fascistas del régimen y entendí por qué el tango es un pensamiento triste que se baila y por qué un hombre podía enamorarse hasta el deshonor por Mecha Ortiz o Tita Merello."

Camino de hacerse hombre, Carlos se hizo noctámbulo y tanguero, hincha según sus palabras de la orquesta de Aníbal Troilo, mientras en sus horas diurnas frecuentaba la famosa librería El Ateneo y entretiempo —quizá el mejor tiempo— se dedicaba a enamorar a una vecina francesa que le doblaba la edad. Para conquistarla se ve que no necesitaba de los buenos oficios de El Ateneo sino de los del diariero, porque en el rubro "Sexo" del mismo libro detalla el encuentro: "Al fin, en Buenos Aires, a los quince años, negándome a ir a las escuelas fascistas del ministro Hugo Wast, me encontré con que en nuestro edificio de apartamentos de Callao y Quintana sólo quedábamos, a las once de la mañana, yo y mi vecina de arriba, una actriz bellísima con cabellera y ojos de plata. Mi primera estrategia sexual consistió en subir con mi ejemplar de la revista radial *Sintonía*, tocar a la puerta de la belleza y preguntarle: —¿Qué papel interpreta hoy Eva Duarte en su serie de "Mujeres Célebres de la Historia"? ¿Juana de Arco o Madame Dubarry? No olvido los ojos entrecerrados de mi ilusoria diosa de plata cuando me contestó: —Madame Dubarry, que es menos santa pero mucho más entretenida. Pasa, por favor."

La vecina era francesa y feliz era la vida con las francesas, sobre todo las apócrifas, en aquel Buenos Aires que le cantó a las *mademoiselles* Ivonne, donde toda muchacha "alegre de profesión", como las tildaba Horacio Quiroga, se decía venida de París. Y no mentía, poéticamente hablando, si se tiene en cuenta que en tiempos no tan lejanos nos contaban a los niños preguntones que a los bebés la cigüeña los traía precisamente de allí.

Vida feliz al menos para algunos, porque para otros la cosa no resultaba tan simple y radiante.

Julio en cambio pasó sus años de estudio en la Escuela Normal Mariano Acosta, donde se recibió en 1932 de maestro de letras y tres años después como Profesor de Normal en Letras. Entre uno y otro títulos pasaba tardes con sus amigos en el sótano de la confitería La Perla del Once, frente a Plaza Once (de Setiembre) o Plaza Miserere, a la vuelta de la escuela. En ese clásico café porteño se ofrecía el mejor café con leche con medialunas de la zona y tenía una tradición bien establecida dado que años antes había sido lugar de tertulia de Macedonio Fernández y sus adoradores: Xul Solar, Jorge Luis Borges, Raúl Scalabrini Ortiz, Leopoldo Marechal… Años después los alumnos avanzados del Mariano Acosta, escuela que en aquel tiempo sólo admitía varones, se concentraban en el sótano. Ellos también armaban allí una tertulia intelectual, sintiéndose secta secreta en los fondos de lo que bautizaron La Guarida.

Y fue en La Guarida que a los diecinueve años Julio, lector omnívoro, habiendo descubierto por casualidad el libro *Opium* de Jean Cocteau, alcanzó lo que él llamaría su camino de Damasco (el primero, porque el segundo sería su contacto en 1960 con la revolución cubana). Y perdiendo noción del tiempo se aisló por horas en un rincón del café desentendido de todos, deslumbrado por ese mundo de nuevas literaturas que él desconocía. Y ahí mismo, si bien Cocteau lo desdeñaba, se le despertó una ávida sed por incursionar en el surrealismo. "Todo lo que uno hace en la vida, y lo mismo en el amor, se hace a bordo del tren expreso que rueda hacia la muerte", leía el joven Julio en el libro de Cocteau. "Fumar opio es abandonar el tren en marcha; es ocuparse en otra cosa que no es la vida ni la muerte."

El joven lector entendió bien lo del tren expreso aunque siempre habría de desdeñar la droga, bien lo supo Paul Blackburn que al traducir "El perseguir" le explicó que las alucinaciones de Johnny Carter debían de ser obra de la heroína y no de la marihuana. "Me basta y sobra con la que natura me dio", dijo Julio alguna vez, "¿para qué voy a querer más?". La propia imaginación, esa droga, le bastó para bajar en lúcidos relámpagos de ese tren expreso y circular por otros rieles.

Todo lo cual hacía suponer que Julio había sido feliz en los estudios. Hasta que apareció en *Deshoras* el cuento "La escuela de noche" y surgió el tema que estaba sepultado en el tiempo. A una pregunta de Osvaldo Soriano en la entrevista de 1983, Cortázar respondió lo siguiente:

"No es solamente que la educación fuera mala sino que también había una tentativa, sistemática o no —al menos yo lo sentí así—, de ir deformando las mentalidades de los alumnos para encaminarlos a un terreno de conservadurismo, de nacionalismo, de defensa de los valores patrios, en una palabra, fabricación de pequeños fascistas, que es lo que cuenta 'La escuela de noche'."

La economía familiar (como ya se dijo su padre lo había abandonado, junto a su madre y a su hermana, cuando él tenía apenas nueve años) no le permitió cursar más de un año de universidad y debió aceptar a los veintitrés (1937) un puesto de maestro en esos pueblos o pequeñas ciudades "sin alma" de la provincia de Buenos Aires, Bolívar y Chivilcoy, para después trasladarse a la provincia de Mendoza. Fueron cinco años patéticos de su juventud de los que conocemos cartas melancólicas en las que habla de sus días solitarios dedicados a la lectura. Durante los cuales, cuenta en una carta, soñaba con conocer México.

Años más adelante, *La región más transparente* le avivó las ganas, según le escribió a Carlos al comentarle su novela, mucho antes de conocerse personalmente:

"Me queda de México una idea terrible, negra, espesa y perfumada. El miedo anda ahí rondando, el miedo que algunos relatos de Octavio Paz, que algunos recuerdos suyos me había permitido ya entrever. Pero a veces uno tiene miedo de las cosas que está empezando a amar de veras, yo sé que ahora tengo más ganas que nunca de conocer su país, de oír hablar a sus gentes con esa voz y esa gracia con que hablan en su libro."

A la espera de ese momento ansiado se seguían produciendo extrañas afinidades entre estos dos escritores, que en aquel entonces sólo se conocían por libros y por cartas. Por lo pronto descubrimos que Julio también tuvo su "francesa", muy distinta a la de Carlos en todos los sentidos. Ni siquiera era extranjera, pero las prostitutas porteñas de entonces se ponían esa etiqueta para cotizarse un poco más. De todos modos, poco importaba ese detalle, ya que su relación fue de otra índole. La conocemos por el relato "Diario para un cuento".

Julio era, en 1950, traductor público en un escritorio en la calle San Martín, en pleno centro porteño. "Esa posición ambigua del traductor, siempre un poco a caballo entre idiomas y situaciones" lo llevó a traducir las cartas de las prostitutas del Bajo para los marineros. El famoso puerto de Buenos Aires, gracias al cual se nos conoce como *porteños*, quedaba muy cerca, a "un tranco de pollo" como se decía entonces.

La "francesa" de Julio, al menos en la ficción, se llamaba Anabel. ("Anabel fue como la entrada trastornante de una gata siamesa en una sala de computadoras, y se hubiera dicho que lo sabía porque me miró casi con lástima antes de decirme que su amiga Marucha le había dado mi dirección.") Muy de Poe el nombre para ser real, pero con Cortázar nunca se sabe, en él siempre se rozaban la realidad (sea lo que ésta fuere, recordemos que Nabokov recomendaba escribir la palabra "realidad" siempre entrecomillada) y lo otro: imaginación, sueño, desplazamientos de sentido. O estaban peligrosamente entrelazadas, lo que fascinó y desconcertó al escritor que había en él desde la infancia.

La historia narrada en "Diario para un cuento" transcurre en un tiempo que no es de computadoras sino de una Olympia Traveller de Luxe que a decir del autor nada tenía de luxe y mucho de *travelada*. Corría 1951, fecha fácilmente recabable a partir de datos tales como la mención del famoso *knock out* del famoso boxeador Gatica o el párrafo que aún hoy algunos le reprochan a Cortázar por nuestras costas:

"Esos tiempos: el peronismo ensordeciéndome a puro altoparlante en el centro, el gallego portero llegando a mi oficina con una foto de Evita y pidiéndome de manera nada amable que tuviera la amabilidad de fijarla en la pared (traía las cuatro chinches para que no hubiera pretextos)."

Detrás de la truculenta historia que acaba por develar el diario del cuento late la fascinación —forma oblicua del amor— por esas chicas trabajadoras del sexo que le resultaban sin embargo inalcanzables al narrador:

"Pienso que lo hago por Anabel, finalmente quisiera escribir un cuento capaz de mostrármela de nuevo, algo en que ella misma se viera como no creo que se haya visto en ese entonces, porque también Anabel se movía en el aire espeso y sucio de un Buenos Aires que la contenía y a la vez la rechazaba como a una sobra marginal, lumpen de puerto y pieza de mala muerte dando a un corredor al que daban tantas otras piezas de tantos otros lumpens, donde se oían tantos tangos al mismo tiempo mezclándose con broncas, quejidos, a veces risas, claro que a veces risas cuando Anabel y Marucha se contaban chistes o porquerías entre dos mates o una cerveza nunca lo bastante fría."

Agua y aceite, así fueron las juventudes del tardío Julio y el precoz Carlos. Pero de eso se trata, también. Ambos aprendieron, antes o después, "a convertir el sexo en literatura. Un cuerpo de palabras clamando por el acercamiento a otro cuerpo de palabras", según escribió Carlos.

Comparo dos historias de vida que de muchas maneras son incomparables, pero hablan de la idiosincrasia de cada uno de ellos. Cortázar vivía un tiempo demorado, y si Fuentes publica su primera y magistral novela *La región más transparente* a los veintinueve años, recién a los treintisiete publica Julio un memorable libro de cuentos, *Bestiario*, que no era el primero ni mucho menos pero fue el primero que dio a la imprenta con su verdadero nombre. Antes había ya escrito cantidad de textos, pero sólo se había arriesgado a publicar un libro de poemas con el tímido seudónimo de Julio Denis, *Presencia,* al cual alude en una carta a Castagnino, que no figura en sus cinco tomos de correspondencia, del 14 de setiembre de 1938:

"No tengo novedades sobre mi libro; creo que aparecerá dentro de una quincena y entonces tus plúteos recibirán el ejemplar que corresponde a un amigo tan tolerante, tan bueno y tan sufrido. Estoy satisfecho tan sólo a medias de ese libro; es curioso cómo se opera una disociación total entre lo escrito y uno mismo, en cuanto el plomo y la cartulina entran en juego… No sé, francamente, qué voy a hacer con los 300 ejemplares."

También había escrito —las conocimos póstumamente— dos novelas, *Divertimento* y *El examen*, así como su verdadero primer libro de cuentos *La otra orilla*. Trabajos impecables, por cierto.

Pero todo Julio era así, como dilatado en el tiempo, cualidad maravillosa porque lo volvía más tierno, para nada acuciante, disponible. Por eso pudo tener lugar el memorable encuentro entre esa máquina de hacer y realizar, verdadera locomotora, que siempre debió de haber sido Carlos Fuentes y su colega catorce años mayor con quien intercambiaban epistolarmente la mutua admiración.

C
Uno y otro

El introvertido Cortázar y el extrovertido Fuentes. Vale la pena atender lo que opinaron el uno del otro.

Carlos hacía públicas sus opiniones, de viva voz y por escrito.

Julio, no menos demostrativo con la obra que lo entusiasmaba, lo decía en voz baja, en privado. Mandó cartas a troche y moche. El "epistolero" lo llama Jorge Boccanera y con justa razón: sus *Cartas*, en la edición a cargo de Aurora Bernárdez y Carles Álvarez Garriga (Alfaguara, Buenos Aires, 2012), suman tres mil treintisiete páginas repartidas en cinco volúmenes. Y hay más. Por lo pronto fue el mismo Boccanera quien escribió el introito a un conjunto de cartas fuera de la lista, aportadas por Juan Castagnino, nieto de Eduardo Hugo Castagnino, uno de los grandes amigos de Julio. Entre esas cartas, escritas entre 1937 y 1964, hay un cuento inédito cuya primera línea avala la propuesta del presente libro: "A los 8 años, Carlos María estudiaba con su prima las posibilidades de un juego violento y eficaz, que alcanzara para toda la siesta."

En 2002, durante la presentación en Buenos Aires de la Cátedra Latinoamericana Julio Cortázar (ver casilla **D**), Carlos Fuentes repitió su ya célebre frase: "A Julio lo conocí antes de conocerlo" y contó que en 1955 él editaba, junto con Emmanuel Carballo, la *Revista Mexicana de Literatura* ("nuestra revista renovadora, alerta, insistente, hasta un poco insolente), donde por primera vez se publicaron dos portentosos cuentos de Cortázar, "Los buenos servicios" y "El perseguidor".

En realidad, Carlos recordó el año de lanzamiento de la revista. "El perseguidor" apareció en 1957. Antes de eso, Julio le había escrito a su gran amigo Eduardo Jonquières, en carta fechada en París, 10 de octubre de 1956: "Me dicen que Goyanarte publica una revista-libro que está bien. ¿Podés darme tu opinión? Tengo un cuento *muy largo* (¡¡60 páginas!!) que me parece muy bueno. Me gustaría publicarlo en la Argentina y no en México, donde me lo piden. Es una especie de "testamento" y por eso quisiera que saliese en mi país. Si conocés a alguien en esa revista, quizá puedas saber si les interesaría. Dos condiciones: a) debe salir en un solo número; b) me niego a que le mutilen las frecuentes palabrotas que contiene, tales como culo, mierda, la puta que lo parió, y sus adláteres. En fin, si tienes ocasión, averiguame eso."

No sabemos qué respondió Jonquières, pero "El perseguidor" (no hay duda de que se trataba de ese cuento, verdadero parteaguas para Julio) no parece haber sido publicado en la revista-libro *Ficción*, si bien dudo de que Juan Goyanarte, gran novelista español a quien conocí bastante bien, autor de una gran novela titulada *Lago argentino*, se haya escandalizado por una "palabrota" más o menos.

Muchas veces son los imponderables los que abren camino a la gran amistad, como en este caso. Porque luego de ese deslumbramiento inicial Carlos continúa la historia.

Crucial para este cruce (valga la redundancia) es la célebre y larguísima carta que Julio Cortázar le envió al joven escritor Carlos Fuentes, de veintinueve años. Acababa de leer su primera novela e inauguraba sin saberlo un intercambio epistolar que abrió camino a la profunda amistad entre ambos. Carlos siempre dijo que para él había sido un honor recibir, al mes de haber publicado *La región más transparente*, "la carta más estimulante que recibí en mi vida", en la que Cortázar le señalaba lo que le había gustado. "Era una carta muy sensible, inteligente y digna de Julio Cortázar [...]. Mi carrera literaria le debe a Julio ese impulso inicial, en el que la inteligencia y la exigencia, el rigor y la simpatía, se volvían inseparables y configuraban, ya, al ser humano que me escribía de usted y con el que yo ansiaba cortar el turrón".

No era para menos. Por lo pronto, con fecha París, el 7 de setiembre de 1958, y bajo el encabezamiento de *Mi querido*

Fuentes, Cortázar se disculpaba por la demora en escribirle y se atajaba diciendo que lo haría al correr de la máquina, como si estuvieran charlando en un café. Empieza así a desgranar su deslumbramiento y también sus objeciones sobre la novela que ha leído con gran entusiasmo, de la que sólo había tenido noticias previas por la carta abierta de Emma Speratti.

"Yo no sé si su libro me ha hecho conocer un poco mejor a México. Me basta, por el momento, haberlo conocido mejor a usted y estar admirado de su talento de novelista. En su nota, Emma descuenta que usted puede dar más. ¿Por qué no? Usted debe ser el primero en creerlo. Tiene que creerlo, porque la prueba está a la vista. Nuestros libros nos escriben a nosotros, nos echan hacia adelante o hacia atrás. El suyo, amigo, le ha dado tal empujón, que desde ya espero la hora de leer el siguiente."

Hay mucho más en esa carta seria y profunda. Julio va a decir toda su verdad, no sólo su entusiasmo que le llevó a subrayar centenares de párrafos, sintiendo una "verdadera y auténtica fraternidad" por el escritor y percibiendo a algunos de sus personajes casi como si fuesen argentinos. También escribió:

"Me animaré a decirle, de entrada, lo que menos me gusta de su libro, que me ha gustado tan enormemente, que me da, creo, un gran derecho a criticarle lo que le encuentro de menos logrado. Es tan fácil quedar bien con un autor amigo cuando su libro es mediocre y correcto; basta una carta igualmente mediocre y correcta, y todo el mundo encantado. Con usted no se puede, che."

Y quizá dando el primer paso hacia esa tan citada y definitiva definición suya sobre géneros literarios: *la novela gana por puntos, el cuento por knock out*, Julio le dio el puntaje más alto al joven y brillante escritor mexicano: "Con usted hay que tirarse a fondo, devolver golpe por golpe la paliza que nos pega a los lectores con cada página."

Cierto es que más adelante el implacablemente sincero Cortázar se despacha a gusto:

"Usted ha incurrido en el magnífico pecado del hombre talentoso que escribe su primera novela: ha echado el resto, ha metido un mundo en quinientas páginas, se ha dado el gusto de combinar el ataque con el goce, la elegía con el panfleto, la sátira con la narrativa pura. No tengo el prejuicio de los 'géneros literarios': una novela es siempre un baúl en el que metemos un poco de todo. Pero, Carlos, salvo para los que conocen como usted su México, todo el comienzo del libro, con sus entrecruzamientos, sus *flash-backs*, sus asomos de personajes rápidamente escamoteados hasta muchas páginas después, provocan no poca fatiga y exigen una cierta abnegación del lector para salir finalmente adelante."

Carlos Fuentes por suerte no atendió ese consejo, o quizá sí, y en lugar de nadar en contra se dejó llevar por las múltiples corrientes que circulaban por su prosa. Si se dice que el optimista es el que ve el vaso medio lleno, el sabio triunfador es quien, vea como vea al vaso, siempre sabrá sacarle alguna enseñanza y provecho.

Los italianos distinguen el *arte di porre* del *arte di levare* (los pintores añaden y añaden color y textura para lograr su obra; los escultores, en cambio, tallan, van quitando capas hasta definir la figura que se escondía dentro de la materia en bruto).

El posicionamiento tan distinto ante la creación literaria de uno y otro no empañó en absoluto la naciente amistad. Todo lo contrario, quizá por eso de que los opuestos se atraen. Y el intercambio de cartas fue cobrando un ritmo más intenso y personal, cosa que encantaba a Carlos:

"Su correspondencia era el hombre entero más ese misterio, esa adivinanza, ese deseo de confirmar que, en efecto, el hombre era tan excelente como sus libros y éstos, tan excelentes como el hombre que los escribía.

"Por fin, en 1960, llegué a una placita parisina sombreada, llena de artesanos y cafés, no lejos del metro aéreo. Entré por una cochera a un patio añoso. Al fondo, una antigua caballeriza se había convertido en un estudio alto y estrecho, de tres pisos y escaleras que nos obligaban a bajar subiendo, según una fórmula secreta de Cortázar. [...]

"Verlo por primera vez era una sorpresa. En mi memoria, entonces, sólo había una foto vieja, publicada en un número de aniversario de la revista *Sur*. Un señor viejo, con gruesos lentes, cara delgada, el pelo sumamente aplacado por la gomina, vestido de negro y con un aspecto prohibitivo, similar al del personaje de los dibujos llamado Fúlmine.

"El muchacho que salió a recibirme era seguramente el hijo de aquel sombrío colaborador de *Sur*: un joven desmelenado, pecoso, lampiño, desgarbado, con pantalones de dril y camisa de manga corta, abierta en el cuello; un rostro, entonces, de no más de veinte años, animado por una carcajada honda, una mirada verde, inocente, de ojos infinitamente largos, separados y dos cejas sagaces, tejidas entre sí, dispuestas a lanzarle una maldición cervantina a todo el que se atreviese a violar la pureza de su mirada.

"—Pibe, quiero ver a tu papá.

"—Soy yo."

Imagino el abrazo que se habrán dado. Un abrazote de ésos. Me gusta visualizarlos así, el hombre altísimo y mayor que parece un pibe y el pibe (aunque no tanto, corría 1960) que desde siempre escribió como un hombre.

Hay otras escenas para el relato de los primeros contactos. Por ejemplo, cuando Carlos cuenta que fueron Ana María Barrenechea y Emma Susana Speratti quienes lo introdujeron a la literatura de Cortázar; más aún Speratti, no haciendo honor a su nombre, quiso juntarlos y le pasó un manuscrito secreto que luego Julio se negó a publicar. "Una novela de Cortázar cuyo eje narrativo era la descomposición del cadáver de una mujer enterrada con máximos honores bajo el Obelisco de la avenida 9 de Julio, en Buenos Aires. En ondas concéntricas, la peste, la locura y el misterio se extendían desde allí al resto de la República Argentina." Según Carlos, Julio acabó negándose a publicarlo por temor a que se juzgara erróneamente la novela. Tengo para mí, como habría dicho Borges, que se trataba de *El examen*, memorable novela que vio por fin la luz en 1986, post mórtem pero con el beneplácito de Julio.

"Julio fue un hombre que siempre se reservó un misterio", dijo Carlos. Y cuánta razón tenía. Y miren quién habla...

Desde joven Carlos admiraba tanto a Julio que, comentó muchos años después en rueda de íntimos, se animó a enviarle un manuscrito a su admirado amigo y colega. Julio le ponderó en detalle la novela pero le dijo que el final no estaba a la altura del resto, y él sin vacilar ni un instante modificó el final antes de entregarla a su editor. La común amiga que me contó esta llamémosla confesión de Fuentes no recordaba de qué novela se trataba, le pegunté a Silvia Lemus y ella tampoco supo responderme. Pero gracias al juego que me lleva a sumergirme en las aguas profundas de la escritura de estos dos grandes, creo que podemos arribar a una fácil deducción leyendo un fragmento de la carta de Julio a Eduardo Jonquières desde su casa de Saignon el 5 de mayo de 1966:

"Y hablando de buenos libros, acabo de leer el manuscrito de *Cambio de piel*, de Fuentes, que tiene verdaderas maravillas de escritura y de imaginación; no sé si la novela en su conjunto me parece tan buena como la mayoría de sus elementos; pero lo mismo creo que es un gran libro y sobre todo un libro 'por todo lo alto' como diría alguno de mis colegas españoles."

Al comprender esto comprendo también que me ha llegado el momento de hacer mi propia confesión. Y hablar de la vergüenza que arrastré por años hasta que la enorme cordialidad de Fuentes me hizo olvidar el *faux pas*. Que no habría sido para tanto de no ser que lo escribieron en cuerpo catástrofe, título a toda página del viejo periódico mexicano *El Sol de México*. Carlos Fuentes no me interesa, resaltaron esos pérfidos, cuando en realidad yo dije que no me había atrapado. La entrevista tuvo lugar a principios de los años setenta, a raíz de la publicación por la editorial Joaquín Mortiz de mi novela *El gato eficaz*. Eran los gloriosos tiempos del *boom*, y pasando revista a los nombres emblemáticos de entonces y yo de Fuentes sólo había leído *Cambio de piel*. Debí haber dicho más bien que no la había entendido, de puro y tan profundamente mexicana que es la novela; un mundo que yo recién empezaba a atisbar de lejos. Mis amigos de allá me consolaron diciendo que los de *El Sol de México* estaban enemistados con Fuentes. Igual me incomodó muchísimo que sacaran mis palabras de contexto.

En su célebre carta a Carlos sobre *La región más transparente*, Cortázar le reprocha tanto mexicanismo y le dice: "Mi mujer se quedó tan mareada con el comienzo, que tuvo que descansar unos días y volver a leerlo; entonces se zambulló de verdad y gozó del libro tanto como yo." Me sentí acompañada por Aurora Bernárdez, ávida y brillante lectora además de traductora de primera agua. Un triste consuelo postergado, porque yo recién retomé la lectura de *Cambio de piel* muchísimos años más tarde, cuando pude disfrutarla a pleno gracias a mi frecuentación de México y sus queridas gentes.

Por fortuna cuando al poco tiempo de aquella *gaffe* conocí a Carlos Fuentes en París, él no dio ni señales de haberse enterado. Lo que reitera su grandeza de espíritu, porque me temo que jamás se le haya escapado nada a su mirada de águila. "El Águila Azteca", lo llamaba Ugné Karvelis, entonces mujer de Julio, en un tono de voz cargado de fascinación. Leyendo *Terra Nostra* habría de enterarme que Carlos a su vez la apodaba la Walkiria Lituana.

Cortázar en cambio se autodenominaba el Gran Cronopio. Una forma, a mi parecer, de autodisminuirse, aunque disminuirse no sea la palabra. Mucho más me gusta lo de Epistolero. El pistolero que se esconde en el término jocoso de Boccanera le reconoce una fuerza que Julio siempre tuvo aunque siempre optó por ocultarla.

Y volviendo a los disparos epistolares que lo asocian a Carlos, rescatemos un párrafo de otra carta también fechada en Saignon diez años más tarde.

"3 de agosto (o 4?) de 1966

"El licenciado Arroyo se entusiasma demasiado, como habrás visto, pero mejor es eso que el estreñimiento insanable de un Murena. Recibí una carta de Fuentes donde me dice con enorme regocijo que en la reunión del Pen de Nueva York se dio el gusto de no saludar a Murena y explicarle que lo ignoraba olímpicamente a causa de su nota sobre mi libro. Es muy generoso por parte de Carlos, y supongo que le habrá caído pesado al otro. Volviendo a la nota de Arroyo, es divertido que divida el tiempo literario en A.C. y D.C., lo que es absurdo pero allá él. Supongo que mis iniciales lo ayudaron a organizar ese nuevo calendario, pero decile a Rocco, por si es amigo de

Arroyo, que yo siempre me sentí más cerca de Jean Cocteau que de JesuCristo por lo que a coincidencia de iniciales se refiere."

Y otra:

"Saignon, 25 de agosto de 1970

"Me hubiera gustado tenerte aquí el 15 de este mes; con motivo del estreno de la pieza de Carlos Fuentes en el festival de Avignon, hubo una gran rejunta latinoamericana que terminó en una pachanga espasmódica en mi casa. Tuve a Carlos, a Mario Vargas, a García Márquez, a Pepe Donoso, a Goytisolo, todos ellos rodeados de amiguitas, admiradoras (y ores), lo que elevaba su número a casi cuarenta; ya te imaginás el clima, las botellas de pastis, las charlas, las músicas, la estupefacción de los aldeanos de Saignon ante la llegada de un ómnibus especialmente alquilado por los monstruos para descolgarse en mi casa... Fue muy agradable y muy extraño a la vez; algo fuera del tiempo, irrepetible por supuesto, y con un sentido profundo que se me escapa pero al que soy sin embargo sensible."

Podemos apreciar la idea de los "monstruos" en esa referencia donde el epíteto *sagrados* lo agregamos nosotros, porque para Julio debió de haber sido una conmocionante invasión en esa calma casi arcaica de su casa-refugio donde él se encerraba los veranos para escribir, contemplando desde lo alto de la colina

"En el filoso cielo de la Alta Provenza, que a las nueve de la noche guardaba todavía mucho de sol y un cuarto creciente de luna, la nube Magritte estaba exactamente suspendida sobre Cazeneuve y entonces sentí una vez más que la pálida naturaleza imitaba al arte ardiente y que esa nube plagiaba la suspensión vital siempre ominosa en Magritte y las ocultas potencias de un texto escrito por mí hace muchos años y jamás publicado salvo en francés y que dice:

"Manera sencillísima de destruir una ciudad:

"Se espera, escondido en el pasto, a que una gran nube de la especie cúmulo se sitúe sobre la ciudad aborrecida. Se dispara entonces la flecha petrificadora, la nube se convierte en mármol, y el resto no merece comentario."

Como el resto no alude a la improbable nube de mármol sino al grupo de famosos que protagonizaron la "pachanga espasmódica" podemos libremente asociarlo a las barras, o turmas para decirlo en brasilero, que tanto apreciaba Julio en sus escritos: el Club de la Serpiente de *Rayuela* siendo el mejor ejemplo.

Hay más, porque se ve que la casa de Saignon en lo alto de la colina de la Alta Provenza estaba siempre abierta a los amigos, y hasta a los amigos de los amigos. *The friends of my friends are my friends*, habrá aprendido a decir de su lejana amiga de Bolívar, provincia de Buenos Aires, Mercedes Arias con quien a veces, con toda buena voluntad de aprendizaje, se carteaba en inglés.

El hecho es que uno de estos últimos, cierta plácida tarde, perturbó el ánimo de Julio diciéndole, e insistiendo mucho, que lo había visto en una excelente entrevista por televisión, en México, conducida por una joven rubia y bella. Julio lo negó, el desconocido insistió, Julio que no, que no, nunca había concedido entrevistas televisivas, le parecían una pérdida de tiempo, una desacralización del trabajo sagrado de escritor.

Tiempo después, en México, aceptó sin embargo ser entrevistado por Silvia Lemus Fuentes para su serie en Canal 11. Lo hizo por amistad a Carlos y porque estableció que sólo iba a hablar de la dictadura en Chile. Durante la conversación, de golpe le vino a la memoria aquella antigua historia y se dio cuenta de que sí, era cierta la entrevista con la bella joven rubia en México. Lo que estaba desfasado era el tiempo. Para su felicidad, porque el hecho probaba su sensación recurrente de las realidades paralelas. Y desfasadas, para mejor.

Los tantos otros encuentros y fascinaciones mutuas que se cruzaron entre Cortázar y Fuentes los conocemos gracias a Carlos. El recóndito y secreto Cortázar expresaba su aprecio en sordina. En su libro de ensayos *Cánones subversivos*, Gonzalo Celorio, estupendo escritor y cortazariano pasional, cuenta la emoción que sintió al poder revisar la biblioteca privada de Julio, unos cuatro mil volúmenes que Aurora Bernárdez donó a la Fundación Juan March de Madrid. Allí Gonzalo anotó los libros que su admirado anotaba, con letra minúscula y prudente pero con frases familiares, dialogando con los textos y sus autores como si los tuviera a su lado. Nadie mejor para apreciar esos detalles que el propio Celorio, quien a lo largo de los años supo dialogar, en su corazón, con el autor de su libro más querido: *Rayuela*.

"Guiado por [Jesús] Marchamalo, recorrí las estanterías del acervo y tuve una primera aproximación a un Cortázar eminentemente lector que, sin miramientos de ninguna especie, como conviene a los cronopios, subraya, marca, tacha, anota, comenta los libros que lee, armado de un lápiz o de un bolígrafo cualquiera, de tinta azul, verde o roja. Habla de tú a tú con sus autores, generalmente en español, pero también en francés o en inglés, según el caso. Discute con ellos, señala sus coincidencias y sus discrepancias, manifiesta su emoción, su admiración o su enfado, los alaba, los interroga, los increpa o los abandona, y, con un rigor insospechado, acaso más propio de los famas que de un cronopio de su estatura, corrige implacablemente cada una de las erratas, aun las más insignificantes, que le salen al paso."

Y lo que descubrió Celorio en el seno de esa casi biblioteca de Babel fue, entre tantísimas, cierta anotación de Julio "que pone, con tinta azul y en caligrafía diminuta, en el párrafo de *La nueva novela hispanoamericana* donde Carlos Fuentes dice que: '*Rayuela* es a la prosa en español lo que *Ulises* es a la prosa en inglés': '*oh oh (rubor)*'."

Tenemos aquí dos sencillos enigmas.

Adivinanza 1: ¿De qué tono será el rubor de un cronopio, teniendo en cuenta el verdor primigenio de esos "seres desordenados y tibios, [que] dejan los recuerdos sueltos por la casa, entre alegres gritos?" Aun siendo verde, un cronopio no es como un fruto y, por más pudoroso o avergonzado, con cualquier posible enrojecimiento lo menos que hace es madurar, proceso al que se resiste como gato panza arriba.

Adivinanza 2: El mencionado rubor en Julio ¿es fruto de su modestia, más o menos irónica, o de cierta vergüenza por haberle escrito a Carlos en aquella célebre carta del 7 de setiembre de 1958: "En suma: usted se ha despachado su 'comedia humana' en un volumen, sin pensar que contaba cosas ceñidamente locales, es decir muy difíciles para los no mexicanos, y presentaba situaciones que lindan muchas veces con un plano mágico metafísico (¿o religioso, en el sentido que lo entiende Teódula?), hasta llegar a una saturación no siempre comprensible. Por supuesto, *Ulysses* no hace otra cosa: pero creo que Joyce perseguía fines 'más literarios' que usted, ponía el acento en la técnica con un propósito de ruptura de moldes vetustos. En cambio su libro, hasta donde alcanzo a sentirlo, es una novela social —uso la palabra corriendo el riesgo de todos los malentendidos—, y tal vez hubiera ganado con un planteo más caritativo para el lector, sobre todo cuando no es un compatriota."

Fuentes por su parte entendió muy bien a Julio aun sin haber conocido la débil anotación al margen de un libro suyo. Y no escatimó elogios. Y volvió a repetir el símil en sus otros libros sobre la novela:

"La novela gana el derecho de criticar al mundo demostrando, en primer lugar, su capacidad para criticarse a sí misma. Es la crítica de la novela por la novela misma lo que revela tanto la labor del arte como la dimensión social de la obra. James Joyce en *Ulises* y Julio Cortázar en *Rayuela* son ejemplos superiores de lo que quiero decir: la novela como crítica de sí misma y de sus procederes. Pero ésta es una herencia de Cervantes y de los novelistas de La Mancha."

D
Cátedra

Consideraciones literarias y también de profunda amistad fueron tenidas en cuenta cuando Carlos Fuentes y Gabriel García Márquez decidieron donar a México y al mundo el monto de sus respectivas becas otorgadas por el gobierno mexicano en su calidad de Creadores Eméritos.

"Digo que amigos y enemigos literarios Gabo y yo hemos tenido —no siempre compartidos— muchos. Pero mirando nuestra vida de capítulos intercambiables, creo que hay un amigo escritor o mejor dicho un escritor amigo de ambos al que Gabo y yo colocamos por encima de todos.

"Es Julio Cortázar y creo que ni Gabo ni yo seríamos lo que somos o lo que aún quisiéramos ser sin la radiante amistad del Gran Cronopio. En Cortázar se daban cita el genio literario y la modestia personal, la cultura universal y el coraje local [...]. Lo había leído todo, visto todo, sólo para compartirlo todo."

Por eso, en nombre de su amigo más entrañable y admirado, en diciembre de 1993 crearon, junto con la Universidad de Guadalajara, la Cátedra Latinoamericana Julio Cortázar, "un espacio académico que rinde homenaje permanente a la memoria de Julio Cortázar, a su persona, a su obra y a las preocupaciones intelectuales que guiaron su vida", como reza el folleto en el cual podemos ver algunas de las pocas fotos públicas en las que Carlos, de iconografía tan adusta, está sonriendo, feliz.

La Cátedra Julio Cortázar fue inaugurada el 12 de octubre de 1994 y empezó sus actividades a principios del año siguiente con la conferencia magistral del entonces secretario general de la OEA, César Gaviria, sobre el tema: "Contradicciones al interior de un nuevo orden mundial... una visión cortazariana". Desde entonces mantiene firme su propósito: "Ser un espacio de confluencia de la imaginación, la razón y la crítica, un sitio para el diálogo y la reflexión sobre la sociedad y la cultura latinoamericana."

Vale la pena recordar, a cien años de su nacimiento y treinta de su muerte, los grandes festejos que se celebraron en Guadalajara y también en Buenos Aires en el Museo de Arte Latinoamericano, MALBA, organizados por la Cátedra. Grandes de la literatura hablaron en esas oportunidades, y muchos de los trabajos fueron publicados bajo el título *El mundo Cortázar*. La coordinadora académica de la Cátedra, Dulce María Zúñiga, compiló los textos y en esas memorables jornadas se centró en Cortázar y la "patafísica".

Raúl Padilla, el coordinador general, concluyó sus palabras introductorias diciendo lo que por extensión puede aplicarse a la Cátedra toda: "El lector tiene en sus manos una serie de textos que celebran, cada uno a su manera, el paso de Julio Cortázar por este mundo, y el gran legado que nos ha dejado ese 'hermano misterioso de la poesía' que nos mira desde otra dimensión: la dimensión del tiempo literario."

Acto seguido Carlos Fuentes puso todo su fuego en juego para hablar de su querido amigo y admiradísimo colega, que tanto lo alentó, cuando aún no se conocían personalmente, en una carta comentándole su primera novela. "Era de una extraordinaria generosidad porque al lado del elogio había críticas muy severas y muy certeras que acepté enseguida como una lección del maestro."

Ya vimos hasta dónde eran *tan* severas y en qué medida Carlos, habiéndolas aceptado de buen grado, les hizo caso. Lo que sí hizo fue leer la obra de Julio con el corazón abierto y comprender a fondo al escritor que "Le dio sentido a nuestra modernidad porque la hizo crítica e inclusiva, jamás satisfecha o exclusiva, permitiéndonos pervivir en la aventura de lo nuevo cuando todo parecía indicarnos que, fuera del arte e, incluso, quizás, para el arte, ya no había novedad posible porque el progreso había dejado de progresar.

"Cortázar nos habló de algo más: del carácter insustituible del momento vivido, del goce pleno del cuerpo unido a otro cuerpo, de la memoria indispensable para tener futuro y de la imaginación necesaria para tener pasado."

Acto seguido rememoró una vez más el célebre viaje de París a Praga, en 1968: "Viajábamos con la buena intención de salvar lo insalvable: la primavera del socialismo con rostro humano", aclaró en otra parte y contó cómo en el largo recorrido Julio los deslumbró desgranado sus dos mayores pasiones: "Sentados en el bar del tren, comiendo salchichas con mostaza y bebiendo cerveza, oyéndole recordar la progenie del misterio en los trenes, de Sherlock Holmes a Agatha Christie a Graham Greene a Alfred Hitchcock… para pasar, sin transición, a una minuciosa rememoración del uso de la música de piano en el cine. Lo recuerdo en los recovecos de la Mala Strana donde algunos conjuntos de jóvenes checos tocaban jazz y Cortázar se lanzaba a la más extraordinaria recreación de Thelonius Monk, Charlie Parker o Louis Armstrong: lo recuerdo."

En Guadalajara, Gabriel García Márquez, el otro gestor de la Cátedra, también aludió a ese viaje que es hoy célebre en los anecdotarios de la literatura latinoamericana.

Habló de Julio como del argentino que más se hizo querer en el mundo, porque si bien los ídolos infunden respeto, admiración y cariño y además grandes envidias, Julio, dijo Gabo, inspiraba otro sentimiento poco frecuente: la devoción.

"Por eso, porque lo conocí y lo quise tanto, me resistí a participar en los lamentos y elegías por Julio Cortázar. Preferí seguir pensando en él como sin duda él quería, con el júbilo inmenso de que haya existido, con la alegría entrañable de haberlo conocido y la gratitud de que nos haya dejado para el mundo una obra tal vez inconclusa pero tan bella e indestructible como su recuerdo."

Nosotros podemos juntar a los tres en ese recuerdo, a Julio, a Carlos y a Gabo, y verlos juntos riendo en aquel ferrocarril cuyas ruedas ruedan al ritmo del *scat*.

En 1998 tuve el honor de ser invitada a la Cátedra Julio Cortázar en Guadalajara, y mientras pronunciaba la conferencia magistral en el más que magistral paraninfo de la universidad, con cúpula y murales pintados por Orozco, no pude dejar de sentir que a mis espaldas el *hombre pentafásico* me observaba. Y que Julio, desde el otro lado, el verdadero otro lado, me soplaba al oído que no me dejara intimidar porque se trataba en realidad del hombre patafísico. Quizá bajo esa advertencia logré superar la enorme emoción que sentía al estar alojada en la Casa Cortázar, que entonces era residencia para quienes dictarían la Cátedra ese mes. La casa era puro Cortázar. Fotos del maestro en cada estancia, y hasta su monograma en sábanas y toallas. Pero llegada la noche de la gran cena en el patio cubierto de la mansión, con el directorio de la Cátedra e intelectuales varios, el espíritu cronopio logró prevalecer y no hicimos más que reír del primer plato al postre, secundados sobre todo por el enorme sentido del humor del genial Fernando del Paso y de Socorro, su mujer. Las señoras que trabajaban en la casa me contaron después que resultó ser la cena más alegre que hasta entonces había tenido lugar en ese recinto, y sospecho que a pesar de la ausencia de Eduardo Casar, tan ducho en las artes de convocarlo, el espíritu de Julio se había asomado a visitarnos. Es una pena que esa especie de hotel-boutique personalizado se haya convertido hace ya años en las oficinas de la Cátedra, pero celebro la expansión de la misma.

Otro recuerdo imborrable, antes de la existencia de la Cátedra Julio Cortázar pero ya imbuida la ciudad de su espíritu, fue un viaje en tren que hicimos desde el D.F. Un grupo grande de escritores latinoamericanos habíamos sido convocados por Gonzalo Celorio y Hernán Lara Zavala a un encuentro en el Palacio de Minería previo a la Feria Internacional del Libro en Guadalajara. Ese tren casi se podría poner a la altura del París-Praga del terceto sublime. Recuerdo pocos nombres, pero valiosos: Salvador Garmendia, los cubanos Senel Paz y Arturo Arango, Tununa Mercado. Fue el único tren que conocí con camarotes individuales, lujosos, decadentes y decaídos, de otros tiempos, muy al estilo *Orient Express*. No estaba Agatha Christie y por eso faltó crimen, pero no faltó vuelo poético. A la llegada nos recibieron mariachis que nos condujeron en procesión a un restaurante muy al estilo Jalisco para un tan pantagruélico como colorido desayuno. Me encantó, siempre lo recordé, y más me encantó cuando años después el escritor Dante Medina, organizador del sarao, me confesó que lo había ideado a último momento porque el tren estaba llegando a Guadalajara sorprendentemente a horario y las habitaciones del hotel no estaban listas.

Trenes e imaginación se ve que corrieron siempre juntos.

A Julio la fascinación por los trenes le venía de lejos. Su centro vital en Buenos Aires había girado alrededor de la antigua estación terminal de Once, donde confluían la escuela, el café, la reunión con los amigos en La Guarida, y Cocteau, para no olvidarlo: "Todo lo que uno hace en la vida, y lo mismo en el amor, se hace a bordo del tren expreso que rueda hacia la muerte." Habrá sido precisamente eso, explorar la posibilidad de codearse con la vida y la muerte y también bajarse de ese ineludible trayecto lo que llevó al joven Cortázar a instar a sus compinches de La Guarida a recorrer por la noche los meandros de la estación para presentarles nada menos que a un fantasma. Es curioso, porque ahora recuerdo que Borges solía invitar a mi madre, Luisa Mercedes Levinson, mientras escribían en colaboración el cuento "La hermana de Eloísa", a pasear en la noche por los puentes de esa otra antigua estación monumental, Constitución.

Carlos nunca se cansó de hablar de Julio. Y en su vademécum personal, *En esto creo*, lo menciona hasta en el rubro Shakespeare:

"En un magnífico cuento, 'Instrucciones para John Howell', Julio Cortázar nos da otra clave de la memoria y el olvido [...]. ¿Qué ha sucedido? ¿Ha entrado Howell en la representación teatral o ha ingresado la heroína en el mundo cotidiano de Howell?

"Lo que Cortázar propone es una circulación de géneros, blasfemia que la Ilustración, Voltaire a la cabeza, le reprochó a Shakespeare por ofrecer una vulgar ensalada de tragedia, y comedia, personajes nobles y burlescos, lírica y regüeldo, todo en la misma obra."

Así, con siglos de distancia, Cortázar parecería haber salido en defensa de Shakespeare, como también lo ha hecho

Fuentes. No hay duda de que muchas veces cuando hablamos del otro estamos hablando de nosotros mismos. El juego de espejos no perdona; suele ser por demás revelador. E inexorable.

E
Hermanas

Ambos protagonistas de esta historia que estoy hilando siempre actuaron como pródigos hijos únicos. Al menos así lo entendimos su público lector, pero ambos tuvieron una hermana menor que los sobrevivió: Ofelia Cortázar y Berta Emilia Fuentes.

Berta Emilia, para más datos, ha publicado dos novelas, lo que me trae a la memoria el lúcido ensayo de Virginia Woolf, "La hermana de Shakespeare", que figura en *Una habitación propia* (o *Un cuarto propio*, según qué traducción se lea de *A room of one's own*, 1929). Allí, en respuesta a la idea de que ninguna mujer del pasado, del presente o del porvenir podría tener el genio de Shakespeare, Woolf imagina una hermana del vate de Avon, Judith, igualmente talentosa, quien dadas las restricciones de la época jamás habría podido tan si quiera aprender a leer correctamente. Su hermano, en cambio:

"Pronto consiguió trabajo en el teatro, tuvo éxito como actor, y vivió en el centro del universo, frecuentando a todo el mundo, conociendo a todo el mundo, ejerciendo su arte en las tablas, ejercitando su agudeza en las calles, y haciéndose admitir hasta en el palacio real. Mientras tanto, su bien dotada hermana, supongamos, se quedaba en casa. Era tan audaz, tan imaginativa, tan impaciente de ver el mundo como él. Pero no la mandaron a la escuela. No tuvo oportunidad de aprender gramática y lógica, menos aún de leer a Virgilio y Horacio. Hojeaba de vez en cuando un libro, uno de su hermano, quizá, y leía unas cuantas páginas. Pero entonces, venían los padres y le decían que fuera a zurcir las medias o atendiera el guiso y no malgastara su tiempo con libros y papeles. Le hablarían claro pero bondadosamente, porque eran personas de peso que sabían las condiciones de vida propias de una mujer y querían a su hija. En verdad, lo más verosímil es que la adorara su padre."

En Buenos Aires Victoria Ocampo, hermana mayor de la gran cuentista Silvina Ocampo, quien gracias a su fortuna familiar pudo trascender todas las barreras de género y en 1931 habría de fundar la legendaria revista *Sur*, sin embargo supo reaccionar visceralmente al leer el libro de Virginia Woolf y le mandó una carta:

"La deliciosa historia de la hermana de Shakespeare que de modo tan inimitable cuenta usted es la más bella historia del mundo. Ese supuesto poeta (la hermana de Shakespeare) muerto sin haber escrito una línea, vive en todas nosotras, dice usted. Vive aun en aquellas que obligadas a fregar los platos y acostar a los niños no tienen tiempo para oír una conferencia o leer un libro. Acaso un día renacerá y escribirá. A nosotras nos toca el crearle un mundo en el que encuentre la posibilidad de vivir íntegramente, sin mutilaciones."

La hermana de Carlos, Berta Emilia Fuentes, nació en México en 1932, es decir casi durante este intercambio de epifanías, para usar el término de Joyce. Esa luz que se empezaba a proyectar sobre el tema de género. Sin embargo un destello la alcanzó, a favor (porque escribió dos novelas idóneas), y en contra (porque su nombre quedó desdibujado a causa del encandilante nombre de su hermano). Restauradora de oficio, Berta se dedicó tardíamente a la literatura. En 2004 publicó la novela *Cúcuta*, nombre de la localidad colombiana donde transcurre la acción. Una historia que escribió, cuenta, como desahogo para exorcizar los fantasmas que la acompañaban desde esos tiempos de calor infernal y de hombres alcoholizados. Su primer marido, un venezolano "guapo, divertido, y que bailaba muy bien" trabajaba para Shell y de Panamá donde se conocieron se trasladaron a la ciudad de Cúcuta donde Emilia, la protagonista de la novela, harta de la sociedad cerrada y pacata en la que debían transcurrir sus días, se adentra en la vida de los campesinos, los pobres "que representan la otra cara de una nación azotada por el autoritarismo y las desigualdades". El encuentro con ellos dará a su existencia un giro inesperado y dramático. Es ésta una novela en la que se une "lo privado y lo público, lo personal y lo social".

Los problemas de clase y de género resurgen en la segunda novela de Berta Fuentes, *Claveles de abril* (2008). "La hermana del escritor Carlos Fuentes ha lanzado su segunda novela, una historia de aventuras ambientada en Europa con la que quiere "sacudir las consciencias de los lectores, sobre todo de las jóvenes, e inspirarlas para que rompan con las estructuras patriarcales de su país", dice la publicidad de esta narración que tiene lugar mayormente en Portugal durante la dictadura que caería con la Revolución de los Claveles del 25 de abril de 1974.

El caso de Julio y Ofelia Cortázar en nada se parece al de los Fuentes. El padre abandonó a la familia cuando Julio apenas tenía nueve años y su hermana casi ocho, y se criaron con su madre, su tía y su abuela.

Emilio Fernández Ciccio, autor de *El secreto de Cortázar*, cuenta en un reportaje aparecido en la revista *Humor* del 8 de julio de 1999 que: "La hermana de Cortázar no tiene nada que ver con él. Julio era un cronopio, la hermana un fama. No acepta que un hombre vaya a su casa. Estuvo casada. Su marido era muy amigo de Cortázar. Una mujer muy especial, con voz chillona… nunca podría pensarse que es la hermana de Cortázar. Ella y Aurora Bernárdez, la primera mujer, son quienes viven de los derechos de autor. Dice que en su infancia ella era el diablo y él un santito. Y que vivían peleándose, ella era de Boca y él de River… aunque a él el fútbol no le gustaba. Amaba el boxeo. Me contó que se sorprendieron cuando lo vieron con barba en París. Porque a los treinta años era lampiño completamente, la cara de un chico."

Según su hermana, Julio siempre fue el primero en la clase y tenía una inteligencia y una memoria impresionantes. Y escribía poemas. Fueron los bucles de Ofelia, apodada Memé, los que inspiraron al "santito" Julio, de catorce años, uno de los primeros poemas publicados, aparecido en el periódico *Noticias de Lomas de Zamora*:

Apóstrofe

Son dos cosas más horribles, más horribles
Que las furias.
Que las parcas,
Que las diosas del averno,
Que los antros más oscuros del infierno,
Que Satán! Son dos monstruos que se yerguen,
Son dos fieras acosadas,
Son dos víboras atadas con cadenas
Que jamás se romperán!
Son dos plantas tropicales
Que se empinan lujuriantes
Que se elevan anhelantes de crecer.
Son dos bestias enojadas
Que se espían acechando
La ocasión de acometer.
Son dos sierpes que agonizan,
Son dos magas que se hechizan.
¡¡Son las ondas de Memé!!

La joven promesa de la poesía siguió su curso brillante, de la secundaria al profesorado de letras y más allá. Pero la promisoria carrera universitaria de Julio se vio pronto interrumpida por la necesidad de ayudar económicamente a su madre Herminia y a su hermana Ofelia, Memé. Fue así que en 1935 debió aceptar un puesto como maestro de escuela en la provincia de Buenos Aires. La timidez o el pudor lo llevó a usar seudónimo en su primer libro de poemas, *Presencia*, aparecido en 1938. Hasta las cartas las firmó como Julio Denis por un tiempo.

Julio (Denis o Cortázar) se desempeñó como maestro en Bolívar y en Chivilcoy, y luego en Mendoza, mientras Herminia su madre y Ofelia vivían en la casa de la calle Artigas al 3200. Memé, según parece, sufría de epilepsia nerviosa y no podía trabajar.

La escritora Inés Malinow, autora entre otras obras de *Entrada libre*, una novela memorable, supo frecuentar a Julio cuando él volvió a Buenos Aires pero no pudo aportar muchos datos personales. "Alguna vez lo oí hablar de la hermana, como que era muy rara, muy difícil... Hablaba de la hermana con temor. Era medio misterioso todo ese tema de la familia."

En *Cortázar por Cortázar*, libro de conversaciones publicado en 1978 por la Universidad Veracruzana, Julio le confiesa a la recordada Evelyn Picon Garfield que se llevaba bastante mal con su hermana, que en nada se parecía a él, pero, "me he despertado muchas veces impresionado porque me he acostado con mi hermana en el sueño".

Una vez más sueño, realidad y ficción se cruzan para producir un cuento. Y el incesto. De eso también habla con toda honestidad en las medulares conversaciones que alcanzaron forma de libro. En esa pequeña joya que es *Revelaciones de un cronopio* (1979), donde Julio aparece en toda su espontaneidad, brillo y hasta candidez, Ernesto González Bermejo trae a colación el incesto refiriéndose al cuento "Bestiario" y sobre todo a "Casa Tomada" y Julio lo encara de frente.

Y vuelve al tema años más tarde, en sus conversaciones con Omar Prego (*La fascinación de las palabras*):

"'Casa tomada' fue una pesadilla. Yo soñé 'Casa tomada'. La única diferencia entre lo soñado y el cuento es que en la pesadilla yo estaba solo. Yo estaba en una casa que es exactamente la casa que se describe en el cuento, se veía con muchos detalles, y en un momento dado escuché los ruidos por el lado de la cocina y cerré la puerta y retrocedí. Es decir, asumí la misma actitud de los hermanos. Hasta un momento totalmente insoportable en que, como pasa en algunas pesadillas, las peores son las que no tienen explicaciones, son simplemente el horror en estado puro, en ese sonido estaba el espanto total. Yo me defendía como podía, cerrando las puertas y yendo hacia atrás. Hasta que me desperté de puro espanto.

"Te puedo dar un detalle anecdótico, me acuerdo muy bien de eso porque quedó una especie de gestalt completa del asunto. Era pleno verano, yo me desperté totalmente empapado por la pesadilla; era ya de mañana, me levanté (tenía la máquina de escribir en el dormitorio) y esa misma mañana escribí el cuento, de un tirón. El cuento empieza hablando de la casa, vos sabés que yo no describo mucho, porque la tenía delante de los ojos. Empieza con esa frase: 'Nos gustaba la casa porque aparte de espaciosa y antigua (hoy las casas antiguas sucumben a la más ventajosa liquidación de sus materiales) guardaba los recuerdos de nuestros bisabuelos, el abuelo paterno, nuestros padres y toda la infancia'.

"Pero de golpe ahí entró el escritor en juego. Me di cuenta de que eso no lo podía contar como un solo personaje, que había que vestir un poco el cuento con una situación ambigua, con una situación incestuosa, esos hermanos de los que se dice que viven como un 'simple y silencioso matrimonio de hermanos', ese tipo de cosas.

"Todo eso fue la carga que yo le fui agregando, que no estaba en la pesadilla. Ahí tenés un caso en que lo fantástico no es algo que yo compruebe fuera de mí, sino que me viene de un sueño. Yo estimo que hay un buen veinte por ciento de mis cuentos que han surgido de pesadillas."

En el entramado familiar de los Cortázar hay tela para cortar. Mario Goloboff en su biografía de Julio Cortázar menciona al capitán retirado del ejército, Rudecindo Pereyra Brizuela, que vivía al lado y sirvió de apoyo a la familia vecina conformada por varias mujeres y un solo niño. Pero fue sobre todo con los hijos varones de don Rudecindo que los Cortázar estrecharon vínculos profundos. Ofelia se casó con el hijo menor, Sadid (o Zaadid), para perderlo al poco tiempo: en marzo de 1942 Julio le escribió a su amiga Mercedes Arias que se había enterado por telegrama del repentino fallecimiento de su cuñado un "muchacho a quien consideraba yo un excelente camarada". "Tuve la triste conformidad de llegar a tiempo para esa última contemplación de un rostro que sólo va a perdurar en el recuerdo; media hora más tarde se efectuaba el sepelio. Desde ese día no me moví de casa; mi pobre hermana (que acababa de cumplir su segundo aniversario de matrimonio) y mi madre me necesitaban. Yo comprendí el valor afectivo que mi presencia tenía bajo esas circunstancias, y compartí hasta hace tres días el clima de angustia, casi de pesadilla que reina en mi pobre casa".

Pero las uniones endogámicas no terminaban allí. Una de las tías de Julio, Enriqueta, se casó con otro de los hermanos Pereyra Brizuela. Y para culminar Herminia, la madre, acabó uniéndose a Juan Carlos el mayor de los hijos de don Rudecindo, a quien Julio y Memé siempre habían llamado tío. ¡Con razón los cronopios tienen familias tan vastas y complejas y se interpelan entremezclando parentescos!

El juego aquí propuesto también da lugar a las conjeturas. Y en la casilla hermanas podemos suponer que Berta Fuentes, quien según propia confesión de joven se negaba a vestirse "como una princesa" por ser hija de embajador, y ya casada ayudó en secreto a rebeldes venezolanos a alcanzar la frontera durante la dictadura de Pérez Jiménez, no haya querido crecer intelectualmente a la sombra de su hermano famoso.

En cuanto a Cortázar, si escribir cuentos como "Casa tomada" le sirvió de catarsis ("Cuando alguien hizo la reseña vi hasta que punto tengo personalmente un complejo incestuoso que encontró su camino, en forma de exorcismo, en muchos de esos cuentos. Algunas veces tuve pesadillas con mi hermana y me desperté espantado."), cabe la siguiente duda:

¿No mencionar nunca o casi nunca a Ofelia habrá sido una forma de exorcizar esos fantasmas, o habrá sido más bien una forma de protección para permitirles a dichos fantasmasque se explayaran a sus anchas y así transmutarlos en literatura?

Es posible que ni él haya tenido la respuesta.

F
Encuentros

Julio Cortázar, Carlos Fuentes. Al argentino lo conocí en México, al mexicano en París, lindo entrecruzamiento, pero ¿qué importancia pueden tener las precisiones geográficas cuando el primero nació en Bruselas y el segundo en Panamá y sin embargo encarnaron el espíritu de la Argentina y de México, respectivamente, países que les corrían por la sangre no sólo gracias al origen familiar, sino también a causa de una pasión a la que supieron serle fiel a lo largo de sus vidas, residieran donde residiesen?

Cuando digo que los conocí hago referencia al momento en que estrechamos las manos o nos unimos en un abrazo amistoso. Porque conocer, a un escritor, se lo conoce en su imaginación, en su fantasía, en los sueños y desvelos que vamos poco a poco descifrando en las páginas de sus libros. Hay una intimidad allí, una relación que se entabla entre quien ha escrito y quien lee, no siempre superable por el encuentro en persona. Salvo en casos como el de estos dos hombres, que en carne y hueso resultaron ser tan magnánimos y magníficos como en sus páginas impresas. Cada uno en su estilo, el introvertido y el extrovertido, el centrípeto y el centrífugo, pero con sorprendentes convergencias.

Por eso mismo me lanzo a la aventura de tratar de narrar cómo los vi y cómo los leí y los sigo leyendo, a Carlos Fuentes y a Julio Cortázar, norte y sur de una brújula orientándonos por los mejores caminos de lectura.

Que no caigan en la bajada
Ni en la subida del camino,
Que no encuentren obstáculo

Ni detrás ni delante de ellos,
Ni cosa que los golpee,
Concédeles buenos caminos,
Hermosos caminos planos,

ruega el Popol Vuh, el libro sagrado del los maya-quiché. Y para la presente exploración nuestra lectura se fue abriendo a esa propuesta que alude a la felicidad, sí, pero claro que hubo golpes, y golpes de suerte, y deslizamientos en la bajada y cuestas arduas de escalar y los caminos que fueron y siguen siendo buenos, buenísimos; y hermosos, por cierto, si bien la hermosura a veces cobra los tintes del horror. Pero agradecemos que los caminos nunca fueron planos, se llenaron de vericuetos y anfractuosidades que los fueron, los van, haciendo más desafiantes. Releer a Carlos y releer a Julio es siempre una aventura, una inmersión en las caras ocultas de esta, la llamada realidad, que mucho tiene de luna.

Leer cazadoramente, como alguna vez reclamó Julio Cortázar.

Vuelvo entonces a los momentos del conocimiento, en verdad un reconocimiento también en el sentido de gratitud que encierra esta palabra. A Cortázar lo vi y lo reconocí, pero no lo conocí, en mis muy jóvenes años: París, 1960. En el entonces famoso Théâtre de l'Atelier se presentaba *Château en Suède*, de Françoise Sagan. Durante el entreacto oí a mis espaldas muy agudos comentarios sobre la obra, no recuerdo si de aprobación o no, como tampoco recuerdo si en francés o en castellano. Pero el inconfundible acento argentino me hizo girar la cabeza y allí lo vi, tan alto y con esa cara de niño genial que me habían descrito, y supe que era el autor de los cuentos de *Bestiario* que yo leía con gula y fascinación. Y no pude decirle nada, por supuesto.

¿Por supuesto? ahora me sorprende afirmarlo, porque en esa época yo tenía poquito más de veinte años, vivía en París y en mi calidad de periodista merodeaba por prestigiosos círculos literarios franceses, estaba escribiendo mi primera novela y era amiga de muchos de los prepotentes jóvenes que estaban armando el grupo Tel Quel, con Philippe Sollers a la cabeza. Por lo tanto la timidez no era mi fuerte. Pero sí quizá la discreción.

¿Fue en 1975 o fue en 1976, nefasto para los argentinos, cuando por fin pude conocer personalmente a Julio Cortázar? Lamento no haber llevado jamás un diario de esos temas importantes, a lo largo de los años sólo fui anotando en vagas y dispersas libretas mis vagas y dispersas divagaciones sobre el misterioso acto de escribir o más bien la ansiedad por no estar escribiendo, como si escribir fuera un mandato insoslayable. Y fui anotando mis amores, más los frustrantes que los felices porque, al fin y al cabo, ¿para qué sirve un diario íntimo si no es para echar pestes y quejarse a lo bruto?

Cortázar había llegado a México por una causa solidaria, y la poeta Elena Jordana y la poeta y excelsa periodista política Stella Calloni tenían cita para entrevistarlo. Yo estaba en el D.F. dando conferencias y me colé en la mini delegación impulsada por la necesidad de conocer a quien me había dado tantos permisos desde el punto de vista literario. "Lo conocí antes de conocerlo" habría de afirmar Carlos Fuentes sobre Cortázar. Yo sentía lo mismo, y no sólo por aquel fugaz vistazo en el teatro de París.

Junto con Ugné Karvelis, su compañera de aquellos años, Julio nos recibió en su suite del hotel. Ninguna de nosotras se sintió intimidada, todo lo contrario, el gran Cortázar se volvió Julio casi de inmediato, se interesó por lo nuestro, casi diría que nos pidió esos libros que llevábamos ocultos en nuestros respectivos bolsos con pudor de sacarlos a relucir. Con cierta trepidación le entregué mi última novela *El gato eficaz*, ese texto de ruptura que Joaquín Mortiz había publicado allí mismo, en México. Algo de gatuno tenía la mirada verdigrís de Julio, quizá lo pensé al entregarle el ejemplar aunque él no era en absoluto semejante a mis atroces felinos. Que por suerte le gustaron y tiempo después recibí para mi estupor y maravillamiento una generosa carta ponderándolo. Cortázar no escatimaba sus halagos, y lo hacía con sinceridad porque en su corazón cabíamos todos. Ya esa primera mañana tuvimos la muestra de su calidez humana durante una larga charla, hasta que Ugné, que estaba ocupándose de sus asuntos, se acercó a su hombre y le dijo "bueno, ya es hora de tomar la sopa". Y nosotras tres, un poco consternadas pero sobre todo azoradas, nos despedimos de prisa y la palabra sopa quedó flotando en nuestro recuerdo. Quizá vino Mafalda en socorro de Julio en aquél momento, la imagen de Mafalda y su expresión de espanto cuando su mamá le pone el plato delante. Después pensamos que quizá esa palabra encerraba una clave secreta en la pareja, y significaba algo muy distinto, en un *glíglico* privado abierto a mil interpretaciones a cual más lasciva. O cariñosa. Por lo pronto, en el breve cuento "Los posatigres", cierto cronopio cuenta que: "después salimos todos al patio cubierto, y nuestras tías traen la sopa como si algo cantara, como si fuéramos a un bautismo". Aunque tratándose de Cortázar todo tiene su lado B, que es mucho más oscuro por suerte que el A, y así en su muy viejo cuento "Bruja" la primera materialización de la joven protagonista fue una mosca en el plato de sopa de sémola que no le resultaba en absoluto apetecible:

"Comer la sopa. No tomarla: comerla. Es espesa, de tibia sémola; ella odia la pasta blanquecina y húmeda. Piensa que si la casualidad trajera una mosca a precipitarse en la inmensa ciénaga amarilla del plato, le permitirían suprimirlo, la salvarían del abominable ritual. Una mosca que cayera en su plato. Nada más que una pequeña, mísera mosca opalina.

"Intensamente tiene los ojos puestos en la sopa. Piensa en una mosca, la desea, la espera.

"Y entonces la mosca surge en el exacto centro de la sémola. Viscosa y lamentable, arrastrándose unos milímetros antes de sucumbir quemada.

"Se llevan el plato y Paula está a salvo. Pero ella jamás confesará la verdad; jamás dirá que no ha visto caer la mosca en la sémola. La ha visto aparecer, que es distinto."

Pero estas son conjeturas, y fue en una cena con menú mucho más sofisticado, durante la Feria del Libro de Frankfurt en 1976, dedicada a América Latina, que Julio me invitó a sentarme a su lado diciendo que quería ser mi amigo. Esos días de la Feria fueron memorables, entre tantos otros temas porque

Manuel Puig se alborotaba cuando llegaban "las chicas", y las chicas eran Vargas Llosa, que él llamaba Esther Williams por lo disciplinada; Fuentes, Ava Gardner por el glamour; Rulfo, Greer Garson por la calidad, Cortázar, Hedy Lamarr, bella pero fría y remota. Me alegró poder demostrarle lo contrario, porque Julio resultó ser la calidez en persona, y allí mismo nació una sólida, aunque por razones geográficas poco asidua, amistad. Lo veía cada vez que iba a París. En el cálido dúplex que tenía con Ugné en la rue de Savoie se urdía la liberación de los oprimidos; allí conocí a Ernesto Cardenal y a Sergio Ramírez cuando ya empezaban a entrever la revolución sandinista, a un jeque kurdo cuyo nombre no recuerdo, brillante, que soñaba con recuperar su territorio. Con Julio tuve encuentros planeados y casuales, pero siempre felices. Después de separado de Ugné lo visité en su pequeño estudio de la Rive droite, y más tarde en el gran apartamento en el que vivía con Carol Dunlop.

Compartíamos una forma de humor y el natural cercamiento a la patafísica, esa ciencia de las soluciones imaginarias. En Julio el sentido del humor estuvo siempre al servicio de su lucidez y no a la inversa, como ocurre con los humoristas. Pero nunca lo llamé Gran Cronopio, como él mismo a veces se nombraba. Siempre pensé que ese apodo de alguna manera paradojal le quedaba chico.

En su último viaje a Estados Unidos, cuando estuvo un día en Nueva York camino de regreso a su casa, me llamó para que pasáramos la tarde juntos; fue entonces que me contó el sueño que treinta años después desencadenaría este libro.

Nueva York es mi ciudad favorita en el mundo, pero no pude convencer a Julio de que me resultaba tanto más vibrante que su amado París. Aunque el París que él narraba cobraba una vida y un misterio imposible de ignorar.

Y mi país favorito es México. México y su gente siempre me reservan algún deslumbramiento, una nueva sorpresa y una gratificación inesperada. Para no hablar de los amigos entrañables y la riqueza y generosidad de su mundo intelectual al que tanto le debo. Y en medio de esta remembranza llena de imágenes entrañables que van desde mi casita en Tepoztlán hasta la

Semana Santa yaqui, que tiene a Angelina y Javier Wimer como introductores y hermanos del alma, hay un nombre que brilla con luces de neón en marquesina: Carlos Fuentes, que siendo ferozmente internacional resumió todo México.

A Carlos Fuentes lo conocí junto con su bella y joven mujer, Silvia Lemus, que estaba esperando a su primer hijo, en el París de 1973 en casa de Fernando Botero. Donde me llevó mi querida amiga, la siempre recordada Lea Lublin, excelsa artista plástica. Recuerdo que durante esa reunión Botero mencionó su absoluta necesidad de pintar todos los días. "Si no me vuelvo loco", recalcó no sin cierto orgullo. No lo percibí entonces, pero esa era una obsesión que compartía con Carlos sin necesidad de que medie el miedo a la locura: estar en su arte a diario, como una necesidad. Las cuatro horas que Carlos Fuentes dedicaba cada mañana a escribir lo convertían en "el ser más feliz del mundo" porque le recordaban que "las palabras eran su razón de ser" y no podía ignorar que la literatura exige disciplina, exige un horario, exige sentarse a hacer las cosas.

Mucho más adelante yo habría de descubrir un secreto mucho más íntimo que compartían los dos amigos. Leyendo *Viendo visiones*, el monumental libro que Carlos le dedica a la pintura, basta con buscar el capítulo sobre Botero para enterarse de que pintor y escritor, de adolescentes, se habían entusiasmado activamente con la misma foto de una joven desnuda en un columpio, aparecida en la revista *Esquire* allá por los años cuarenta.

Con los Fuentes quedamos en volver a encontrarnos, esas cosas que se dicen, en aquel caso con grandes deseos de mi parte pero sin demasiadas esperanzas. Grande fue mi sorpresa cuando a los pocos días Carlos me llamó para invitarme urgente a su casa: Silvia estaba entrevistando a Ionesco y le parecía que podía resultarme interesante conocerlo. "Tómate un taxi, me conminó, nosotros te lo pagamos." Tomé el taxi, claro está, y por supuesto no se lo cobré, pero me demoré tanto en elegir la prenda más perfecta para la gran ocasión y en tratar de domesticar mis rebeldes rulos y en todas esas cosas de mujer, olvidado que era una escritora, que cuando llegué Ionesco ya se había ido. Lo lamenté apenas. Fue una oportunidad única para sentarnos entre nosotros y charlar a gusto. Me conmovió cuando Carlos insistió en que por fin iba a poder escribir su gran novela, porque, dijo, un escritor recién está maduro después de los cuarenta años. Una coquetería que no alcancé a refutar con todo el énfasis que merecía el autor de *La región más transparente*.

Poco tiempo después de conocerlo, le tocó a Carlos ser embajador en Francia, entre 1975 y 1977. Esa experiencia también le resultó enriquecedora para la escritura. Que no ejerció durante su cargo. Justamente por eso, porque no pudiendo escribir en absoluto dadas sus obligaciones oficiales, aprendió a ir armando las novelas en mente, cosa que antes no hacía. Antes, como tantos escritores, se largaba al ruedo sin tener idea de la meta.

Años más tarde y a través del tiempo, muchos fueron mis encuentros con Carlos y con Silvia, y de cada uno de ellos salí más lúcida, enriquecida. Reuniones amistosas, conferencias internacionales en las cuales nos han unido el humor, las tragedias, el tango, los recuerdos de amigos comunes, y sobre todo la verdadera literatura.

Carlos Fuentes era un poco argentino, y él así se consideraba con la enorme generosidad que signó su vida. Pasó su adolescencia en Buenos Aires y amó esta ciudad. Supo ponerse en juego de cuerpo entero y con toda dedicación tanto en su obra cuanto en sus llamados al diálogo político, en sus presentaciones públicas y hasta en sus encuentros amistosos. Siempre presente con todo lo que tenía para dar. Habitante del mundo, se sentía en casa donde quiera que estuviese y así nos hacía sentir también a nosotros, en casa con él. Durante casi una década formé parte del Consejo Consultivo de la Cátedra Alfonso Reyes creada por Fuentes en el Tecnológico de Monterrey, México. Fuentes abría puertas, ése era su sino. Las abría con su vasta obra, haciéndonos partícipes de una dimensión más rica del pensar, y las abría a sus colegas escritores en forma más directa. Otra muestra de la generosidad de Carlos la tuve cuando fuimos invitados a leer en el gran y famoso auditorio de la 92nd Street Y, en Manhattan. En esa oportunidad, Carlos propuso que hiciéramos un diálogo conjunto y volcó toda su energía para hacerme sentir cómoda e integrada.

Al igual que Cortázar, Fuentes fue hombre de férreas lealtades. Y de pasiones. Y fue el más prolífero de los escritores y el más incansable viajero. Bregaba por un mundo de paz y de impostergable educación y no rechazó invitación alguna para ir allí donde su palabra podría abrir las cabezas. Supo ser actor en su juventud lejana y nunca dejó de lado esa forma de histrionismo que ponía su deslumbrante inteligencia al alcance de todos.

Cuesta referirse a Carlos en pasado, pero sus libros mantendrán la eterna juventud que supo irradiar su presencia, siendo su edad *La edad del tiempo*, título bajo el cual supo reunir buena parte de su vasta obra. Loable en su afán por transmitir sus inclaudicables valores, siempre en vuelo de un país a otro sin por eso detener el vuelo de su imaginación. Escribía como respiraba, por necesidad vital. Habiendo podido alcanzar el más alto poder político, jamás se dejó seducir por tamaño espejismo. Los espejos que le interesaban eran otros: los mitos, las fábulas que nos narran mejor que cualquier tratado. Parecía tener un doble que escribiera por él mientras él iba por el mundo llevando su palabra.

El 1 de mayo de 2012, apenas dos semanas antes de su sorpresivo fallecimiento, lo tuvimos en Buenos Aires dando un vital discurso ante una enorme y conmovida audiencia en la Feria del Libro. Fue como si hubiese venido sin saberlo a despedirse de esta ciudad que él tanto amaba habiendo pasado aquí su adolescencia. Siempre dijo que en Buenos Aires se hizo escritor y aprendió a merodear las calles y a codearse con la gente.

Habló también de su nuevo libro que acababa de terminar: *Federico en su balcón*. "Nietzsche aparece resucitado en un balcón a las cinco de la mañana" dijo "y yo inicio con él una larga conversación".

Conversación que entre Carlos Fuentes y sus lectores nunca habrá de cerrarse. Entrañable maestro, fue un hombre desbordante de imaginación, y yo que escribo esto casi sin respiro pienso en él y en Nietzsche y trataré de entender un poquito más sobre el profundo secreto de la creación literaria.

Hombre de mirada dual y simultánea, unificadora, que abarca al mismo tiempo los mundos de la luz y de las sombras, Carlos Fuentes no se limita a narrarlos de la mejor manera posible. Los pone en movimiento, les insufla vida.

A lo largo de los años he sido su lectora ferviente. Con una carrera tan prolífica, Carlos supo convocarnos, a sus amigos escritores, para las celebraciones y la presentación de muchos de sus libros: *El naranjo*, *Los años con Laura Díaz*, *Instinto de Inez*, así como para los cincuenta años de la primera publicación de *La región más transparente*, la gran novela que habría de inaugurar la literatura urbana en México. Estuvimos juntos en México, en París, en Buenos Aires, en Nueva York, en diálogos y conferencias y cátedras y encuentros de toda laya donde la generosidad del gran escritor nos convocaba. Lo entrevisté un par de veces para el diario *La Nación* de Buenos Aires, además de mantener tantas y tantas charlas informales Con dicho material, y mucho más, voy armando este laberinto que puede ser un acercamiento personal a su obra, un acercamiento que se despliega en un hojaldre de capas superpuestas en confluencia con la obra y la vida de su gran amigo y colega, Julio Cortázar.

G
Maestros

1. Digresión en pos de un misterio

Si bien distanciados de sus respectivas hermanas, tanto Cortázar como Fuentes fueron grandes cultores de la amistad, cada uno en su estilo. Me queda el recuerdo de las cartas que Julio me mandó, no tantas pero siempre afectuosas, que yo atesoraba y de tanto atesorar acabé perdiendo en alguna de mis múltiples mudanzas de un país a otro. De Carlos en cambio tengo presentes sobre todo un par de llamadas telefónicas de larga distancia a Buenos Aires, una para lamentar juntos la muerte de nuestra querida amiga Susan Sontag, la otra para inquirir sobre mi salud cuando se enteró de que había estado gravemente enferma.

Sin embargo Mario Vargas Llosa, en su prólogo a los *Cuentos Completos* de Cortázar, dijo: "Con ese Julio Cortázar era posible ser amigo pero imposible intimar". Cierto es que *ese* Julio Cortázar era el de principio de los años sesenta, cuando todavía estaba casado con Aurora, y según Vargas Llosa ella era la única persona con quien él compartiría "la dimensión secreta que parecía ser la fuente de ese fondo inquietante, irracional y violento, que transparecía a veces en sus textos, aun en los más mataperros y risueños". En lo personal, no llegué a conocer a *ese* Cortázar que se escudaba tras un mundo de reglas y cortesías, pero entiendo bien lo de Aurora. En cierta reunión lejana ella contó anécdotas de su propio padre, que bien podían configurar el germen de los cronopios. Porque a su padre no le gustaba ver algo roto, le parecía indecoroso. Entonces se dedicaba a reparar la cuestión; a una silla que se le había roto una pata le fabricaba una pata nueva de cartón pintado; reemplazaba un tablón faltante en el piso por una franja de papel madera debidamente decorada para simular las estrías del roble. Sus reparaciones eran impecables, verdaderos trampantojos. Es decir bellas, pero no muy prácticas que digamos.

El Cortázar ya mayor que conocí estaba dispuesto a abrir su corazón a los amigos. Al revés de Vargas Llosa, es de Carlos de quien tuve esa impresión: gran señor de las letras y del mundo, a pesar de ser sumamente generoso con su aprecio presentaba una barrera que parecía infranqueable. La zona íntima la dejaba en manos de Silvia. "La comunión de la memoria", menciona en *En esto creo* con respecto a su mujer, y en otra parte cuenta que todas las mañanas le deja una nota invisible sobre la almohada que dice: "Me gustas". Interesante eso de la invisibilidad de la nota, idea que dice mucho sobre la forma de intimar de Carlos Fuentes.

Corazón abierto el uno. ¿Corazón cerrado, el otro? En absoluto, sí reservado; que no significa preservado. Carlos Fuentes supo volcarlo de lleno en su obra.

En el tema de los respectivos maestros la ecuación se invierte.

Maestros llamo a quienes fueron modelo y participaron de manera indirecta pero activa en la formación de cada uno de ellos. En cuyo caso podemos decir sin lugar a dudas que el "maestro" de Fuentes fue Alfonso Reyes.

Pero en lo que a Cortázar respecta nos topamos con un secreto. Secreto que conozco a medias pero de muy buena fuente. Una fuente bastante hermética que sabía callar lo que no debe decirse. Pero ¿por qué no debía decirse?

Ambrosio José Vecino fue mi jefe e involuntario maestro a lo largo de diez largos años en el viejo Suplemento Gráfico del diario *La Nación* de Buenos Aires. Continuamos siendo amigos hasta el final de sus días, su familia siempre fue y sigue siendo mi familia. Y Vecino nunca ocultó que su gran amigo de juventud había sido Julio Cortázar. Compartieron los años de la Escuela Normal Mariano Acosta y el Profesorado de Letras, y sobre todo la frecuentación, veneración, amistad y protección de Vicente Fatone. Hasta ahí la historia, que requiere explicaciones porque hoy casi nadie en la Argentina recuerda a ese gran filósofo orientalista que fue Fatone. Es así nuestra memoria intelectual: mezquina y de corto aliento.

El hecho es que en esa escuela emblemática que fue y es el Mariano Acosta, según contó Julio en más de una entrevista, tuvieron casi cien profesores pero sólo dos se destacaron del montón: Arturo Marasso, erudito poeta, y Vicente Fatone. Julio dice que Marasso fue quien lo inició en Platón y los griegos, de Fatone sólo dice que le enseñó Aristóteles. De esa diversificación puede inferirse mucho, pero mejor no detenerse. Porque gracias a Ambrosio Vecino sabemos que Fatone a su vez los distinguió a ellos dos, por brillantes alumnos y por temas personales de cada uno: Julio era un joven solitario que se apartaba de su familia para sumergirse de lleno en la lectura, Ambrosio en cambio no tenía familia, se había criado en un orfelinato. Ambos muchachos encontraron un hogar en casa de Fatone y su mujer, Nía, y allí iban a tomar el té y también a beber algo más enriquecedor: el conocimiento. Y mucho compartieron los jóvenes Julio y Ambrosio en ese hogar y mucho departieron, pero nada quedó de toda esa interacción a causa de un desencuentro tan pero tan profundo que ninguno de los dos quiso ni mencionar al otro durante el resto de sus vidas. Sólo queda una carta manuscrita, inédita, de Julio Cortázar a Ambrosio Vecino enviada desde Colonia, Uruguay, fechada apenas: viernes 5, 15.50 h, donde bajo el simple encabezamiento: *Amigo*, cierra diciendo:

> Contraste y complemento, el río y las cuchillas. Un terreno tan opuesto a esa desesperante monotonía de las campiñas bonaerenses. Los paisajes se ofrecen —nuevos— a cada minuto de viaje, a cada curva del auto. Y como fondo, ese color rosado del agua. Me gustaría ser un Fauconnier para contarte con más belleza lo que es —en sí— bello.
>
> Volveremos el miércoles: no escribas aquí porque probablemente tu carta no nos hallaría: el correo tarda mucho.

Corto, porque Eduardo me pide que le ceda el resto del papel. Será hasta nuestra primera charla.
Acepta el apretón de manos de
Julio

Eduardo es, no cabe duda, Eduardo Jonquières, gran amigo de ambos que usando el reverso de la hoja escribe su larga carta afectuosa al querido, *lieber, caro, cher, dear* amigo. Y sobre el texto de Julio anota un cómico epitafio que ambos han pergeñado:

Cubierto por estas flores
Reposa el sabio Vecino
A quien hizo el gris destino
El rey de los traductores
(Manuel de Góngora y Argote, *El inventor del pegote*)

Pero volvamos a Vicente Fatone, de quien Vecino siempre habló con enorme afecto y admiración y en honor a su memoria siguió visitando a Nía años después de la muerte de su marido. Cuenta Pedro Cuperman que, ya muy grande, además de a Ambrosio Vecino, Nía recodaba a: "Aquel muchacho de las manos grandes que venía los sábados."

Para descubrir a quién se refería basta con leer dos cuentos aparecidos en *La otra orilla*, "Estación de la mano": "La dejaba entrar por la tarde, abriéndole un poco la hoja de mi ventana que da al jardín, y la mano descendía ligeramente por los bordes de la mesa de trabajo apoyándose apenas en la palma, los dedos sueltos y como distraídos, hasta venir a quedar inmóvil sobre el piano, o en el marco de un retrato, o a veces sobre la alfombra color vino. Amaba yo aquella mano porque nada tenía de voluntariosa y sí mucho de pájaro y de hoja seca. ¿Sabía ella algo de mí?"

Y sobre todo leer "Las manos que crecen": "No existía en el mundo mano comparable a sus manos; probablemente tampoco las había tan hinchadas por el esfuerzo. Volvió a mirarlas, hamacándose como bielas o niñas en vacaciones; las sintió profundamente suyas, atadas a su ser por razones más hondas que la conexión de las muñecas. Sus dulces, sus espléndidas manos vencedoras."

Son los maestros de elección, después de todo, quienes supieron darnos una mano. Por eso mismo quisiera instalarme en ese tema que quedó sepultado y tratar de verlo a trasluz.

Los años de juventud de Julio entre 1932 y 1937 permanecen en penumbra: Vecino y Cortázar se recibieron de profesores de letras, siempre en el Mariano Acosta. Julio cursó un año en la facultad de Filosofía y Letras, juntos frecuentaron asiduamente a Fatone, hasta que Cortázar aceptó por necesidad, ya que debía ayudar económicamente a su madre y hermana, un puesto de maestro de escuela en la pequeña ciudad de Bolívar, provincia de Buenos Aires, plena zona agraria de la pampa húmeda.

Sólo tengo hoy, para abordar el tema de esa amistad escamoteada, el acotado silencio de Vecino. Nunca en los años que lo frecuenté mencionó carta alguna de su ex amigo Cortázar, aunque es dable imaginar que debió haber recibido muchas del "epistolero". Entre los papeles de Vecino su hija sólo encontró la arriba mencionada que se salvó gracias, supongo, a la parte escrita por Jonquières.

Entre las miles de cartas de Julio publicadas, a Vecino apenas lo reencontramos en algunas frases sueltas, iracundas, en un par de las que le envió al profesor del Mariano Acosta, Eduardo Hugo Castagnino quien por ser apenas cuatro años mayor que él se convirtió rápidamente en su amigo. Así, con fecha 23 de mayo de 1937, le dice entre tantas otras cosas: "A Vecino lo llamó el Dr. Solís y me temo que haya algo raro en eso. Pero no quiero adelantar impresiones hasta saber qué demonios ocurre con el pibe. Lo de 'demonios' debes interpretarlo como un simple recurso para infundir mayor firmeza al período."

Supongo que el doctor Solís era el director o rector del Colegio Nacional de Bolívar, ese "gran edificio relleno a medias de estudiantes y algunos profesores" que había contratado a

Cortázar de maestro. La situación de ambos parecería ser poco alentadora porque Julio agrega: "Comidilla. De venir varios profesores, entre los cuales nos contamos Vecino y el que te tortura, la inspección hubiera armado tremendo escándalo ya que a un mes de iniciadas las clases sólo se dicta una materia: ciencias."

La cosa estalla cuatro días más tarde, según le cuenta Julio a Eduardo Castagnino en otra carta: "Mañana tengo clase a primera hora, si es que no encuentro que me han hecho sonar, cosa que a juzgar por el *affaire* Vecino no me sorprendería en lo más mínimo."

Se ve que el tal *affaire* no llegó a mayores, no sé si para suerte o desgracia de Julio, que quedó sepultado por cinco años como maestro de escuela en Bolívar y Chivilcoy, esos pueblos sin alma, según propia definición, pero dejó latiendo para siempre una incógnita.

Es dable suponer que el distanciamiento a rajatabla entre esos dos ex muchachos ávidos de saber se debió a una gresca entre ellos, pero en algún momento quizá hubo un tema suplementario que involucra a la figura del filósofo. En 1941 Julio lo menciona como *su amigo Fatone* a quien le pedirá un libro de Suzuki, en cambio años más tarde en carta a María Jonquières, Julio dice:

"New Delhi, 20/11/56

"¿Cómo están ustedes? Sigo esperando alguna noticia en Nueva Delhi. Vi, fugitivamente, a Fatone. Él está ocupado y yo estoy ocupado, de modo que no creo que nos encontremos mucho. ¡Y hay tanto que ver! Se nos van los días como granos de arroz. Hay sol, hay piscinas, hay el increíble bazar indio, hay curry, hay traducciones, hay templos, hay ruinas, y todo es como en Kipling pero a la vez te das cuenta que eso es solamente la superficie. El resto… habría que quedarse, y pronto nos volvemos."

Escribiéndole a Eduardo Jonquières, insiste:

"París, 6 de marzo/57

"En Delhi vi a Fatone —sin la menor posibilidad de establecer una comunicación humana y ni siquiera de simple cortesía."

Si la discordia entre Julio y Ambrosio tuvo por epicentro al filósofo, el problema se presentó ya de adultos. En un cuento semiautobiográfico escrito en 1945, aparecido en el volumen *Deshoras* (1982), en la sección "Historias de Gabriel Medrano", uno de los varios, digamos heterónimos de Cortázar, él cuenta que "Llevo en Chivilcoy lo que yo entiendo una vida de estudio (y sus habitantes de encierro)".

Mientras dicta clases en la escuela local Julio se dedica a leer, a leer con riguroso método hasta llegar a 1941 cuando sus lecturas fueron: "Lewis Carroll (exhaustivamente), Kafka y unos libros indios de Fatone."

Lo que no cuenta "Gabriel Medrano" es el conflicto con Ambrosio Vecino.

Al investigar para este libro, descubrí que el escritorio donde Cortázar ofició como traductor público, a su regreso a Buenos Aires, estaba en la calle San Martín 424. A menos de una cuadra, y del mismo lado, estaban las oficinas del diario donde Ambrosio Vecino y yo trabajábamos. Coincidimos con Cortázar en el espacio si bien no en el tiempo; de quererlo, Julio habría resuelto el problema de la mejor manera. En su ficción, naturalmente.

Ahora lamento no haber hablado sobre Fatone y la amistad perdida con Eduardo Jonquières, pintor argentino residente en París, como tantos, a quien frecuenté cuando Ambrosio Vecino fue a visitarlo y se alojó precisamente en casa de este amigo y ex compañero de escuela. Yo estaba pasando una temporada en Barcelona, y viajé a París para visitar a mi antiguo maestro y amigo.

No había aparecido aún el cuento que sembraría el desconcierto, "La escuela de noche", escrito se supone en fecha muy anterior a su publicación en *Deshoras* (1982), el último libro de cuentos publicado en vida de Cortázar. La escena transcurre precisamente en la Escuela Normal Mariano Acosta, donde cursaron la carrera de letras tanto Cortázar como Vecino y Jonquières, así como otros compañeros que Julio solía recordar y que se hicieron un nombre en la edad adulta.

"De Nito ya no sé nada ni quiero saber. Han pasado tantos años y cosas, a lo mejor todavía está allá o se murió o anda afuera. Más vale no pensar en él, solamente que a veces sueño con los años treinta en Buenos Aires, los tiempos de la escuela normal y claro, de golpe Nito y yo la noche en que nos metimos en la escuela, después no me acuerdo mucho de los sueños, pero algo queda siempre de Nito como flotando en el aire, hago lo que puedo para olvidarme, mejor que se vaya borrando de nuevo hasta otro sueño, aunque no hay nada que hacerle, cada tanto es así, cada tanto vuelve como ahora."

Del sueño la narración pasa a una escena de la vigilia. Los muchachos están en la tradicional confitería a pocas cuadras de la Escuela Normal, donde solían reunirse entonces. Claro que con Cortázar nunca se sabe, la línea divisoria es demasiado fina, y si todo parece desarrollarse dentro de la normalidad, el desenlace acaba por ser pesadillesco. Porque ese sábado a la noche cuando los dos intrépidos ingresan al enorme y vetusto edificio, descubren en los pisos altos una orgía protagonizada por sus compañeros y profesores debidamente travestidos. Toto, el narrador, logra huir despavorido dejando a Nito el instigador en el lugar, no se sabe si por propia voluntad; pero al día siguiente Nito ya es otro y parecería haberse pasado al otro lado, al bando de los "nazis".

¿Nito como representación imaginaria de Ambrosio Vecino? Lo dudo mucho. Vecino era un tipo tan reservado que ni siquiera mencionó alguna vez que junto con Francesco de Santis había escrito una historia de la literatura italiana, publicada en 1944, es decir veintiséis años antes de que la misma editorial Americalee publicara mi primera novela, cuyas pruebas él me ayudó a corregir dándome una vez más generosa clase de impecable gramática y permitiéndome ahora reencontrarme con la misteriosa red de interconexiones.

Vecino era un hombre prudente que evitaba el riesgo. No pudo haber sido quien ideara la peligrosa travesura de ingresar a la escuela de noche (ni aún en la imaginación ficcional y fantástica del Gran Cronopio, como le gustaba definirse al propio Julio). Más bien podemos conjeturar, aunque tampoco lo creo, que fue al contrario. Sabemos de las fascinaciones exploratorias de Julio por el relato "Noche en los ministerios de Europa":

"Vale la pena ser traductor *free lance* porque poco a poco se van conociendo de noche los ministerios de Europa, y es muy extraño y están llenos de estatuas y de pasillos donde cualquier cosa podría ocurrir y a veces ocurre."

Y el Cortázar narrador, que es él mismo porque el texto oficia de diario íntimo, se interna por esas zonas de sombra donde acecha algo atroz o pecaminoso, al igual que en la ciudad de los sueños en su novela *62/modelo para armar*.

De todos modos cuando Paloma Vidal, nieta de Ambrosio Vecino y excelente joven escritora (cumpliendo en diferido los anhelos secretos de su abuelo, excelso traductor y periodista, tan pero tan rigurosamente literario que nunca se atrevió a escribir una página de ficción) me contó que pensaba explorar por escrito el tan silenciado encuentro / desencuentro de Ambrosio y Julio, le pasé el libro *Deshoras*. Y Paloma escribió una pieza de teatro donde los dos antiguos amigos, al filo de la muerte o ya quizá del otro lado, se reencuentran por fin no tanto para conciliar las diferencias sino para bailar, como ocurre en el cuento, un tango juntos.

Un tango como el que les hago bailar por momentos a Cortázar y a Fuentes en este libro. Metafóricamente, por supuesto. Con música de sueños y de Nietzsche.

2. Los dos maestros

En la obra de Cortázar queda apenas nombrado su maestro, Vicente Fatone, ese gran pensador que nunca quiso descollar ni ser reconocido, que no aceptó los cargos rimbombantes que le fueron ofrecidos (Ministro de Educación entre otros), que fundó universidades y fue embajador argentino en la India de 1957 a 1960, dos años antes de que Octavio Paz llegara a ser allí su colega mexicano. Los libros "indios" publicados por Fatone, que Cortázar sin duda leyó en Chivilcoy, fueron *Misticismo épico, Sacrificio y gracia: De los upanishads al mahayana*, y sobre todo *El budismo nihilista*.

En su ensayo *Definición de la mística* Fatone afirma:

"La mística es, ante todo, experiencia. Las explicaciones místicas —decía Nietzsche— pasan por profundas, pero no son siquiera superficiales. Y Nietzsche tenía razón, aunque no había advertido que no son siquiera superficiales porque no son explicaciones. Le hubiera bastado, para saberlo, abrir el libro de los *Nombres Divinos* donde se dice que ese largo discurso no tiene por objeto explicar nada, ya que se refiere a lo inefable. Pero, aunque no son explicaciones, no pretenden comenzar, como Hegel les reprochaba, con el pistoletazo de la intuición intelectual o de la verdad revelada. En el mismo tratado de Dionisio Aeropagita se advierte que lo inefable escapa también a la mirada intuitiva de los bienaventurados."

Aquí se tocan, Julio y Carlos, y no sólo por Nietzsche, también por el tema de lo inefable. Fuentes, para alcanzar ese punto nodal donde todo se concentra, escribe y escribe sin detenerse, desplegando la historia de México, del mundo, de los seres humanos en pleno, mientras Cortázar se instala frente a la sorpresa e intenta cavar más hondo en los fortuitos encuentros del paraguas y la máquina de coser. Las sincronicidades junguianas, podríamos decir.

Son los caminos abiertos por los filósofos elegidos por uno y otro escritor. En un rincón del ring se encuentra Nietzsche, el filósofo revelado de Fuentes, quien para citar (y tener siempre en cuenta que no es lo mismo "para citar" que parasitar) apenas un par de aforismos, expresó: "Lo que llamáis mundo debe ser creado por vosotros: debe ser vuestra razón, vuestra imaginación, vuestra voluntad y vuestro amor." Y también: "Las grandes épocas de nuestra vida son aquellas en que tenemos el valor de considerar lo que es malo en nosotros como lo mejor que hay en nosotros."

En cuanto a Vicente Fatone, el filósofo semioculto, si bien Cortázar apenas lo vuelve a nombrar al final de su vida en la larga entrevista-libro de Omar Prego publicada en 1990 (Prego escribe Fattone con dos t, como fatto), podemos ir detectando sus trazas en la obra de su insigne discípulo.

A Fatone le interesaban "quienes modelaron su vida en hueco y no en relieve, y quienes meditaron sobre el centro inmóvil de la rueda", tema que exploró a consciencia en su libro sobre el pensamiento de Nāgārjuna. Allí interpreta el uso de las contradicciones de las que se vale el filósofo hindú para fundar su doctrina budista de la Vía Media. Y se interesa en el juego; cuando le preguntaron si entre los libros que había escrito prefería alguno, contestó:

"Sí, a uno que no es filosófico por cierto. Un libro de entretenimientos: *Cómo divertir a chicos y grandes*. A muchos pudo extrañar que yo escribiese un libro de entretenimientos; pero cuento con el antecedente del filósofo Heráclito que alguna vez se entretuvo jugando a la payana con los niños. Y cuando algunos hombres importantes se detuvieron, escandalizados, al mirarlo jugar, Heráclito les contestó: "¿Qué miran…? (y agregó una palabra fuerte) ¿No les parece preferible esto a que me ponga a administrar la república con ustedes?".

Pero ésta es la casilla de los maestros de carne y hueso que Julio y Carlos frecuentaron. Y si hemos descubierto que el maestro de Cortázar fue Vicente Fatone, sabemos sin lugar a dudas que el de Fuentes fue Alfonso Reyes.

A Carlos lo escuché decir más de una vez, con mezcla de orgullo y risa, que aprendió literatura a los tres años de edad sentado sobre las rodillas de don Alfonso en Río de Janeiro, donde Reyes era embajador de México y Fuentes padre un importante miembro de la embajada. Fue Reyes quien, quizá subliminalmente, condujo al precoz niño Carlos por el camino de las letras, soplándole al oído, es una suposición, algunas de esas frases tan suyas que después serían citadas como verdaderos aforismos: "El libro enriquece igualmente la soledad y la compañía... La vida muere, los libros permanecen."

"El fin de la creación literaria es iluminar el corazón de todos los hombres, en lo que tienen de meramente humano."

"Ser poeta exige coraje para entrar por laberintos y matar monstruos."

"La literatura puede ser citada como testigo ante el tribunal de la historia o del derecho, como testimonio del filósofo, como cuerpo de experimentación del sabio."

Tribunal del Derecho, precisamente. Porque cuando don Rafael Fuentes Boettinger le exigió a su hijo Carlos que siguiera la carrera de leyes, éste acudió a su padrino espiritual para quejarse y pedirle consejo. Y Reyes, pragmático, le dijo aquello memorable del pocillo de café. "Muy útil por cierto para beber la estimulante infusión como es debido, bien caliente, pero inútil si no tiene asa para sostenerlo sin quemarse los dedos."

Excelente consejo que Cortázar también habría comprendido. Recordemos que en *Rayuela* le hizo reflexionar a Morelli sobre la inconveniencia de tomar las cosas por su apariencia y "creer que ese objeto es nada más que una tacita de café cuando el más idiota de los periodistas encargados de resumirnos los quanta, Planck y Heisenberg, se mata explicándonos a tres columnas que todo vibra y tiembla". Ergo, el Derecho o cualquier otra carrera práctica es para poder sostener con seguridad ese enorme y vibrante temblor, la pasión literaria, sin chamuscarse en el intento.

Cortázar siempre dijo que quien quiera dedicarse en serio a la literatura y no ser una presa más del mercado editorial debía tener un trabajo paralelo que le procurara los pesos necesarios para poder escribir con plena libertad, y, desde que llegó a París trabajó como traductor para organismos internacionales. Había escuchado bien, se nota, a Vicente Fatone quien, es sabido, siguió el ejemplo de los maestros zen y los monjes taoístas y no tuvo empacho en ganarse el pan con el trabajo que fuera, para no traicionar la esencia de su vocación de pensador.

En diálogo con Carlos le pregunté en cierta ocasión sobre el pocillo de don Alfonso y en qué medida el estudio de las leyes le había ofrecido un asa más allá de lo económico. Porque también resultaba admirable comprobar cómo lograba sostener los diversos temas sin quemarse, sorbiéndolos a fondo hasta casi agotarlos.

Carlos me contestó con su franqueza de siempre:

"Bueno, te digo que no me resistí mucho, como tú sabes, a estudiar Derecho. También mi padre me decía: 'Tienes que entrar, porque el escritor se muere de hambre.' Y yo les agradezco a ambos porque tuve grandes maestros en la universidad y porque pertenecí a una buena generación. Conmigo estudiaban Porfirio Muñoz Ledo, Víctor Flores Olea, Javier Wimer, que son mis amigos de toda la vida. Pero la carrera despertó sobre todo mi fantasía desbocada: tuve que asumir los ropajes áticos, tuve que estudiar derecho romano con su exigencia de claridad y brevedad que se resume en frases gloriosas: *pacta sunt servanda*, ¿qué más puedes decir?: 'Los tratados se cumplen.' Allí había una gran concisión que me apasionó. Fue una formación paralela a la vocación literaria, si quieres."

El alma de Reyes vibraba en Fuentes. Basta con anotar un par de pensamientos del maestro para reconocer su reflejo en el discípulo, devenido maestro a su vez: "Quiero que la literatura sea una cabal explicitación, y, por mi parte, no distingo entre mi vida y mis letras. ¿No dijo Goethe: "Todas mis obras son fragmentos de una confesión general?".

"Hay que interesarse por las anécdotas. Lo menos que hacen es divertirnos. Nos ayudan a vivir, a olvidar por unos instantes: ¿hay mayor piedad? Hay que interesarse por los recuerdos, harina que da nuestro molino."

Borges, gran admirador de Reyes, le dedicó un largo poema, *In Memoriam, que comienza así*:

El vago azar o las precisas leyes
Que rigen este sueño, el universo,
Me permitieron compartir un terso
Trecho del curso con Alfonso Reyes.

Allí habla de la esperanza de: "Dar con el verso que ya no se olvida / Y renovar la prosa castellana." Casi idénticas palabras usó Cortázar para hablar de Borges. "Es así el juego de espejos al cual la busca literaria somete a los verdaderos buscadores en este sueño, el Universo."

Carlos Fuentes fue alguien que supo jugar sin retaceos, invitando también a los demás y abriendo grandes espacios para quienes admiraba y quería. Así como ideó junto con García Márquez la Cátedra Julio Cortázar en Guadalajara, idéntico fervor puso para crear la Cátedra Alfonso Reyes en el Instituto Tecnológico de Monterrey, inaugurada en febrero de 1999, a fin de que los egresados no sólo sean los principales ingenieros y técnicos mexicanos sino que tengan además una sólida preparación humanística. Cada año, en las reuniones del consejo consultivo de la Cátedra al que tuve el honor de pertenecer, ingresar al auditorio del Tec junto con Fuentes era recibir una fervorosa ovación de pie. Nos reíamos mucho. En algún diálogo le recordé sus dotes de actor, y pregunté sobre su experiencia al respecto. "Fue de joven pero nada serio", me dijo, "eso sí, admiro a los actores, soy muy cinéfilo, muy teatral y muy operístico, me encanta el espectáculo". Nadie lo pone en duda. Y cuando Teresa Costantini lo invitó a actuar en una de sus películas, Fuentes le contestó que solo aceptaría si el papel era parecido a uno de Arturo de Córdova. Seguramente estaría pensando en *Gran Casino*, donde Libertad Lamarque canta tangos. Resultó imposible, él era demasiado joven o demasiado viejo para el rol propuesto, no recordaba. Aunque, acotó, el tema de la edad es una simple cuestión de voluntad. Y sí: *La edad del tiempo.*

H
Último sueño

Una tarde de otoño a fines de noviembre de 1983, de esas resplandecientes que se abren a todas las posibilidades, recibí un radiante, inesperado llamado y era Julio Cortázar que estaba de paso y me preguntaba si podía verlo al día siguiente porque quería pasar una larga tarde de amistad, tranquila, lejos de toda exigencia.

Julio acababa de completar una gira de conferencias y como yo llevaba más de cuatro años viviendo en Nueva York sabía lo que eso podía significar. *Let me pick your brain*, dicen sobre todo los ávidos estudiantes de posgrado, exaltados por la presencia de quien han estado devorando con fruición sin entender del todo los meandros y recovecos del cerebro que de golpe tienen frente a ellos y pretenden picotear, o, para decirlo más generosamente, del que pretenden libar en procura de la gota del elixir de su sabiduría que les abra las puertas de la tesis.

Al día siguiente de la llamada telefónica partí al encuentro del tan admirado y querido amigo, dispuesta como en otras ocasiones a dejarme llevar por la corriente de su charla siempre cálida y sorprendente.

Camino a la estación del subte que me llevaría a su hotel me detuve en mi librería favorita del Village para comprarle *Awakenings*, el libro del genial neurólogo Oliver Sacks que estaba segura le interesaría porque abordaba desde la realidad, y escrito como los dioses, un tema que parecía de la más absoluta ficción cortazariana. Trata de un grupo de personas que habiendo quedado en un limbo mental durante cuarenta años a causa de una epidemia de encefalitis letárgica, con la aparición de una nueva droga recobraron consciencia y pudieron narrar su extrañísima experiencia interior. Dicho libro, que recuerda la novela *Plan de evasión*, se lo había regalado en otra oportunidad a Adolfo Bioy Casares y pensé en el jugo que le podríamos sacar a esos entrecruzamientos, recordando lo que el mismo Julio había escrito sobre quien los amigos llamaban Adolfito en su inquietante "Diario para un cuento":

"Quisiera ser Bioy porque siempre lo admiré como escritor y lo estimé como persona, aunque nuestras timideces respectivas no ayudaron a que llegáramos a ser amigos, aparte de otras razones de peso, entre ellas un océano temprana y literalmente tendido entre los dos. Sacando la cuenta lo mejor posible creo que Bioy y yo sólo nos hemos visto tres veces en esta vida. La primera en un banquete de la Cámara Argentina del Libro, al que tuve que asistir porque en los años cuarenta yo era el gerente de esa asociación, y en cuanto a él vaya a saber por qué, y en el curso del cual nos presentamos por encima de una fuente de ravioles, nos sonreímos con simpatía, y nuestra conversación se redujo a que en algún momento él me pidió que le pasara el salero. La segunda vez Bioy vino a mi casa en París y me sacó unas fotos cuya razón de ser se me escapa aunque no así el buen rato que pasamos hablando de Conrad, creo. La última vez fue simétrica y en Buenos Aires, yo fui a cenar a su casa y esa noche hablamos sobre todo de vampiros. Desde luego en ninguna de las tres ocasiones hablamos de Anabel, pero no es por eso que ahora quisiera ser Bioy sino porque me gustaría tanto poder escribir sobre Anabel como lo hubiera hecho él si la hubiera conocido y si hubiera escrito un cuento sobre ella."

Fue una frustración cuando me dijeron en la librería que el libro de Sacks estaba agotado.

Sobre la mesa de saldos, en la sección esotérica, detecté un libro de considerable formato que despertó mi curiosidad. Decidí comprarlo a mi regreso para no tener que aparecer ante Julio llevando un libro que no le estaba destinado.

En la mesa del bar del hotel estuvimos hablando de bueyes perdidos, como decimos en nuestro país, de las cosas de la vida y mis actividades en Nueva York y mi amor y fascinación por esa ciudad, comparables a su amor y fascinación por París (tuve que explicarle por qué, esas cosas de *gringolandia* no le resultaban nada claras pero, no, Julio, Nueva York de *gringolandia* no tiene nada, todo lo contrario, es la multiplicidad, el reino de los diferentes, los híbridos y de las sorpresas).

A Julio en cambio París se le había apagado después de la muerte de Carol. Y no estaba bien de salud, tenía un problema de piel muy molesto —me dijo—, y la piel es lo que te conecta con los demás y él se sentía desconectado pero no tanto, estaba regresando a París para controlar el resultado de unos análisis que le habían hecho antes de su partida, y luego tenía planeados tantos viajes.

—Viajes, viajes. Parece ser lo mío —me dijo—. Estoy sentado en el sillón de casa escuchando música con los auriculares puestos, tan feliz y tranquilo, pero me entra el bichito de la impaciencia o la curiosidad o lo que fuere y me pregunto por ejemplo cómo será Marruecos, porque nunca en mi larga vida trashumante he ido a Marruecos.

Lo comprendí perfectamente. Es un sentimiento o desazón que comparto y que él habría de describir en sus diarios.

—Marruecos, retomé entonces con nostalgia. Yo también sueño con conocerlo.

Y en esa misma instancia decidimos que algún día iríamos juntos. Nos lo prometimos. Pero antes, dijo Julio, tenía que cumplir con una serie de deberes políticos. Luego de lo cual aspiraba a tomarse un sabático, y entonces sí podría viajar a donde quisiera, pero sobre todo podría ponerse por fin a escribir la nueva novela.

—Necesito tomarme un año sabático para escribir mi novela —insistió.

Tantos compromisos previos con los compañeros en Nicaragua, y ese encuentro de escritores en La Habana, y después un viaje a Buenos Aires para visitar a su madre se lo impedían. Andaba con problemas de salud, y la novela esperándolo.

—Me la debo, de distintas revistas me piden cuentos, obras de ficción, y con lo mucho que me gustaría escribirlos opto por mandarles un texto sobre los problemas latinoamericanos.

Pero la novela, la novela…

Lo decía con su suave voz de erres ronroneadas. Al sabático tomátelo ya. Tomátelo ya, Julio, le dije a la primera vuelta, y a la tercera vez que me repitió la idea se lo rogué, conminé, imploré: Tomate ya el sabático, Julio.

A esa altura de la tarde nos encontrábamos en un taxi camino al aeropuerto. Le gustaba llegar con mucho tiempo de antelación para evitar las colas, y me había sugerido que lo acompañara para proseguir con nuestra charla. En el camino volvió a mencionar su urgencia por escribir la novela y entonces me permití hacerle la pregunta prohibida, cuya respuesta yo conocía de antemano pero igual, por si acaso, le pregunté si tenía alguna idea sobre el tema de *la* novela.

Fue el artículo determinante lo que me permitió arriesgar la pregunta que sospechaba "perdedora" de antemano. Quien alguna vez dijo que se sentaba a la máquina de escribir sintiendo sólo un impulso y emprendía la labor "como quien se saca de encima una alimaña", quien dijo de la obra que lo había consagrado en el mundo: "yo seguía escribiendo un libro del que no sabía casi nada", ¿qué me iba a contar de algo que era apenas una intención? Sin embargo arriesgué la pregunta, no sin cierto preámbulo:

—Ya sé que nunca querés hablar sobre lo que estás escribiendo o vas a escribir, conozco y comparto tu método de no tener un plan previo… pero ¿entrevés algún indicio, quizá, alguna idea del tema, de qué va a tratar? ¿Querrás hablarme de eso?

—Para nada —me contestó—. No soy como Varguitas que va escribiendo sus novelas a medida que se las cuenta profusamente a sus amigos; nada de eso. En eso soy muy reservado y además nunca sé muy bien por dónde me irán llevando las palabras.

Pero en este caso particular —agregó Julio—, no tenía ni la menor idea del tema, ni siquiera un atisbo del clima de la futura novela. Pero tenía la profunda convicción de que la novela se encontraba ya perfectamente armada en su cabeza, completa. Se le aparecía por las noches en un sueño recurrente. Y siempre, en cada uno de esos sueños con sutiles o no tan sutiles variantes, el editor le entregaba el libro impreso y al hojearlo él se sentía sumamente agradecido y feliz. Entendía, en el sueño, que por fin había podido decir todo lo que nunca había logrado decir antes por más que lo intentara y le diera vueltas al asunto; había podido por fin aunar los mundos, atravesar esas barreras que siempre había encarado con resultados dispares, y hasta había logrado fusionar de la manera más limpia y menos dogmática aquello tan difícilmente fusionable en literatura: sus paralelas vidas de escritor y de activista político. Se trataba de un libro mucho más claro y comprensible que cualquiera de los otros nacidos de su pluma. Y no sólo eso: había por fin encontrado el acceso directo a lo inefable, a aquello que había estado persiguiendo toda su vida.

Fue en ese momento que llegamos al Kennedy. Bajar del taxi, despachar las maletas, buscar un café donde sentarnos para reanudar la charla me hizo pensar que allí había terminado su relato del sueño. En ese no-lugar que es un aeropuerto (gracias, Marc Augé) creí que habíamos cerrado el capítulo sueños de libros y retomaríamos con toda naturalidad el tema de los viajes al que ambos éramos adictos. Pero no. Frente a su taza de humeante café y sabiendo que disponía de tiempo porque llegar temprano era su lema, sobre todo a los aeropuertos, esa cita de remisión ineluctable que siempre nos llevará a otro destino, Julio rebobinó: el editor, en esos sueños recurrentes, le entregaba el libro, que era muy similar de un sueño al otro, un libro normal, bien encuadernado, tapa blanda quizá y él lo hojeaba con satisfacción creciente porque iba notando página tras página que por fin, oh por fin, había logrado decir todo aquello que había estado buscando con cierta desesperación a lo largo de los años y en cada una de sus obras. Lo había logrado por fin —supo insistir— y enorme era su dicha y no le sorprendía en absoluto, en el sueño, que el libro recién salido de la imprenta no estuviera compuesto por palabras sino por —recuerdo la extraña pausa que hizo, como para tomar aliento o quizá para decidirse a decirlo—, no le extrañaba en absoluto que en el sueño el libro recién impreso estuviera compuesto tan sólo por figuras geométricas; perfectas, elegantes y armoniosas figuras geométricas. Y era un libro mucho más claro y comprensible que el resto de su obra.

No sé si registrarlo acá (táchese si no corresponde), pero naturalmente una coincidencia de esas tan caras al autor de *Octaedro* saltó en aquel instante. Porque me vi precisada a contarle que camino a nuestro encuentro yo había entrado en una librería para buscar un libro que pensé le interesaría. Pero el libro estaba agotado, y sobre una mesa de saldos vi otro que despertó mi curiosidad y decidí comprármelo al regreso. Su título: *Geometría sagrada*. Mis intuiciones, se ve, funcionaban a medias. Quizá ocurra lo mismo con las intuiciones en general: a medias, esbozadas. Por eso mismo podemos colegir que aquello que Cortázar interpretó como un libro futuro estaba ya diseminado a lo largo y lo ancho de su obra.

Prometí entonces comprar el libro y enviárselo por correo. Cumplí con la primera parte de la promesa, la segunda me dejó un peso en el alma porque me fui demorando, distrayendo, pensándolo de viaje por Cuba, Nicaragua, donde fuere, cuando en realidad sólo puedo ir a la Argentina, sin lugar a dudas sabiendo que se trataba de una despedida porque habría sentido que ya las figuras geométricas estaban convocándolo desde el otro lado del espejo.

Nos separamos al anochecer afirmando que volveríamos a vernos pronto, en Marruecos quizá o en las páginas de la novela largamente aguardada.

El 14 de febrero del siguiente año la atroz noticia me llegó justo cuando estaba yendo a una librería del East Village a leer unos fragmentos de mi propia obra. Ante tamaña pérdida sentí que me sería imposible emitir palabra, la garganta oprimida por el dolor, pero supe encontrar el sonido para hablar del libro que lo estaría esperando en el espacio virtual.

Un libro de la pura geometría, como una premonición de la muerte. Para uno de los hombres más afinados a la escucha de esos mensajes que iremos explorando a lo largo de estas páginas.

Tras la muerte de Julio mi amigo Lawrence T. me dijo que lo único que uno puede hacer en esos casos de duelo, para mitigar el dolor, es poner en práctica algo que el muerto habría querido hacer o que uno hiciera. Ofrecí al semanario *Village Voice* escribirles la necrológica de Julio Cortázar, conté sobre la novela de la pura geometría, y cuando me pidieron otra nota les propuse ir a Nicaragua, en plena revolución sandinista, haciendo el viaje que a Julio se le había quedado en el tintero, para escribir la nota que quizá a él le habría gustado que yo escribiera.

Mi misión consistía en entrevistar a todos los personajes de la cultura en Nicaragua, cosa extenuante y maravillosa porque no eran precisamente poetas los que por allí faltaba.

En Managua me encontré por supuesto con Sergio Ramírez y con Ernesto Cardenal, a quienes había conocido en casa de Julio y Ugné Karvelis en su dúplex de la rue de Savoie cuando se reunían para soñar la liberación del régimen de Somoza, mucho antes de la revolución sandinista que los nombró al uno vicepresidente y al otro ministro de Cultura de Nicaragua. Y también con los entrañables Claribel Alegría, gran poeta, y su marido Bud Flakoll, quienes me hablaron de los días cuando junto con otros veinte pacifistas norteamericanos fueron a oficiar de escudos humanos en Bismuna, en la frontera con Honduras, durante una semana de febrero del año anterior. Del otro lado las tropas norteamericanas estaban haciendo maniobras militares denominadas "Pino Grande" y amenazaban con invadir el país. La llamada brigada cultural permaneció allí durante ocho días, y como despedida las milicianas nicas les regalaron a cada uno de ellos un cartucho o casquillo de obús RPG2, de los que habían caído del lado nicaragüense. El casquillo tenía en su extremo vaciado una ramita de pino; era el agradecimiento de "Pino Chico" por haberlos liberado de "Pino Grande". A manera de talismán, Bud me dio el suyo, que aún conservo y a veces uso de candelabro para encender una pequeña luz votiva.

Poner el cuerpo allí donde ponía su palabra parecería haber sido el lema secreto de Julio Cortázar, ese hombre discreto de más de metro noventa de delgada estatura. Y allí en la frontera había desafiado los ocasionales disparos que se les "escapan" a la contra.

En Managua yo también me dispuse a ir al posible frente de batalla, si bien la cosa estaba mucho menos candente. "De la frontera no pasarán" era la consigna de los compañeros nicas, y proponían que pintores, escritores, teatristas, fueran a la frontera a enseñarles las artes y de ser necesario alfabetizar a los milicianos que estaban allí dispuestos a jugarse la vida por la revolución. Los milicianos a su vez nos instruirían en el uso de las armas. Un proyecto válido. Pero el transporte falló, y quienes estábamos dispuestos a trasladarnos al frente debimos conformarnos con permanecer en el cuartel general, cumpliendo igual el intercambio, viviendo vicariamente un sueño de Cortázar.

En Nueva York, durante aquella larga tarde de confesiones, no se me ocurrió preguntarle en qué idioma soñaba. De todos modos el tema trascendía cualquier detalle práctico.

En la *Geometría sagrada* se habla de figuras arquetípicas que nos revelan la naturaleza de cada forma y sus resonancias vibratorias. También simbolizan el Principio metafísico de la relación inseparable entre las partes y el todo, el Principio de la interconexión con todo lo creado como muy bien entendió Julio de manera mucho menos explícita.

Ya lo había dicho mucho antes:

"Por ahí he escrito que para mí un cuento evoca la idea de la esfera, es decir, la esfera, esa forma geométrica perfecta en la que un punto puede separarse de la superficie total, de la misma manera que una novela la veo con un orden muy abierto, donde las posibilidades de bifurcar y entrar en nuevos campos son ilimitadas. La novela es un campo abierto verdaderamente; para mí, un cuento, tal como yo lo concibo y tal como a mí me gusta, tiene límites y, claro, son límites muy exigentes, porque son implacables; bastaría que una frase o una palabra se saliera de ese límite, para que en mi opinión el cuento se viniera abajo."

La esfera es, dice la *Geometría sagrada*, la expresión de la completud, la unidad, la integridad. Ningún punto de su superficie tiene mayor o menor importancia en relación con el centro desde el cual todo se origina. Los átomos, las células, los planetas, todo está relacionado con el paradigma de la inclusión total. Tanto en el macro como en el microcosmos. El círculo, a su vez, es la sombra de la esfera y en la cultura universal es ícono de la inefable unidad.

El tema resulta inagotable, el libro cortazariano de la perfecta geometría, de existir, no necesitaba ser descifrado con las claves propias de esta ciencia hermética, mejor conocida por las religiones no icónicas en las que estaba vedada la representación de la figura humana y la animal. Algunas de esas claves son sumamente complejas, otras simples: el triángulo representa la Trinidad, el rombo a la mujer. Desde la más ínfima partícula hasta las inconmensurables formas de orden cósmico, todas tienen un diseño que inevitablemente responde a arquetipos geométricos que nos revelan la naturaleza de cada una de las formas y sus resonancias vibratorias.

Pero no pretendemos hacer una lectura tipo piedra Rosetta del libro que sólo existió en sueños, buscaremos en sus páginas los caminos de acceso a la otra realidad que tanto desveló al soñador sobre quien Carlos Fuentes dijo:

"Por eso eran tan largos los ojos de Cortázar: miraban la realidad paralela, a la vuelta de la esquina; el vasto universo latente y sus pacientes tesoros, la contigüidad de los seres, la inminencia de formas que esperan ser convocadas por una palabra, un trazo de pincel, una melodía tarareada, un sueño."

I
Balcones

"Yo no busco, encuentro", alegó alguna vez Picasso. Sin tamaña arrogancia, Carlos Fuentes podría haber repetido lo mismo. Así como se puede decir que Julio Cortázar fue el buscador (una forma de acceso a la indagación del conocimiento menos autodestructiva que la de su Perseguidor), a Carlos Fuentes los hallazgos parecían saltarle a la cara. Eso sí, no siempre eran benignos. Nietzsche por ejemplo, se le presentó en el balcón vecino para quizá develarnos los misterios de un recorrido iniciado cincuenticuatro años antes con *La región más transparente* (1958), la novela polifónica, polivalente y políglota que inaugura la reflexión fuentiana sobre la historia de México, la misma que habría de culminar en la novela póstuma *Federico en su balcón* (2012). A su inesperado interlocutor, el Fuentes-personaje le explica en dicha novela:

"Este es un país que ha esperado durante siglos, soñado, el tiempo de su historia. Todos sus tiempos son uno, el pasado ahorita, y el futuro ahorita, el presente ahorita. Ni nostalgia, ni desidia, ni ilusión, ni fatalidad. Pueblo de todas las historias, México sólo reclama con fuerza, con ternura, con crueldad, con compasión, con fraternidad, con vida y con muerte, que todo suceda, de una santa vez, hoy, ya, ese ya que es a la vez suspiro, exclamación, lápida y convocación: ya me vine. Ya estuvo suave. Ya se murió. Ya nos juntamos."

En cierta oportunidad le pregunté a Carlos si desde un comienzo de su vida literaria había tenido consciencia de que se iba a internar en *La edad del tiempo*, inaugurando con *La región* un trabajo espeleológico en que habría de incursionar sin piedad por las cavernas del poder y la ambición humana. Él me contestó:

"No, no, para nada. Mira, hasta *Cristóbal Nonato*, en 1987, no pensé en eso. Entonces me dije: 'Estoy viviendo en el infierno blanco. Ese infierno blanco te hace recogerte en ti mismo.' Y ahí nació el proyecto de *La edad del tiempo*. Pero, claro, desde que leí *La comedia humana* de Balzac lo tenía metido por ahí, en algún resquicio del cerebro."

Cristóbal es el embrión que, desde la posición privilegiada del líquido amniótico, va relatando con todo humor y desparpajo el fragor de un México convulso visto a través de los ojos de sus padres.

Existen por lo tanto obras que, al ser engendradas, iluminan en perspectiva todo lo que fue escrito con anterioridad. Sergio Ramírez también lo entendió así cuando definió a *Federico en su balcón* como: "El testamento literario de Carlos Fuentes, una lección definitiva sobre lo que fue y seguirá siendo como escritor. Un autorretrato hablado donde el narrador se multiplica en sus personajes, creando la contradicción espiritual y filosófica que siempre bulló en su alma, una dialéctica que abre interrogaciones sin intentar respuestas determinantes [...]. Es lo que hizo a lo largo de su vida y de sus libros: interrogar, cuestionar, abrir la ventana, asomarse, agarrar a las verdades establecidas por el rabo y hacerlas chillar."

Pienso que en este caso la figura de Nietzsche nos da la clave que faltaba para interpretar la obra de Fuentes en conjunto. Porque no se trató en absoluto de elección arbitraria la del filósofo del eterno retorno. Resultó una verdadera hoja de ruta para comprender a fondo la trayectoria global de este autor que supo sumergirse en la historia de su país, reflejada, como siempre ocurre, en la historia del mundo. Y lo hizo visceralmente, hurgando aun en las zonas más abyectas.

Ya lo dijo el filósofo en *El caminante y su sombra*:

"En todos aquellos lugares donde se presta veneración al pasado, debe prohibirse la entrada a los escrupulosos que quieren verlo todo limpio. La piedad no se siente a sus anchas sin un poco de polvo, de basura y de cieno."

Federico en su balcón es una novela-saga en la cual, como en un novísimo *Decamerón*, las historias más ricas y sorprendentes se enhebran para ir armando un friso del universo del poder.

Un balcón puede ser un palco para asomarse al teatro del mundo, imprescindible para arengar a las multitudes de pie allá abajo: el balcón presidencial, el papal, el balcón desde donde Julian Assange pudo hablar con los periodistas, sin violar, no del todo, su arresto domiciliario en la embajada de Ecuador en Londres.

Por lo tanto, un balcón es como la lengua que el edificio le saca a la calle para burlarse de ella desde las alturas. Un balcón es también interfaz entre el afuera y el adentro, un sitio liminar, un lugar de ninguna parte, una abertura al vacío.

Y es precisamente en un balcón donde no sólo nos encontramos con Nietzsche sino también donde nos encontramos por postrera vez, y nos seguiremos encontrando para siempre, con Carlos Fuentes, el escritor que supo abarcarlo todo, el escritor que nos alimenta el corazón abriendo el suyo. Ambos aparecen allí casi intercambiando roles, dejando que las narraciones vayan transitando del uno al otro en un juego especular y de interacción mutua.

En uno de los muchos diálogos sin marcas Federico dice y pregunta:

"Mira lo que estamos describiendo, la historia de Aarón y Dante y Leonardo y María-Águila, todos ellos. ¿Crees que todo esto sucede por primera vez, al narrarlo ahora?

"No, si está en un libro, puede suceder cuantas veces el libro sea leído.

"¿Entiendes la trampa?

"Entiendo tu trampa, ¿eh?

"En serio. Cuando lees un libro titulado, por ejemplo, *Federico en su balcón*, tienes que tener fe en la ficción que te cuentan y das por descontado que ha habido y habrá varios lectores distintos de un mismo libro.

"Súper-Duper-Gary-Cooper."

El "eterno retorno" presenta sus dobleces. Será porque el encuentro tiene lugar entre dos balcones, dos balcones de un hotel. Y un hotel es un sitio de paso, un no-hogar; un refugio para escritores desesperados, para pasajeros de la vida, para trashumantes que aspiran a conocerlo todo y a penetrar en mundos ajenos al igual que el Hotel Cervantes del cuento "La puerta condenada", de Cortázar, que su protagonista elige, "por razones que hubieran desagradado a otros. Era un hotel sombrío, tranquilo, casi desierto", sólo para descubrir que en la vacía habitación adyacente a la suya siempre habrá un niño que llora, inconsolable.

El hotel de los balcones fuentianos se llama Metropol. Con nombre de estar en todas partes, de ser el centro del mundo, su ombligo. Cosa que logra a pesar de su aspecto, de sus habitaciones astrosas y sin baño y sin siquiera un vil ventilador de techo. Uno de esos hoteles cero estrellas que Carlos Fuentes no debe haber frecuentado jamás en persona pero supo tan bien y como ninguno frecuentar con su pluma:

"Salí de mi cuarto sin ventilación, esperando que el balcón me acordase un mínimo de frescura. Nada. La noche externa era más oscura que la interna. A pesar de todo, me dije, estar al aire libre pasada la medianoche es, acaso psicológicamente, más amable que encontrarse encerrado sobre una cama húmeda con el espectro de mi propio sudor; una almohada arrojada al piso; muebles de invierno; tapetes ralos; paredes cubiertas de un papel risible, pues mostraba escenas de Navidad y un Santaclós muerto de risa. No había baño. Una bacinica sonriente, un aguamanil con jarrón de agua —vacío—. Toallas viejas. Un jabón con grietas arrugado por los años.

"Y el balcón.

"Salí decidido a recibir un aire, si no fresco, al menos distinto del horno inmóvil de la recámara.

"Salí y me distraje."

La distracción, en este caso como en otros, como tantas veces también lo señaló Cortázar, puede ser la madre de la creatividad. Y ser la gestora de los encuentros menos predecibles. Porque cuando *"el autor de la novela"* observa el balcón de al lado, se topa con *"el personaje de Federico Nietzsche"*.

Desde un principio, desde su comentario sobre su última novela, Fuentes se coloca en la riquísima y ambigua posición de ser él y no ser él en esta narración, o más bien ser su propia máscara. Es eso precisamente lo que se necesita para entrar en ese diálogo de espejos, en el torrente de historias que en una sola intensa noche muy actual se irán desarrollando a los pies de los interlocutores. O quizá en sus mentes.

¿Qué máscara debo ponerme para empezar la novela?, se preguntó alguna vez Ítalo Calvino. Fuentes sabe mucho del tema, y Nietzsche también. En uno de los diálogos breves que se irán entablando más allá del transcurrir de las historias, Federico, don Niche, al comentar sobre las escenas que ven transcurrir a sus pies, como en el cine, va largando retazos de su reflexión sobre la ironía: "La ironía es una máscara y todo lo que es profundo procede enmascarado". A sabiendas de que el otro, su álter ego que es su verdadero yo, ya lo afirmó en su libro *Más allá del bien y del mal*: "Todo lo que es profundo ama la máscara; las cosas más profundas de todas sienten incluso odio por la imagen y el símil. ¿No sería la antítesis tal vez el disfraz adecuado con que caminaría el pudor de un dios? Es ésta una pregunta digna de ser hecha: sería extraño que ningún místico se hubiera atrevido aún a hacer algo así consigo mismo. Hay acontecimientos de especie tan delicada que se obra bien al recubrirlos y volverlos irreconocibles con una grosería; hay acciones realizadas por amor y por una magnanimidad tan desbordante que después de ellas nada resulta más aconsejable que tomar un bastón y apalear de firme al testigo de vista: a fin de ofuscar su memoria. Más de uno es experto en ofuscar y maltratar a su propia memoria, para vengarse al menos de ese único enterado: El pudor es rico en invenciones. No son las cosas peores aquellas de las que más nos avergonzamos: no es sólo perfidia lo que se oculta detrás de una máscara, hay mucha bondad en la astucia."

Bien sabe Fuentes, y ese álter ego suyo que se asoma al balcón, que también el lenguaje es una máscara, un artificio que, al develar, vela, ocultando los otros mundos simultáneos, inenarrables e invisibles que se sobreimprimen a esto que llamamos realidad.

Fuentes el memorioso sabe que la memoria es la puerta que puede abrirse a esa comprensión, y a la vez es una trampa temible. Por eso Nietzsche lo invita a revisarla, pero él persiste. Persiste en la novela. Y se ve enredado en un juego de identidades confusas que se van apoderando de su ser, enmascarándolo, incorporándolo a la ficción. O a la Historia:

"Ahora escúchame bien, voy a contarte del padre como personaje de leyenda, pero también como ser de esta narración. Se llama Zacarías.

"Ah, el padre de Leonardo y Dante.

"El mismo. Tu padre."

Este diálogo, del capítulo "Federico (10)", se inició con la siguiente pregunta del filósofo: ¿Dónde está tu familia? ¿En la sangre o en el interés? Y avanza por varias páginas sin marcas, como si las voces se confundieran, porque la reflexión, siendo nietzscheana ciento por ciento, también es reconociblemente fuentiana y las corrientes se cruzan en pleno reconocimiento.

Alguna vez le pregunté a Carlos cuáles serían las fuentes de las que abrevaba Fuentes. Era una pregunta retórica y creo recordar que él sólo rió. Era su don de hombre político: el desatender las banalidades. Pero ahora la respuesta quizá involuntaria llegó con su elección tan especial de un interlocutor tan especial, que aparentemente funciona en espejo, casi como alma gemela, en esta novela que aparece como una premonición de aquello que lo esperaba de forma tan inesperada. La muerte.

El hotel es refugio de solitarios y allí se encuentran, gracias al hombre más sociable y más socialmente comprometido, con el más dolorosamente solitario de todos (¿pero no son estas, en definitiva, dos caras del mismo Fuentes?).

Stefan Zweig, en su libro titulado *La lucha con el demonio* donde analiza vida y obra de Hölderlin, Kleist y Nietzsche, curiosamente (o no) dedicado "Al profesor Sigmund Freud, espíritu de penetración y sugerencia", nos cuenta de la desgarradora soledad de Nietzsche, su muy frágil salud, su ultra sensibilidad al dolor, sus feroces dolores de cabeza dado que percibía "la acción de pensar como una descarga eléctrica". Y nos dice que esa "hipersensibilidad mortal y diabólica de sus nervios que se contraen doloridos al solo roce (que en otros no pasan el umbral de la consciencia), resulta la fuente mayor y verdadera de su padecer y, simultáneamente, es también la fuente de su mayor estima de los valores."

Fuentes lo comprende y lo apaña e invita a su lado en la ficción, para poder irse abriendo al manantial de las asociaciones.

El escritor vitalista dio el gran paso necesario y se sumergió de clavado en el más profundo nihilismo para aflorar del otro lado del pensamiento nietzscheano, el vitalismo de sus últimos tiempos.

Propongo aquí que la literatura de Fuentes siempre se vio iluminada, a consciencia o no tanto, por la filosofía de Nietzsche. En raras oportunidades supo mencionarlo. Gracias a su libro *En esto creo*, su abecedario personal, en el capítulo correspondiente nos enteramos de que con su querido hijo Carlos, tan tempranamente desaparecido, "[yo] sentía una identificación amorosa con sus gustos literarios. La poesía de Keats, Baudelaire y Rimbaud, el teatro de Oscar Wilde, las novelas de Jack Kerouac y la filosofía de Nietzsche".

Pero lo nietzscheano en Carlos padre no resonaba con el nihilismo primero del "filósofo con bigote", como lo llamó Lou Andreas Salomé, que quizá era lo que fascinaba a Carlos hijo como nos fascinó a todos durante nuestra adolescencia (recuerdo que entre los aforismos yo subrayé en rojo aquel que dice: "Las cualidades buenas y malas son en el fondo las mismas, se basan en los mismos instintos de autoconservación, egoísmo, deseo de propagación, etc."). Carlos padre, conjeturo, escuchó más bien al Nietzsche de lo dionisíaco y del vitalismo, y el concepto del poder que aparece en *El camino de la sabiduría*:

"¡Ningún Dios, ningún hombre por encima de mí! El instinto del creador que sabe donde pone la mano. La gran responsabilidad y la inocencia. (Para tener alegría por algo debe probarse todo.) Darse el derecho para actuar. Más allá del Bien y del Mal. El (creador) asume la contemplación mecánica del mundo y no se siente humillado bajo el destino: él es el destino. Tiene la suerte de la humanidad en la mano…".

Sus voces, que Fuentes supo escuchar. Sin embargo a menudo, y sobre todo en el caso de la creación artística, las motivaciones conscientes y las filosofías aplicadas resultan ser apenas un reflejo de las que circulan por esa zona secreta del espíritu que el propio Fuentes supo profundizar de manera magistral en su literatura.

Silvia Lemus, en un poema de despedida, habla de las letras de su marido y dice:

> ni tristes ni grises
> son del color de tu mente
> intensa brillante
> pirotecnia incalculable
> velocidad del destello
> velocidad del destello
> pensamientos ciertos
> irreales verdaderos
> caligráficos
> de orilla a orilla.

Resulta lógico entender que Fuentes se haya identificado —desde su lado oscuro pero no maldito, peligroso eso sí, porque para escribir lo que escribió se requiere de mucho coraje— con el filósofo de la muerte de Dios, del eterno retorno, de la sabiduría del dolor pero también de "la afirmación religiosa de la vida, de la vida total, no renegada ni parcializada".

Y al identificarse haya necesitado proyectar en su novela, que habría de ser póstuma, el lado claro de Nietzsche, contándole historias de una mítica revolución bastante mexicana y un tanto francesa, revolución hecha de sofisticaciones y de enredos sentimentales.

O quizá sea Federico quien le cuente al hombre del balcón aledaño las historias de esas vidas imaginarias y a la vez palpitantes de una realidad enriquecida, en el sentido del uranio enriquecido, es decir de explosiva potencialidad.

Al fin y al cabo, Federico Nietzsche sabía todo eso y había transitado esos parajes siniestros por lo oscuro y les había detectado la secreta luz. En su libro más bien de confesiones, *El caminante y su sombra*, el filósofo escribe el diálogo entre el uno y otra. Habla el caminante:

"Observo que he sido muy descortés contigo, querida sombra, aún no te he dicho cuánto 'me agrada' oírte, y no sólo verte. Tú ya sabes que me gusta la sombra tanto como la luz. Para que un rostro sea bello, una palabra clara y un carácter bondadoso y firme, se necesita tanto la sombra como la luz. No sólo no son enemigas, sino que se dan amistosamente la mano, y cuando desaparece la luz, la sombra se marcha detrás de ella."

En el entrecruzamiento de balcones, durante uno de los diálogos sin marcas, el número 8, uno de ellos, y bien sospechamos cuál, pregunta:

"¿Me dices que el mal es necesario para darle sentido al mundo?

"No como tú crees.

"¿Entonces?

"Hay un mal aceptado, porque si todo fuera el bien, nada tendría sentido. Amor perfecto, amistad, poder, vida y muerte, perfectas. Ergo, no habría problemas. Ergo y ergo, no tendríamos razón de ser.

"¿Nuestra razón de ser son nuestros problemas?

"Tienes una necia inclinación a simplificarlo todo.

"Bueno, no soy Federico Nietzsche. Perdón.

"Perdonado estás. Óyeme. "

Y el perdón trastoca identidades, una vez más, y parecería que don Niche reanuda la narración de los acontecimientos anacrónicos.

Es que el *caminante* ha retomado la palabra al asomarse, una vez y para siempre en la eternidad de la lectura, al balcón donde lo convocó Fuentes. Y se ha encontrado no sólo con un álter ego de sombras sino con un lúcido laberinto de historias de vida. ¿Quién las narra?

¿Quién dibuja esos personajes tan llenos de vida, descriptos de manera tan lúcida que no sólo podemos vislumbrar, sino hasta escuchar, y oler?

Quizá los trae a la vida ficcional el filósofo, mientras el novelista filosofa.

O viceversa.

Una característica muy nietzscheana, la de imbricarse en diferentes voces de tal manera que por momentos no se sabe quién habla, está presente en *Federico en su balcón*.

En los diálogos de la novela, ¿quién es quién? ¿Es Federico / Carlos? ¿Es Nietzsche / Dante / Carlos / Federico? ¿Leonardo / Federico / Carlos? Fuentes, personalidad doble, múltiple, aparece y desaparece como por arte de birlibirloque, y asoma aquí y allá por detrás de los personajes, por momentos en varios a la vez.

Se van dibujando en estas páginas los juegos de las sombras en un canto triunfal a la imaginación, esa loca de la casa, loca del hotel Metropol, de las ciudades enteras, del mundo. Libre de toda traba pero avanzando a pleno galope recorre el camino que ella misma, la imaginación, como una sombra, va trazando mientras desfilan personajes cuyas vidas se imbrican y se complementan: los Loredano, o su padre Zacarías y su madre Charlotte (Madame Mère), la inolvidable María-Águila, Gala, la niña Elisa, Aarón Azar, Saúl, Andrea del Sargo, y esos pícaros de opereta, Rayón Merci y Juan Colorado alias el Pedorrito, el Charrasqueado, el Cochambres y sigue la lista…, sin olvidar a Dorian Dolor, quien lleva la duplicidad en sí mismo/a.

De un balcón al otro, las sombras que narran las historias no son descorteses entre sí. Todo lo contrario. Se enriquecen mutuamente.

"Para que un rostro sea bello, una palabra clara y un carácter bondadoso y firme, se necesita tanto la sombra como la luz", escribió el filósofo en su lecho de dolor, mientras sufría las más atroces migrañas y los más pavorosos cólicos estomacales. Pero avizoraba o intuía la luz. Y la escribía.

Para que exista el bien debe existir el mal. Y en la lucha mítica entre uno y otro ninguno sale triunfante. Lo saben en Bali cuando el buen dragón Barong se enfrenta a la bruja Rangda, lo saben los poetas mayores y también nuestros dos hombres con bigote que están en sus balcones, el autor y el filósofo, cada uno en su lugar y también en el lugar del otro, como sombras.

O dobles.

Espejos estos dos balcones contiguos y sus dos visitantes que se enfrentan. Se encaran. Dialogan quizá como quien juega a los naipes, o mejor al ajedrez, armando sus jugadas con peones y reyes y reinas y torres y caballos, todos frutos de un delirio extraordinariamente lógico en el cual se va gestando una revolución que es en verdad una revelación de las debilidades humanas y sobre todo, sobre todo, de sus pasiones.

Eso es lo que está siempre a flor de piel. La pasión. Y allí el filósofo sabe seguir al autor y las espadas se entrechocan y sacan chispas. Ellos no debaten ni discuten ni pelean. No. Pero el tema de base es el poder.

El intrigante, integrante, insoslayable poder.

Y nosotros, lectores enfrentados a esos dos balcones del hotel Metropol, podemos preguntarnos también qué es la muerte. Y qué es la intuición que llevó a Carlos Fuentes a asomarse al vacío en este libro, desde lo alto de un balcón que es pedestal, para dejarnos un legado de amor, ¿por qué no?, como el romance final entre el joven triunfador Andrea del Sargo y la sesentona y bellísima Charlotte, que cierra el círculo del poder en un abrazo que es apertura al más allá.

J
Zihuatanejo

En 1983, en París, poco antes de que Julio viajara a Buenos Aires por última vez, Osvaldo Soriano, autor de *Triste, solitario y final*, le hizo un reportaje:

"—Podrías contarme algo de tus sueños, porque por lo que sé son recurrentes y han abierto el camino a no pocos relatos. Además tenés la suerte de poder retenerlos, atrapar las imágenes que luego te van a servir.

"—Los sueños son capitales en mi vida. Si hago la cuenta de los que dieron origen a mis cuentos deben ser muchos. Empezando por "Casa tomada" que fue una pesadilla vivida y escribí el cuento la misma mañana después de haberla tenido. Hay algunos sueños que puedo recordar nítidamente al despertar, otros trato de atraparlos y se me van como una nube. Pero los más terribles me marcan de tal manera que aun en este momento en que te estoy hablando veo esa imagen que luego será Ciclón Molina en "Segundo Viaje"; estoy viendo mi pesadilla como si hubiera estado ayer en la morgue viendo un cadáver. También tengo sueños alegres, por supuesto, pero nunca he escrito un cuento con ellos. O sueños anodinos o divertidos. Fijate, yo tengo sueños en los que hago juegos de palabras, pero eso es deformación profesional del escritor y cuando me despierto y me acuerdo del sueño me río mucho porque descubro la clave."

Conozco esa experiencia pero no la otra, la de la recurrencia. Con la que nos toparemos una vez más en una muy poco conocida obra de no-ficción de Cortázar, el *Cuaderno de Zihuatanejo*, breve diario personal escrito en agosto de 1980, que permaneció inédito hasta 1997, cuando Alfaguara publicó una edición fuera de comercio para regalar a sus autores.

"No venal", dice la carátula, expresión que le hubiera causado muchísima gracia a Julio, él que era el menos venal en todas las acepciones de la palabra. El hecho es que, ni venal ni venial ni banal, en dicho cuaderno el autor analiza "una vigilia puesta en marcha por los sueños de esta temporada [verano de 1980] que contienen casi todo lo que ignoro en la vigilia por aquello de que no todo es vigilia la de los ojos abiertos, según Macedonio".

Macedonio es Macedonio Fernández. Borges lo consideró su maestro, oblicuamente como era su costumbre: "Los historiadores de la mística judía hablan de un tipo de maestro, el zaddik, cuya doctrina de la Ley es menos importante que el hecho de que él mismo es la Ley. Algo de zaddik hubo en Macedonio. Yo por aquellos años lo imité, hasta la transcripción, hasta el apasionado y devoto plagio. Yo sentía: Macedonio es la metafísica, es la literatura. Quienes lo precedieron pueden resplandecer en la historia, pero eran borradores de Macedonio, versiones imperfectas y previas. No imitar ese canon hubiera sido una negligencia increíble."

El de Macedonio Fernández era un canon complejo, sin embargo, más hecho de agudos pensamientos lanzados al aire, cargados de humor las más de las veces, que de una obra escrita.

Su libro *No todo es vigilia la de los ojos abiertos* vendría a ser un "arreglo de papeles que dejó un personaje de novela creado por el arte, Deunamor el no Existente Caballero, el estudioso de su esperanza" según reza la primera página del libro que Borges reconoce como "un extenso ensayo sobre el idealismo, escrito en un deliberado estilo enmarañado e intrincado, con el fin, supongo, de igualarlo con el enredo de la realidad misma".

Enredo o maraña, es la otra cara de la realidad, la confusa y críptica, que debemos enfrentar cuando, a decir de Macedonio, "hemos puesto inesperadamente el pie en una frontera vecina y esa tierra vecina es el 'ser', es nuestra verdadera patria; la habíamos olvidado tanto que, al tocarla imprevista e involuntariamente, nos retiramos con inquietud, sintiéndonos en tierra extranjera, sintiendo lo opuesto de lo que debiéramos experimentar".

Esa "tierra extranjera" y a la vez tan propia fueron para Julio sus sueños, sobre todo esos del dormir que lo sorprendían y desconcertaban tanto o más que los de la vigilia (¡lo que es mucho decir!). Para comprobarlo basta con adentrarse en esa joyita casi desconocida que es *Cuaderno de Zihuatanejo*:

"*Back to dreams*. Si dije que se me estaban volviendo wagnerianos fue por lo de los leitmotivs, las recurrencias que le van dando al discurso del sueño un evidente parecido con el discurso musical de don Ricardo: tapices de repetidos temas pero, a diferencia del aburrimiento de cualquier tapiz convencional, las repeticiones son aleatorias o responden a un 'collage' que las articula de otra manera, así como un leit-motiv de Tristan o del Ring varía ad infinitum según se sitúa desde todo punto (importancia dentro del pasaje / timbre o color orquestal / etcétera). Los sueños de esta temporada parecen basarse en una serie no muy grande de temas, que enumeraré sin orden de importancia porque ésta varía todo el tiempo [...]

"Inútil agregar que lo de wagneriano me saltó porque los precitados temas y accesorios se combinan, imbrican y yuxtaponen como ya dijimos que, etcétera. Ahperoahoraquepienso- [...]

"Lo del Ah es que en el momento en que erigía el catálogo de los accesorios de mis sueños de esta temporada me cayó en la cresta un sueño que es de temporadas muy anteriores y de almohadas muy diferentes porque ésta de Zihuatanejo es chiquita y con alma de espuma de goma mientras que la del otro sueño era mi almohada de la rue de l'Éperon en París, más grande y dura."

Se perfilaba entonces, en 1980, el primer paso de una elaboración onírica aplazada y por entregas, inaugural aproximación a la obra perfecta, inescribible, que fue el último sueño recurrente. En Zihuatanejo, al borde de dos océanos, el Pacífico y el Otro, es decir el inconsciente.

Nosotros vamos a llegarnos hasta allí. Para lograrlo tenemos dos caminos: el imaginario por el que avanzamos leyendo estas páginas, o el real que nos llevará a buen puerto y quizá, con mucha suerte, nos iluminará algo:

Líneas de Autobuses que viajan a la región de Zihuatanejo: ¿Estás buscando un autobús de Cortázar, Guanajuato, a Ixtapa-Zihuatanejo, Guerrero? Consulta en las siguientes líneas de autobús la que disponga de un camión que cubra la ruta a tu destino. Cada una presta distintos servicios a los pasajeros, por lo que los precios de los boletos de autobús pueden ser diferentes dependiendo de la línea que selecciones: Autovías Costa Line Estrella de Oro Parhikuni Ómnibus de México TTUR Autobuses Estrella Blanca Autotransportes Coordinados ETN 480 km, tiempo estimado 6 horas 11 minutos.

Yo obviaría las dos estrellas, la de Oro y la Blanca, y elegiría la línea Parhikuni, palabra purépecha que significaría agua del cerro amarillo pero que tiene también resonancias hinduistas y remite a Fatone, el secreto maestro de Cortázar.

Pero no es éste el viaje que estamos emprendiendo, aunque el solo hecho de que exista la posibilidad de trasladarse de Cortázar a Zihuatanejo, ida y vuelta, le da más consistencia a los sueños de Julio que a lo largo de los años alcanzaron un *crescendo* conmovedor.

Recorramos algunas páginas del Cuaderno:

"Este sueño es de alguna manera el páter familias de los sueños de esta temporada aunque no parezca tener nada que ver, pero sobre todo lo es del hecho de que esta mañana a las siete y pico yo había pasado de la almohada a la Hermes y empezado este texto. ¿Lo empiezo o simplemente lo copio? ¿Cumplo hoy, tantos años después, lo que no fui capaz de hacer cuando soñé repetidamente ese sueño en la rue de l'Éperon? Porque en ese sueño, con variantes poco significativas, yo abría siempre un cajón de escritorio y sacaba el texto, que en el sueño se llamaba el Libro, mayúscula incluida por lo menos en la importancia que tenía para mí. En el sueño el Libro era un enorme manuscrito como los que sin duda escribían San Buenaventura y Guillaume d'Occam y Roger Bacon y Pierre Abelard, grandes páginas de cincuenta por cuarenta centímetros, cosidas al margen con un hilo muy grueso que soltaba nudos y filamentos por todos lados, y en eso que no puedo llamar cuadernos y que no sé cómo llamar estaba nada menos que el Libro, mi libro final escrito con tinta negrísima y caracteres que nada tienen que ver con mi letra de la vigilia, algo no gótico pero desde luego arcaico, una especie de runas absolutamente ininteligibles para mí inclinado sobre el Libro con la indecible maravilla de estar comprendiendo que el Libro estaba escrito y terminado, que mi obra había llegado a su fin y que era eso (no entenderlo carecía de importancia, como también puede ocurrirme de este lado de la vida porque la literatura se ríe de nosotros y se escribe muchas veces por cuenta propia, dejándonos de limosna una lectura que nos parece la lectura pero reservando otra u otras para tiempos y lectores diferentes, fin del paréntesis)."

Puesto que leemos el libro sobre los sueños de los años setenta con el conocimiento de los sueños de los años ochenta, podemos entender algo de lo que era la búsqueda profunda de Julio, ese indagar en el misterio con apuntes y notas y recortes como fue haciendo para armar *Rayuela*. Como un espejo inconsciente del libro consciente.

"[…] por fin estaba ocurriendo lo que no había ocurrido en la rue de l'Éperon, es decir, que el Libro terminado y final del sueño buscaba de alguna manera proyectarse de este lado y pasar del enorme manuscrito a los modestos vehículos de nuestro tiempo, hojas de papel de máquina resbalando en el rodillo de una Hermes. […]

"Si el Ah se justifica, si el sueño de la rue de l'Éperon es el *ur grund* de los sueños de esta temporada, una figura se cierra en el instante en que este texto se abre.

"Porque en un sueño con variantes poco significativas, yo abría siempre un cajón del escritorio y sacaba el texto, que en sueños se llamaba El Libro, mayúscula incluida por lo menos en la importancia que tenía para mí. En el sueño el libro era un enorme manuscrito [donde] figuraba nada menos que el Libro, mi libro final…".

Pero claro, sabemos ahora que no se trataba, no, del libro final. El del cajón de la mesa de luz de los años setenta, escrito en 1980, era sólo el manuscrito de aquel que volvería, ya impreso, a los sueños recurrentes de un Cortázar en sus últimos tiempos de vida. Grandes páginas de cincuenta por cuarenta centímetros cosidas al margen con un hilo muy grueso. Un manuscrito confuso, compuesto por caracteres arcaicos como runas y jeroglíficos a descifrar, por fórmulas, teoremas y demostraciones de teoremas, geometrías y raíces cuadradas, algo que siempre se refiere a otra cosa, remisiones eternas, según el soñador.

Un "resbalamiento retardado", para citar la esclarecedora definición cortazariana, que habría de alcanzar su destino, es decir concretarse, en 1982. Pero ¿qué clase de concreción es la de un libro soñado, por más perfecto, inteligible y completo que le haya resultado a su autor, el hombre que sueña?

Bella la idea del *ur grund*, el grado cero, la causa primordial como el magma del que nacerán las formas. Me gusta que para narrarlo sus dedos vuelen sobre el teclado de Hermes, el dios que tiene alitas en los talones, la pequeña máquina de escribir que ha llevado consigo a esas playas y no la Remington de sus labores habituales, la que tiene nombre de fusil.

No quita que las páginas estaban cargadas. De poesía, por supuesto. Por lo cual opto por transcribir acá los fragmentos del *Cuaderno* que aluden al antiguo sueño recurrente, dejándolos como diría Borges "intocados por el verso", teniendo en cuenta naturalmente que "verso", en el vernáculo que comparto con Cortázar, alude al macaneo, al *bla-bla* sin fundamento.

"Los sueños de ahora me tiran al texto pero el texto lo siento desde antes de escribirlo como ya escrito en el Libro del primer sueño; del gran manuscrito no sé absolutamente nada, y de este texto tampoco salvo las frases precedentes que son simples puestas en marcha. No hay ninguna diferencia entre mi Hermes y yo, no tenemos idea de lo que puede ir instalándose en el papel, pero yo me diferencio de ella en el sentido de que sé que voy a escribir el texto. Y antes de abandonar la imagen del manuscrito cosido de la rue de l'Éperon me pregunto si el aspecto de sus páginas no apuntan a lo que debería ser el texto, y si no me meso los cabellos es porque ya no se hace y hasta da vergüenza escribirlo. Lo veo muy claramente: en las enormes

páginas no solamente hay líneas de escritura sino complicadí-
simos jeroglíficos, fórmulas, aparentes demostraciones de teoremas con lujo de triángulos, raíces cuadradas, secantes y cose-
nos, todo eso minúsculo y amontonado en la parte central de
la página que, como tantos manuscritos medievales, tiene por
marco una glosa o crónica de lo que pasa en el centro. Bellísimo
como imagen, lo único que alcanza a darme ahora es a) la noción de un texto no lineal, b) de un discurso capaz de comen-
tarse a sí mismo, c) de hechos centrales cernidos por la medita-
ción o la crítica. De estas tres previsiones del texto, la primera
y la tercera aclaran el sentido de la segunda, porque jamás se
me ocurrirá escribir sobre lo que estoy escribiendo, incluso motivaciones tan vagas como los sueños de esta temporada son para
mí hechos tan concretos como el ron que acabo de servirme
para no aflojar en esa marcha hacia la guillotina que es todo
principio de texto. Nada me sorprendería que dentro de pocas
páginas esté de lleno en una novela (alegría acaso prematura del
lector) pero en todo caso no estaré en el deliquio de la autoge-
neración de la escritura. Amiga Hermes, sobre tu rodillo no se
imprimirá una sola palabra que no vehicule otra cosa que ella
o el conjunto de ellas; que jueguen como gatas con lo que les
iré dando, que me lo muestren de otra manera, lo nieguen o lo
transmuten, gatas mías, cosas vivas y pelusientas, la literatura
es eso o no es, póngale la firma. [...]
    "Las tres de la tarde, después de presumibles interrup-
ciones. Los sueños me tiraron de la cama a la Hermes con un
rápido puente de café amargo empiezan a desdibujarse, a perder
esa calidad lenticular, estereoscópica que esta mañana conser-
vaban todavía. La paradoja está en que en ese momento sólo
podía escribir lo anterior, aunque acaso una descripción inmediata de los sueños hubiera valido más, pero primero tenía que
asumir el encargo de pasar en seguida al texto, y éste no quiso
ser los sueños sino una especie de proemio que los situara mejor.
No me importa demasiado porque esto no va a ser un recuento
de sueños sino una vigilia puesta en marcha por los sueños de
esta temporada que contienen quizá casi todo lo que ignoro en
la vigilia por aquello de que no todo es vigilia la de los ojos

abiertos según don Macedonio. El que escribe lo que sueña quisiera volver a soñar lo que escribe o en todo caso llenar los agujeros, y a la vez se alegra porque sería demasiado fácil; en cambio puede jugar a fondo con los retazos y sentir desde su ignorancia que están apuntando a lo que bien despierto no encontraría nunca, sobre todo porque casi siempre tendría miedo de buscarlo."

Pero a Cortázar no le faltó coraje, coraje en el sentido de valentía. Parecerían ser sinónimos, Cortázar y coraje, ambos nombres o palabras con la misma raíz, cor. Corazón. Lo más necesario, y él lo tuvo de sobra.

La valentía es uno de los principales ingredientes de la gran literatura, aunque el lego nunca lo sospeche. Es requisito imprescindible para transgredir la puerta de la Ley como en el cuento de Kafka, y para encarar de frente el asombro del ser propuesto por la metafísica. Y entonces…

"Cada vez que en la rue de l'Éperon me fue dado ver el Libro, tuve la impresión de que las páginas abundan en remisiones; una fórmula encontraba su desarrollo y consecuencias cincuenta páginas más adelante, una secuela de hechos sólo se explicaba por una frase ya leída cien páginas antes. Ahora pasa que yo no estoy copiando el Libro. […]

"Quizá en el fondo es por eso que no sé nada del contenido del Libro, quizá ésa es su única manera posible de llevarme a escribir este texto: ningún preciosísimo en la sospecha, ningún refinamiento de la escritura naciendo-de-ella-misma por falta de mejor cosa. Hay tantas cosas para decir en el texto, las del otro lado y las de éste; pero si de algo me alegro es de no ser el escriba aquí del escritor allá, el transcriptor de Hipnos, aunque todos lo seamos en una medida que desconocemos, y en eso está lo que llamamos libertad o imaginación, obedecer acaso a un dictado pero sin saberlo porque saberlo sería horrible, ser de alguna manera nuestro autoescriba, el que redacta las actas de ese congreso nocturno en el que tantas voces hablaron, tantas sombras volvieron del tempo y el supuesto olvido para decir su palabra.

"Lo que me da el Libro, aparte del Libro mismo que es como un emplazamiento, nace del sentimiento que siempre he tenido al sacarlo del cajón (de muchos cajones de muchas noches), una especie de metodología o de técnica, la presencia perceptible de flechas o remisiones llevando de la página presente a otras perdidas en la masa del manuscrito. Si alguna vez escribí en pleno día un libro donde se incitaba al lector a pasearse de atrás hacia delante y dar grandes saltos de sapo por todo el cuerpo del libro, esto no es lo mismo: aquí se trata solamente de desarrollar hasta donde sea necesario ciertas prolongaciones que, en el texto, no podrían ser incluidas a riesgo de destruir eso que la lengua llama para mí en forma incomprensible "sin solución de continuidad", y que viene a ser un respeto lineal a lo narrativo partiendo del respeto a la capacidad de atención del lector, que no es un superhombre ni falta que hace. De manera que las flechas del Libro, partiendo de una fórmula que imagino seudomatemática o geométrica, me mostraron cada vez una serie de remisiones a otras partes cualesquiera del Libro (nunca me fue dado averiguar en detalle) como una propuesta libre de: a) seguir leyendo para no perder el relato y dejar para el final las glosas o extrapolaciones; o b) irse a ver lo que pasa en la página propuesta si se tiene la capacidad o la esperanza de poder volver al inicio sin que se hayan enfriado los spaghetti. A mí personalmente, como pre-lector de lo que voy a escribir me gusta más b) que a) pero aquí hay una trampa perceptible dado que las remisiones apuntan casi siempre a textos ya escritos e incluso publicados, lo que me descalifica como lector global del texto, por lo cual acaso a) es preferible a b) aunque no puedo dejar de preguntarme, antes de haber hecho la experiencia palpable puesto que no he escrito el texto, si el lector no se vendrá abajo cuando en medio de un *match* de box o de un concierto de Mary Lou Williams se le aparezcan veinte páginas donde se habla de algo que sigue a una mera referencia remotamente anterior seguida de una remisión. En el fondo el sistema medieval no estaba mal, y el Libro lo sabe puesto que ése es su esquema básico: las glosas rodean al texto central como un marco, y cuando se termina una página se puede pasar a la otra sin *surplus* ni apéndices. Usted ve, la utilería literaria es menos flexible de lo que parece."

Pero Julio busca la flexibilidad, defendiéndose porque "La memoria tiene algo de pegajoso: a un pez de la noche que tiene aquí su lugar escogido como pre-texto, que forma parte del gran juego de Zihuatanejo, inevitablemente se adhieren (cual rémora, dijo la señora de Frumento) otras similitudes amigas (cual dijo Paul Valéry), y para peor el texto atrae a su vez y en este mismo segundo sus análogos, sus paredros, sus vicarios, sus parásitos."

En busca de los cuales continuaremos leyendo, penetrando en su miedo, su sensación de "cubidad", un sentirse en estado de cubo que prefigura el miedo. El íncubo, la pesadilla: "Por eso no sabré aquí si incubo como pesadilla italiana se recorta exactamente sobre el íncubo deontológico, aunque supongo que sí. ¿Y nigthmare, y cauchemar? Mare, mar, sin duda lo mismo. La yegua de la noche, linda traducción pero que no vale para el francés. En cuanto a pesadilla, lo más cercano parece pescadilla, bien sabrosa con cebolla y vino blanco. Imposible acercarla a un diminutivo peninsular de pesada, ni a las peladillas, almendras envueltas en azúcar."

En Zihuatanejo fue soñado el "enorme manuscrito", según propia descripción del soñador / autor quien mejor que nadie supo posicionarse en el umbral entre la vigilia y el sueño, allí donde reina el absoluto despertar y una percepción integradora que da vuelta al sueño como un guante y lo vuelve lúcido, traslúcido. Arcano mayor, palpitante y peligroso Secreto, en busca del eslabón perdido, el *link* en la cadena metafórica que funciona en el sueño o en la duermevela y se esfuma con el total acceso a la vigilia, una forma del dormirse despertando (o viceversa) a percepciones otras. Eslabón que nos permitiría comprender o derivar un sentido de tanto sinsentido, que nos acercaría a la metafísica que Macedonio llama "el trabajo de misterio", a realizarse "con los dos únicos métodos posibles: la Contemplación y la Pasión".

La idea del libro totalizador remite a Mallarmé, por supuesto, pero Cortázar aún antes de soñar su *Libro de la perfecta geometría* ya había tomado distancia al respecto, y en su "Teoría del túnel" (1947) condena al "escritor tradicional, vocacional" para quien "el universo culmina en el Libro" y propone que "el libro debe culminar en lo universal, ser su puente y su revelación". Teoría que germinó en él, porque veinte años más tarde le escribe a Fernández Retamar, en carta fechada en 10 de mayo de 1967: "De la Argentina se alejó un escritor para quien la realidad, como lo imaginaba Mallarmé, debía culminar en un libro; en París nació un hombre para quien los libros deberán culminar en la realidad."

O en los sueños, podemos agregar ahora.

K
El poder y los sueños

Silvia Lemus Fuentes contó que entre los libros que quedaron en la mesa de luz de Carlos hay uno breve de Ronald Hayman, *Nietzsche. A Critical Life*. En ese libro, Hayman dice que al igual que Kierkegaard, que hacía un uso copioso de los seudónimos y las *personae*, Nietzsche estaba explorando su propia ambivalencia y "nos habla con una variedad de voces". Se pregunta, junto con Staten, cuyo libro *Nietzsche's Voice*, Hayman admira mucho, "por qué resulta tan difícil decir quién está hablando cuando Nietzsche habla; quién es 'Yo' o 'nosotros' y quiénes son 'ellos' en el texto". Esta dificultad espeja tal vez la propia dificultad de Nietzsche de hallar el estilo correcto en el cual expresar la ambivalencia sin que parezca simplemente verse invadido por la duda, porque Nietzsche no era un filósofo escéptico como cualquier otro.

Tal vez Carlos Fuentes veía en el libro de Hayman, espejada, su forma de manifestarse en varias voces para no otorgar a nadie la supremacía de la verdad. "Nuestro cuerpo no es más que un sistema social de muchas almas" —dice Nietzsche en *Mas allá del bien y del mal*—. Y allí está Fuentes, un país en sí mismo.

Así como el filósofo produjo obras innovadoras que desafiaban los elementos de la civilización europea, Carlos Fuentes hacía lo mismo desde lo americano. Nietzsche celebraba el heroísmo artístico de Beethoven y Goethe, Fuentes el de Berlioz y Balzac.

En su novela *La voluntad y la fortuna*, Carlos habla de los tres principios que rigen el hipócrita cuerpo político: necesidad, voluntad y fortuna.

¿Cómo no habría, entonces, de aparecer la voz de Maquiavelo? Josué preparaba su tesis de derecho sobre el pensador florentino y el fundamento del Estado, pero él mismo fue víctima de ese sistema. Josué y Jericó encarnan uno el poder político y el otro el económico. En cuanto a la voluntad de dominación de uno —dice Nietzsche—, sólo tiene como contrapartida la voluntad de dominación del otro, cosa que sólo aparece en un estado muy avanzado de la sociedad. Una suerte de Arcadia, donde los derechos de uno no invadirían los derechos del otro, por el contrario. En su novela Fuentes describe al estado mexicano, al que denomina un "Estado del crimen", bien lejos de aquella voluntad de poder que haría del hombre un hombre libre.

Es decir el superhombre nietzscheano, libre de influencias pasadas y de la influencia interior de sus pasiones. Sólo un hombre así podría actuar libremente. Es esta la voluntad de poder de la que habla el filósofo. Pero las pasiones del poder político y del poder económico, lúcidamente retratadas en *La voluntad y la fortuna*, toman un desvío criminal. La cabeza truncada de Josué Nadal habla, narra y hasta se lamenta: "Vi lo que es el poder: una mirada de tigre que te hace bajar los ojos y sentir miedo y vergüenza". El hombre libre es sólo un sueño. Fuentes lo buscó sin encontrarlo en los profundos abismos de su propia obra.

Julio Cortázar podría entrar a tallar aquí, sobre todo si tenemos en cuenta su siguiente intimación: "Tenemos que obligar a la realidad a que responda a nuestros sueños, hay que seguir soñando hasta abolir la falsa frontera entre lo ilusorio y lo tangible, hasta realizarnos y descubrir que el paraíso perdido está ahí, a la vuelta de la esquina", dijo en una entrevista publicada en 1964.

En *El nacimiento de la tragedia*, Nietzsche parecería responderle al hablar de "La bella apariencia de los mundos oníricos, en cuya producción todo hombre es artista completo."

¿Y dónde hablaría Fuentes más de sueños que en *Terra Nostra*, ese vastísimo sueño inaugural? Novela enciclopédica, la definió la crítica, mundo que se inaugura precisamente con un sueño de quien será su muy multiplicado protagonista:

"Increíble el primer animal que soñó con otro animal. Monstruoso el primer vertebrado que logró incorporarse sobre dos pies y así esparció el terror entre las bestias normales que aún se arrastraban, con alegre y natural cercanía, por el fango creador. Asombrosos el primer telefonazo, el primer hervor, la primera canción y el primer taparrabos.

"Hacia las cuatro de la mañana de un catorce de julio, Polo Febo, dormido en su alta bohardilla de puerta y ventanas abiertas, soñó lo anterior y se disponía a contestarse a sí mismo. Entonces fue visitado dentro del sueño por una figura monacal, sombría, sin rostro, que reflexionó en su nombre, continuando con palabras un sueño de puras imágenes:

"—Pero la razón, ni tarda ni perezosa, nos indica que, apenas se repite, lo extraordinario se vuelve ordinario y, apenas deja de repetirse, lo que antes pasaba por hecho común y corriente ocupa el lugar del portento: arrastrarse por el suelo, enviar palomas mensajeras, comer venado crudo y abandonar a los muertos en las cimas a fin de que los buitres, alimentándose, limpien y cumplan el ciclo natural de las funciones."

Los sueños transitan por esta novela abriendo todo tipo de amenazas, más bien que de esperanzas. En la idea del eterno retorno el tiempo no es una mera repetición sino que a cada vuelta es posible intervenir, imprimirle una nueva lectura que haga posible la noción de historia. Tema que se discute, como vimos, en el capítulo Federico (31): "En serio. Cuando lees un libro titulado por ejemplo *Federico en su balcón*, tienes que tener fe en la ficción que te cuenta y das por descontado que ha habido y habrá varios lectores de un mismo libro". Si nada fuera modificable, la historia no sería posible. De allí que en *Terra Nostra* no aparezca la tierra prometida sino la marca de la escisión. Es decir la marca de la historia. Porque la tierra prometida sólo puede hallarse fuera de nosotros. Así lo sabe Joanna Regina, La Dama Loca, refiriéndose a Felipe el hermoso cadáver:

"Por lo menos, la muerte debe igualarnos; el sueño, así sea un sueño compartido, sería de nuevo la señal de la diferencia, de la separación, del movimiento. Muertos de verdad, sin soñar dentro de la muerte, igualados por la extinción total de la muerte, inánimes, idénticos, ni el sueño de la muerte ni la muerte del sueño separándonos y dando cauce a deseos diferentes. Un trueque de sueños, señor caballero. Qué cosa imposible. Yo soñaré con él. Pero él soñará con las mujeres. Seguiremos separados."

Un trueque de sueños que podrían compartir Fuentes y Cortázar. Cada uno desde su particular puesto de observación (altísimo en ambos, es ocioso señalar).

Si atendemos la definición de Nietzsche que aparece en *El nacimiento de la tragedia*: "El filósofo se relaciona con la realidad de la existencia de la misma manera que el ser humano sensible al arte se comporta con la realidad de los sueños; la contempla a consciencia y a gusto; pues desde esas imágenes él se interpreta la vida, en esos sucesos se ejercita para la vida", podríamos decir que Carlos actuó como el filósofo y Julio como el ser humano sensible al arte, y si el segundo llevó la realidad de los sueños a la de la existencia, el primero, oficiando el quiasma, invirtió la ecuación.

Pero en escritores de esta talla nada es tan simple como parece.

En un lejano diálogo, hablando con Carlos sobre la lateralidad del cerebro, comenté que lo fascinante en su obra era que los dos hemisferios parecerían funcionar al unísono.

—*The bi-cameral mind* —reflexionó él—. Pero no creas que es tan así. Ahora aquí, en el trópico mexicano, estoy leyendo la *Ifigenia* de Eurípides y me doy cuenta de que a Eurípides le funcionaba otra parte del cerebro. La parte que recibe mitos, oraciones, memorias que hemos perdido. Yo intento recuperarla. Pertenezco a un país donde todo eso está vivo, escarbo un poco y me brota un manantial de mitos. Cuando se escucha, por ejemplo, las salmodias de la chamana María Sabina, se entra en un mundo muy distinto del universo regido por el pensamiento cartesiano, lineal, al que nos han acostumbrado.

Es ésta la función simbólica del náufrago, un *leitmotiv* que se desdobla y hasta triplica en *Terra Nostra*.

Este náufrago es la contracara del que aparece al final del cuento "La isla a mediodía" de Cortázar porque éste, como en un sueño, retorna asiduamente de la muerte, del más allá, de Europa a América ida y vuelta, mientras que el otro alcanza el sueño de su vida en el momento de la muerte.

Dice Fuentes:

"El náufrago se creía embalsamado por el mar; entreabrió los ojos: la sangre le pulsaba en las sienes y la visión de este desierto de brumas rasgadas quizá no era demasiado distinta de la que pudo encontrar al tocar el fondo del océano, que imaginaba de fuego, pues al caer del castillo de proa al mar lo único que miró no fueron las olas a las que se acercaba, sino el corposanto ardiente del que se alejaba: el fuego de San Telmo en las puntas del palo mayor. Y al ser arrojado, inconsciente, a la playa, le rodeaba una bruma ciega."

L
Fronteras

Estamos ante dos grandes escritores que muy bien podríamos catalogar de "contrabandistas culturales" atendiendo a la definición de la crítica literaria y socióloga Emily Hicks, autora de *Border Writing. The multidimensional Text*, libro en el que habla de la escritura del borde como aquella que "ofrece una nueva forma de conocimiento: información sobre y comprensión del presente hacia el pasado en términos de las posibilidades del futuro".

Los habitantes de ese borde o frontera metafórica son los escritores y escritoras que responden a "códigos entrecruzados, de mundos en fusión, profusión, difusión, mundos en combustión y hasta en extinción, visionario(s) de aquello que se consume para renacer distinto, enriqueciéndose en lo híbrido".

Y nosotros, al leerlos, también nos vemos obligados a practicar una percepción multidimensional y una memoria no sincrónica.

Las fronteras por las que circularon también fueron geográficas. Nacieron y pasaron su vida adulta en otras tierras, pero permanecieron profundamente arraigados a su país de sangre.

—Para pintar tu país, ¿cómo influyó el hecho de haber nacido en Panamá, vivido de pequeño en Washington, de adolescente en la Argentina? ¿Eso te abrió a una doble mirada? —pregunté a Carlos en cierta oportunidad.

—Hay dos maneras de ver un país. Una es la de Rulfo, que es más profunda y está metido en la tierra, y prácticamente no salió de México hasta los treinta o cuarenta años. Con los vicios y las virtudes que eso implica, yo tenía la oportunidad constante de salir de México y de ver a México desde fuera. Primero, de sentirme mexicano en el extranjero. Cuando Carlos V le preguntó a Cortés que cómo era México, Cortés tomó un pergamino, lo arrugó, se lo puso delante y dijo: "Esto es México". Es decir que la comunicación entre mexicanos es muy reciente, Luisa. Y lo raro es que recién la revolución rompió las barreras. Digo, Villa viene desde Chihuahua con toda su gente armada, a tomar café a Sanborns, a invadir la ciudad de México y a mostrar la otra cara del país, la que el porfiriato escondía.

—A lo largo de los años en ese pergamino arrugado por Cortés vos fuiste escribiendo la historia del país.

—Bueno, después de alisarlo un poquito. Estaba muy arrugado.

Cortázar también sabía desarrugar pergaminos, y sobre todo hacer uso de la necesaria perspectiva que da la distancia.

"Por ahora soy un argentino que anda lejos, que tiene que andar lejos para ver mejor", resumió sobre sus primeros años en Francia para luego retomar su mirada sobre la Argentina y le dijo a Osvaldo Soriano en un reportaje, poco antes de su última visita:

"Vos sabés que a mí nadie me saca de la Argentina: mi cuerpo se habrá ido de allá por razones equis que se podrían discutir y analizar, pero yo no me fui nunca de la Argentina. Ese es un detalle que a veces la gente no ve lo suficiente. Treinta y tres años en Europa, en un país con el que estoy identificado y en el que me siento muy bien, y sin embargo he seguido escribiendo en español, en español latinoamericano, y en un español muy argentino cada vez que el tema lo permite. Si eso no es una prueba de que yo no me he ido de la Argentina, quisiera que me den una prueba mejor. Ahora bien, yo siempre dije que soy continentalista, y me siento bien en cualquier país latinoamericano donde me permitan estar, porque no tengo esa noción, tan criticable, de nacionalismo, de argentinismo, de cubanismo, o lo que sea, que a mí me parece detestable porque es la fuente de nuestras peores desgracias, de nuestra balcanización, de nuestra colonización económica y en gran medida cultural por los Estados Unidos. Nos han dividido para reinar. América Latina tiene una fuerza en la que no siempre se piensa, que es la lengua común, esa cosa maravillosa de que más de veinte países hablen el español."

De frontera en frontera, estos dos contrabandistas culturales nos enseñan ejercicios de deslumbramiento para encarar de frente el asombro del ser propuesto por la metafísica. Cuando este asombro brota, nos dijo Macedonio Fernández, y Julio lo supo desde chico, "hemos puesto inesperadamente el pie en una frontera vecina y esa tierra vecina es el 'ser', es nuestra verdadera patria; la habíamos olvidado tanto que, al tocarla imprevista e involuntariamente, nos retiramos con inquietud, sintiéndonos en tierra extranjera, sintiendo lo opuesto de lo que debiéramos experimentar".

Por su parte, Fuentes debió escuchar la voz de Alfonso Reyes cuando afirmó que "ser poeta exige coraje para entrar por laberintos y matar monstruos".

Si aceptamos la propuesta de Andrés Fava, ese álter ego de Julio protagonista de la novela *El examen*, cuando escribe en su diario "insinuar que la religión del trabajo (en sus valores más altos: el arte, el poema) es también deporte. Trompear las hipocresías". Qué grandes campeones habrían sido ellos dos, llenándose de copas y trofeos. Fuentes los habría ganado en el Triatlón, en la carrera de obstáculos, en el París-Dakar. Cortázar en esgrima, artes marciales y sobre todo en el aikido que enseña a ceder para que la fuerza y la furia (necesarias en toda gestación literaria) del oponente se revierta. Siendo el oponente en este caso como en tantos otros, el lenguaje.

Lenguaje

Partiendo de Heidegger *aggiornado* por Lacan, se dice que el ser humano es un extranjero en la casa de nadie: el lenguaje. Cortázar y Fuentes pudieron haberse reído de tamaña pretensión porque cada cual a su manera supieron y llevaron su extranjería al extremo y al mismo tiempo parecieron sentirse perfectamente *at home* en la casa del lenguaje. Como nadie. Traductores de los mundos.

La escritura de Fuentes es la del movimiento: "No somos, estamos siendo, constantemente" dicen sus personajes.

Ambos se solazaron en el uso del vernáculo, Fuentes explorando lo profundo de los coloquialismos mexicas en sus más coloridas expresiones, albures incluidos.

A Cortázar a veces se le reprochó, de la manera más gratuita y mezquina, que sus personajes argentinos se expresaran en un lunfardo ya pasado. Pero esos personajes, Oliveira, Polanco, Calac, entre otros, también vivían en un tiempo desplazado, y "escucharlos" produce aún hoy una extraña felicidad.

La segunda persona del singular cada tanto le presentó a Julio sus problemas. En aquellas cartas de su juventud, que Mignon Domínguez publicó por primera vez en el libro de título explícito, *Cartas desconocidas de Julio Cortázar, 1939-1945*, cuando no le escribía a Mercedes en inglés para demostrarle sus progresos, trataba a sus amigas de usted o de tú. Esos eran los tiempos.

Recuerdo a mediados de los años cincuenta una discusión en casa de mi madre entre los escritores allí presentes. Debatían si debía usarse o no el voseo en literatura. Borges votaba que no, Sábato que sí. Por fin después de diversas y muy entretenidas reuniones llegaron a un consenso: el tú se mantendría en poesía por ser más elegante, pero cuando dos personajes criollos dialogaban era imprescindible usar el *vos*.

Julio, consciente del tema, viviendo ya en París, cuando recae en el tú se queja del contagio de "los gallegos de la Unesco", delatando así su argentinismo profundo porque para nosotros los españoles, ya sean catalanes, vascos, andaluces, son todos "gallegos", así como todos los árabes son "turcos". Hay que reconocer que la simplificación facilita los chistes pero delata la xenofobia.

De todos modos, Julio se mantuvo siempre con un oído afinado a los usos de la lengua. En una carta post mortem y memorable a Felisberto Hernández, el gran y bastante ignorado cuentista del país del otro lado del Plata, escribe:

"Felisberto, "tú sabés" (no escribiré "tú sabías"; a los dos nos gustó siempre transgredir los tiempos verbales, justa manera de poner en crisis ese otro tiempo que nos hostiga con calendarios y relojes), tú sabés que los prólogos a las ediciones de obras completas o antológicas visten casi siempre el traje negro y la corbata de las disertaciones magistrales, y eso nos gusta poquísimo a los que preferimos leer cuentos o contar historias o caminar por la ciudad entre dos tragos de vino."

Lo de los tiempos verbales pertenece a otro casillero, pero el "tú sabés" es una mezcla profundamente uruguaya, un *blend* perfecto donde no hay que optar porque el voseo y el tuteo se combinan y entrejuegan alegremente. Julio a veces pensó que ésa sería una buena opción, pero la descartó en favor del indiscriminado uso del uno o el otro.

Pero éstas son consideraciones al margen, del tipo práctico. Lo importante en estos dos ejemplos es la profunda consciencia y conocimiento del manejo de esa herramienta traicionera y magnífica que es el lenguaje. Y sus matices, que Fuentes siempre respetó, al punto de llamarlo "pibe" a Julio en su primer encuentro. Por equivocación es cierto, pero también por reconocimiento del vernáculo del otro.

En el mundo de la lengua y en sus juegos, Cortázar y Fuentes compartieron el de los idiomas inventados. El *glíglico* de Cortázar prendió en México, y no hay nada más encantador que escuchar a ese dúo conformado por los escritores Gonzalo Celorio y Eduardo Casar recitando de memoria el capítulo 88 de *Rayuela* en *gliglimex*:

"Apenas él le amalaba el noema, a ella se le agolpaba el clémiso y caían en hidromurias, en salvajes ambonios, en sustalos exasperantes. Cada vez que él procuraba relamar las incopelusas, se enredaba en un grimado quejumbroso y tenía que envulsionarse de cara al nóvalo, sintiendo cómo poco a poco las arnillas se espejunaban, se iban apeltronando...".

Carlos, influenciado quizá por las jitanjáforas de Reyes, también se lanzó en más de una novela al juego que nos lleva de la lectura a su interpretación, donde la palabra funciona como en la pelota vasca, rebotando en las paredes para devolvernos, distorsionado, un significado distinto o abrirnos a una pluralidad de significados que nos remiten a otras asociaciones.

Como en estas líneas de *Instinto de Inez*, cuando la protagonista se hunde en la noche de los tiempos:

"Jas, jas merondor dirikolitz dirá él.

"Jas, jas, fory mi dinikolitz responderás tú, cantando."

Y me pregunto a cuáles de mis colegas compatriotas les pediría que leyesen, al son de un bongó inexistente, los siguientes pasajes de la muy fuentiana *Todas las familias felices*:

"Aquí es México Makesicko City aquí donde le quemaron las patas a Cow the Muck donde mataron a pedradas a Moch the Zuuma aquí fue fundada la city en el agua y la roca y la espina y las tolvaneras con glándulas y tompiates la ciudad del rock and roll perpetuo a doce grados de Richter."

Juntos les pedirían que entonen el *Coro del padre del rock*:

no quieren que a su ídolo se lo coman ni los
perros ni los gusanos, verdad que no?
Locked up in makesicko seedy
Drowning in the shit of the cow the muck
fuckin with the nuts the gland
dancing to the mock the zooma
eres divino Daddy Juan cargas a Dios a cuestas
ídolo,
aunque tú eres Dio
anatema anatema sea
Ana te manosea
Ana Zea
Si tanto aman a Daddy Juan respeten la ceremonia
niñas respeten los restos y ellas avanzan incontroladas
en avalancha llorando gritando Daddy Juan
no te nos vayas Daddy Juan déjame aventarte
mis
calzones, recibe mi sostén, ahí te va mi támpax,
diosito santo, papacito lindo,
sólo Juan dijo Jesús es Dios

antes de él ni Mateo ni Lucas ni Marco se
atrevieron
Daddy Juan es Dios
Daddy Juan es como el sol tres cosas en una
sola cosa
Luz calor y astro
Ana Tema

Muchos son los y las escritores/as de Argentina que interpretarían estos juegos de palabras con sumo placer. Son los autodenominados *argenmex*, a quienes México les abrió sus puertas y su corazón, brindándoles refugio durante los llamados años de plomo en la Argentina. El agradecimiento que todos sentimos por esa actitud tan valiente cuando los miembros de la embajada mexicana en Buenos Aires, convertida en refugio, se jugaban la vida, merece un libro entero. Aprovecho esta oportunidad para dejar constancia, porque en un libro donde se cruzan dos figuras de tamaña envergadura la política no podía estar ausente.

Fuentes el extrovertido, el centrífugo, dijo con humildad que él es un ciudadano y ejerce la política cuando su ciudadanía se lo reclama, porque: "Uno puede tener el compromiso que quiera o no tener compromiso, ahí no hay nombramientos. Yo vivo muy cerca la vida política de México y un poco la del mundo, y cuando siento que hace falta hablar, hablo... Pero siento que mi único deber como escritor es escribir."

Sin embargo armó foros internacionales, fue consultado por las grandes potencias, escribió novelas en las que la política era protagonista: *La cabeza de la hidra*, *La campaña*, *La Silla del Águila*, si bien en toda su obra la política es música de fondo.

Cortázar por su parte, cuando Osvaldo Soriano le pidió que hablaran de política porque: "Todos conocen tu compromiso con las revoluciones latinoamericanas, con Cuba y especialmente con Nicaragua. Más que un observador vos has querido ser protagonista de esas revoluciones", respondió:

"Sí, en la medida que puedo soy un partícipe intelectual con la única arma que tengo, que es mi capacidad de escritura, para darle a la revolución esos elementos de información por un lado y de comunicación hacia el exterior por el otro, que tanta falta hace frente a las distorsiones, mentiras y calumnias. En este momento me interesa de manera especial la revolución nicaragüense porque la cubana ya es mayor de edad, ya es grandecita y sigue su camino, aunque en la medida de mis posibilidades sigo colaborando. En el caso de Nicaragua se trata de una revolución niña y que está muy amenazada. Como sabés, mi participación es apasionada y yo te diría incluso dramática, porque tengo plena consciencia del peligro y la fragilidad que hay en esa tentativa tan rodeada de enemigos."

La del escritor no es la palabra del político que aparentando decir la verdad, miente. Es la palabra de la aparente mentira —la ficción— de la que podremos inferir una verdad más profunda.

"Llamado el Tlatoani o Señor de la Gran Voz, Moctezuma estaba perdiendo poco a poco el dominio sobre las palabras más que sobre los hombres pues la palabra era, al cabo, el poder gemelo que compartían los dioses y los hombres", dice Jerónimo de Aguilar, el traductor de la traductora Malinche, ese hombre que al mentir dice la verdad para explicar la razón de la pérdida de poder del monarca en el primer relato de *El naranjo*.

Fuentes el memorioso supo preguntarse, como Jerónimo de Aguilar, "si un evento que no es narrado ocurre en la realidad".

Así lo conversamos durante una de las entrevistas, cuando Carlos aceptó que si bien el papel del escritor ya no es tan esencial como era hace medio siglo, no quiere decir que no pueda optar por asumir una voz política o tener una voz política si así lo desea.

"Yo no le impongo eso a nadie porque creo que bastante función positiva cumple el escritor o la escritora escribiendo, porque sin lenguaje y sin imaginación una sociedad se desbarata. Escribir es una función primordial, que a veces parece vaga, lejana, pero yo cada mañana me levanto y digo: Estas palabras son mi razón de ser. Y mi razón de ser es mantener el lenguaje y el lenguaje es privado, mío, imaginativo, pero en el momento en que lo público se vuelve un lenguaje público, y con eso contribuimos a la sociedad".

M
Cuentos

Casillas, casillas. Ni Cortázar ni Fuentes son encasillables, y sin embargo estoy segura de que nadie me reprochará el enmarcarlos a cada uno en un género, aunque fueron eclécticos al respecto. De alguna manera hicieron su morada, es decir el lugar que invita a la reflexión, el primero en el cuento y el segundo en la novela.

Julio teorizó sobre el cuento en inúmeras entrevistas y conferencias, así como en las *Clases de literatura, Berkeley 1980*:

"Aunque parezca broma, un cuento es como andar en bicicleta, mientras se mantiene la velocidad el equilibrio es muy fácil, pero si se empieza a perder velocidad ahí te caes y un cuento que pierde velocidad al final, pues es un golpe para el autor y para el lector", dijo alguna vez, alivianando un tema que solía desvelarlo.

Porque para Cortázar, y para muchos de nosotros, el cuento es el género más exigente dentro de la prosa y requiere una precisión casi matemática; de elegancia matemática, puesto que no debe sobrar ni una coma, así como en un perfecto teorema no debe de haber ni un paso de más para llegar al corolario.

El cuento tiene también su peculiaridad geométrica porque "el sentimiento de la esfera debe preexistir de alguna manera al acto de escribir el cuento, como si el narrador, sometido por la forma que asume, se moviera implícitamente en ella y la llevara a su extrema tensión, lo que hace precisamente la perfección de la forma esférica", explica en el ensayo "Del cuento breve y sus alrededores" (*Último round*), texto canónico para quien quiera internarse en el género con todas las de la ley, si bien Julio nunca aceptó cánones, ni leyes si vamos al caso. Alguna vez dijo que la ficción no tiene leyes, como no sea la de impedir que actúe la ley de la gravedad y el libro se caiga de las manos del lector.

Para el cuento sólo cuenta la esfericidad, como precondición necesaria: "El signo de un gran cuento me lo da eso que podríamos llamar su autarquía, el hecho de que el relato se ha desprendido del autor como una pompa de jabón de la pipa de yeso".

El ensayo sobre el cuento breve es un mar cuajado de riquezas. De ese mar escojo algunas perlas. Para escribir un buen cuento, propone Julio "recortar un fragmento de la realidad, fijándole determinados límites, pero de manera tal que ese recorte actúe como una explosión que abra de par en par una realidad mucho más amplia", creando de tal manera "un repentino extrañamiento, un *desplazarse* que altera el régimen 'normal' de la consciencia".

Desplazamientos que pueden llegar a ser peligrosos, como ya sabemos. "Un cuentista eficaz puede escribir relatos literariamente válidos, pero si alguna vez ha pasado por la experiencia de librarse de un cuento como quien se quita de encima una alimaña, sabrá de la diferencia que hay entre posesión y cocina literaria."

Julio logró quitarse de encima más de una alimaña. El cuento "Circe" (*Bestiario*, 1956), sin ir más lejos, que le resultó curativo. En ese caso las alimañas eran simples cucarachas, gusanos e insectos, que puestos de relleno en sus delicados bombones habían llevado al suicidio a un par de novios de la bella y etérea Delia Mañara, quienes los habían degustado con felicidad hasta el día cuando descubrieron su contenido. En alguna remota entrevista Cortázar confesó que ese cuento había sido catártico para él, porque hasta el momento de escribirlo y desde muy joven, en casa de su madre, estudiaba atentamente todo plato de comida que le era servido por temor a encontrar una cucaracha o una mosca (¡la mosca en la sopa!). La muerte ficcional de los novios de Delia, o quizá la liberación del último de ellos, salvó a Julio para siempre de esa obsesión. Los gatos de la delicada Delia con astillas en los ojos fueron un agregado para darle más dramatismo a la trama y alertar al protagonista, llevándolo a mirar más de cerca las actividades de la bella. Su golpe se refuerza cuando la imagen reverbera en los fuentianos gatos de Carlos Fuentes en *Aura*:

"Has terminado de afeitarte cuando ese maullido implorante y doloroso destruye el silencio de la mañana. Llega a tus oídos con una vibración atroz, rasgante, de imploración. Intentas ubicar su origen: abres la puerta que da al corredor y allí no lo escuchas: esos maullidos se cuelan desde lo alto, desde el tragaluz. Trepas velozmente a la silla, de la silla a la mesa de trabajo, y apoyándote en el librero puedes alcanzar el tragaluz, abrir uno de sus vidrios, elevarte con esfuerzo y clavar la mirada en ese jardín lateral, ese cubo de tejos y zarzas enmarañados donde cinco, seis, siete gatos —no puedes contarlos: no puedes sostenerte allí más de un segundo— encadenados unos con otros, se revuelcan envueltos en fuego, desprenden un humo opaco, un olor de pelambre incendiada. Dudas, al caer sobre la butaca, si en realidad has visto eso; quizá solo uniste esa imagen a los maullidos espantosos que persisten, disminuyen, al cabo terminan."

La acuciante alimaña, trasladada a la realidad del cuento, pasa a ser "el coágulo abominable que había que arrancarse a tirones de palabras".

Para responder a los entrecruzamientos pueden cotejarse dos cuentos en los cuales no son las alimañas las que ofician el horror sino seres humanos, poseídos por piezas de arte arcaico, dos tallas de piedra que cobran vida y se vuelven ominosas.

El cuento "Chac mool" de Carlos Fuentes (*Los días enmascarados*, 1954) suele ser comparado con "La noche boca arriba" de Cortázar (*Final del juego*, 1956), simplemente porque este último transcurre en México. Pero la comparación no va mucho más lejos. Los que vibran en verdadera consonancia son el mismo "Chac mool" y "El ídolo de las islas Cícladas" (*Final del juego*).

Cabe preguntarse si son las esculturas en sí los agentes del mal. Por un lado tenemos la réplica tamaño natural de un guardián del dios de la lluvia, Tláloc, que de espaldas sobre el piso, con rodillas y cabeza levantadas, sostiene sobre su vientre un plato en espera de la ofrenda que bien puede ser el corazón de la víctima propiciatoria. Por el otro aparece la arcaica estatuilla de las Cícladas que es dable imaginar como las figuras de alabastro tan antiguas y a la vez tan despojadas, dignas de un Brancusi, símbolo quizá de fertilidad. Ambas piezas son el nudo desencadenante de dos historias disímiles pero hermanadas en el espanto.

O quizá el agente del mal sea la desmedida obsesión que ambas esculturas despiertan en sus propietarios, una siniestra pasión que acaba por desencadenar el horror que las vuelve a la vida. "El ídolo de las Cícladas" narraría un habitual drama de triangulación amorosa si lo fantástico no se colara subrepticiamente entre los dos protagonistas, el francés Morand, marido de Thérèse y el latinoamericano Somoza, con la maestría que suele manejar Cortázar.

En una isla griega frente a Paros los amigos han encontrado, casi por azar, el supuesto ídolo, una estatuilla femenina que Morand define como "esa muñequita de mármol" mientras su amigo y presunto rival, cuando ya ha caído en el hechizo, contempla embelesado "ese blanco cuerpo lunar de insecto anterior a toda historia, trabajado en circunstancias inconcebibles por alguien inconcebiblemente remoto, a miles de años pero todavía más atrás, en una lejanía vertiginosa de grito animal, de salto, de ritos vegetales alternando con mareas y sicigias y épocas de celo y torpes ceremonias de propiciación, el rostro inexpresivo donde sólo la línea de la nariz quebraba su espejo ciego de insoportable tensión, los senos apenas definidos, el triángulo sexual y los brazos ceñidos al vientre, el ídolo de los orígenes, del primer terror bajo los ritos del tiempo sagrado, del hacha de piedra de las inmolaciones en los altares de las colinas".

Una atmósfera de posesión mágica permea la realidad circundante, engloba a los seres y los lleva al crimen ritual.

Crimen ritual también el del Chac Mool de Fuentes. De las Cícladas a los mayas parecería haber un solo paso.

En el cuento de Fuentes un narrador, camino a México donde está llevando para sus exequias el cuerpo de su amigo Filiberto, ahogado en Acapulco, va leyendo el diario de éste.

Junto con nosotros se va enterando de los pormenores de su obsesión:

"Hoy domingo, aproveché para ir a La Lagunilla. Encontré el Chac Mool en la tienducha que me señaló Pepe. Es una pieza preciosa, de tamaño natural, y aunque el marchante asegura su originalidad, lo dudo. La piedra es corriente, pero ello no aminora la elegancia de la postura o lo macizo del bloque. El desleal vendedor le ha embarrado salsa de tomate en la barriga al ídolo para convencer a los turistas de la sangrienta autenticidad de la escultura."

El narrador en primera persona de Fuentes no sueña con verse involucrado en la locura de su amigo, como tampoco imaginaba el protagonista francés y cartesiano de Cortázar verse atrapado en la locura del colega. Pero los acontecimientos lentamente van llevando a ambos protagonistas, el de Cortázar y el de Fuentes, allí donde jamás habrían imaginado estar. Y nosotros, lectores, nos vemos arrastrados con ellos porque se ha logrado el perfecto deslizamiento de la cotidianidad al territorio de lo fantástico. Ya que como sabemos y en palabras de Julio: "Sólo la alteración momentánea dentro de la regularidad delata lo fantástico, pero es necesario que lo excepcional pase a ser también la regla sin desplazar las estructuras ordinarias entre las cuales se ha insertado."

En el juego de las comparaciones, podemos identificar dos cuentos muy cortazarianos de la primera época de Fuentes: "En defensa de la Trigolibia", de *Los días enmascarados* (1954), reverbera en cierta forma con las historias de cronopios que quizá aún no habían nacido.

Y en "Pantera en jazz", del volumen *Cuentos sobrenaturales*, el protagonista se transforma en su némesis al ritmo de un *negro spiritual*, como si respondiera, quizá sin saberlo, al ritmo que marcan los cuentos de "Bestiario" (1951):

"Cuando la luna nadó a través de los cristales, el hombre despertó. Estaba sentado en el suelo, cerca del charco de sangre. La pantera hambrienta comenzó a lamentarse de nuevo y a rondar y a rugir alrededor del baño. Entonces el hombre arañó la pared, arañó su cuerpo y sintió su brazo desnudo grueso y aterciopelado y

sus uñas convirtiéndose en garras de clavo y algo como caucho ardiente tostando su nariz y todo su cuerpo un torso desnudo, trémulo y peludo, y sus piernas acortándose al reptar sobre el tapete para arañar las almohadas y destrozarlas y entonces esperar y esperar mientras, sin duda, pisadas cautelosas ascendían la escalera con el propósito de tocar en su puerta."

Es el triunfo, maléfico a veces, de lo instintual, del mundo salvaje y animal que recupera al ser humano para devolverlo allí donde lo primigenio reina. El mismo que absorbe al protagonista del cuento "Axolotl" de Cortázar.

"Sin demasiada inmodestia he ido aportando aquí y allá algunos retoques a la visión naturalista de las cosas, ayudado por una especie de suspensión permanente de la incredulidad, condición no siempre favorable en la ciudad del hombre pero que desde niño me abrió las páginas de un bestiario en el que todo era posible."

Fuentes habría podido decir lo mismo pero atendiendo al quiasma que estamos develando en estos entrecruzamientos, ese paralelismo cruzado e invertido.

N
Novela

Fuentes es a la novela lo que Cortázar es al cuento: un ferviente enamorado: "Leer una novela es un acto amatorio que nos enseña a querer mejor", dijo alguna vez. En Carlos Fuentes el acto amatorio se hizo totalizador. No sólo leyéndolas casi compulsivamente para interiorizarse de lo que iba produciendo cada nueva generación, sino sobre todo escribiéndolas, sin aliento, a un ritmo casi inhumano. Y también dedicándoles esa constante declaración de amor que fue la ininterrumpida reflexión al respecto, condensada en *La nueva novela hispanoamericana*, *Geografía de la novela* y *La gran novela latinoamericana*, 1969, 1993 y 2011, respectivamente.

En cierta oportunidad le pedí que comentara la pregunta que él mismo se planteó en *Geografía de la novela*, "¿qué puede decirse en la novela que no puede decirse de otra manera?":

—La novela crea un foro en el que todo el mundo tiene derecho a la palabra. Fíjate que no digo darles la palabra a quienes no la tienen, porque eso me parece un poco peyorativo, un poco *looking down on people*. En cambio, un foro en el que todos tengan derecho a hablar, a expresarse, ésa es la novela. Hay una confabulación mundial para arrebatarnos la palabra. El proyecto actual del mundo en el que estamos viviendo es imponer el silencio en medio de una asamblea de pericos. Oyes hablar, pero no oyes nada. Y la abundancia de información se confunde con la buena información. Ahora estamos mejor informados y sabemos menos cosas.

Todos narran en las novelas polifónicas de Fuentes, nadie es privado de decir su palabra, ni el moribundo que es *Artemio Cruz*, ni el espermatozoide *Cristóbal Nonato*, ni la cabeza decapitada de Josué Nadal en *La voluntad y la fortuna*.

La "cosidad", la esencia de la identidad, la relación con el prójimo, Carlos Fuentes indaga en estos mundos hasta exprimirles las últimas gotas de una verdad siempre elusiva pero siempre presente, entrevista a través, no lo olvidemos, de la transparencia de las cosas, los seres y los hechos, mejor dicho su translucidez develadora.

Alguien que nunca se dejó tentar por el llamado realismo mágico, este es Carlos Fuentes, alguien que desde un principio supo que el realismo y la magia en América Latina son una y la misma cosa:

"La novela es un cruce de caminos del destino individual y del destino colectivo expresado en el lenguaje. La novela es una reintroducción del hombre en la historia y del sujeto en su destino; así, es un instrumento para la libertad. No hay novela sin historia; pero la novela, si nos introduce en la historia, también nos permite buscar una salida de la historia a fin de ver la cara de la historia y ser, así, verdaderamente históricos. Estar inmersos en la historia, perdidos en la historia sin posibilidad de una salida para entender la historia y hacerla mejor o simplemente distinta, es ser, simplemente, también, víctimas de la historia."

Leemos en la página 105 de *La gran novela latinoamericana*.

En esto coincide nuevamente con Nietzsche, en la segunda de las *Consideraciones intempestivas*, donde el filósofo habla de las distintas maneras de encarar la historia, una de las cuales llama "historia crítica", viéndola desde afuera. Se trata de una lectura de la historia que precisa rebelarse y hacer algo nuevo. "El hombre de acción necesita la historia crítica", dice Nietzsche.

Con Carlos conversamos ampliamente al respecto, y a mi pregunta sobre si al comienzo de una novela lo primero que se le presenta es el tema o los personajes, respondió lo siguiente:

"Siempre empiezo con un tema y no sé a dónde voy. Yo me la paso de sorpresa en sorpresa, por fortuna, porque si no sería muy aburrido. Me sorprendo de las cosas que salen sin saber de dónde vienen, si del sueño, de la pesadilla, de la consciencia, sólo hay una planificación en el principio, luego empiezan a suceder cosas muy inesperadas. En la noche hago un apunte, me duermo y luego cuando me despierto escribo en la mañana y sale algo imprevisto."

Se da así el juego de las semejanzas. Esas palabras también las habría podido decir Julio. Pero Julio intentaría avanzar donde Carlos se desvía para explorar por otros lados. Cuando le recordé su frase: "El mundo está lleno de enigmas que no deben ser interrogados a menos que se desee la catástrofe". Carlos reiteró la idea.

—Eso escribí y eso sostengo. Pero también sostengo que los escritores somos grandes exorcistas de catástrofes. Tú la imaginas para luego exorcizarla. María Zambrano hablaba de la conquista de América y decía que una catástrofe sólo lo es si de ella no surge nada que la redima. Y la conquista de América fue una catástrofe redimible por el mestizaje, el sincretismo, por todo lo que España construyó en América. Un novelista está en esa situación de ser el redentor de catástrofes.

—¿Cuál puede haber sido en tu vida una catástrofe redimible?

—A mí me han pasado catástrofes debido a las autoridades migratorias. En Puerto Rico. O en un tren cruzando la frontera de Alemania del Este a Polonia. En esa oportunidad, un oficial polaco me despierta y me hace señas furiosas para que descienda. Gritándome en polaco, me deja varado en la estación de Poznan, sin documentos ni nada, hasta que llegaron unos estudiantes de Ghana que hicieron una gestión en mi favor y por fin el oficial me dejó subir. Desde el tren le grité: "Idiot, idiot!". Me sentí tan desprotegido en el andén de Poznan, en pijama, sin zapatos ni maletas. Qué es eso, ¿no? Bueno, eso puede convertirse en un cuento.

Un cuento muy fuentiano en el cual el uno se desdobla, se siente otro. Que también podría ser cortazariano. Propongo escribirlos "al estilo de", como en la genial *Antología apócrifa* de Conrado Nalé Roxlo.

Pero esta es la casilla Novela, el feudo de Fuentes. El de Julio, ya lo vimos, fue el cuento y así lo demostró una vez más durante su conferencia en Cuba sobre "Aspectos del cuento":

"Para entender el carácter peculiar del cuento se le suele comparar con la novela, género mucho más popular y sobre el cual abundan las preceptivas. Se señala, por ejemplo, que la novela se desarrolla en el papel, y por lo tanto en el tiempo de la lectura, sin otro límite que el agotamiento de la materia novelada; [...] En ese sentido, la novela y el cuento se dejan comparar analógicamente con el cine y la fotografía, en la medida en que una película es en principio un 'orden abierto', novelesco, mientras que una fotografía lograda presupone una ceñida limitación previa, impuesta en parte por el reducido campo que abarca la cámara y por la forma en que el fotógrafo utiliza estéticamente esa limitación."

No por eso dejó Cortázar de abordar la novela (¡*Rayuela*!), sabiendo que en ese caso ganaría por puntos, que sólo el cuento —lo dijo claramente— gana por *knock out*.

"La novela es una señora de posición [una señora deposición], leona de la literatura", admitió. Y supo abordarlas "cazadoramente".

Sin preocuparse por la presa.

En el *Diario de Andrés Fava*, protagonista independizado de la vieja novela *El examen*, que apareció recién en 1995, Fava propone: "escribir la novela de la nada. Que todo juegue de modo tal que el lector colija que el horrible tema de la obra es el no tenerlo. Mostrar la más secreta (aunque hoy ya aparezca en público) de las sospechas humanas: la de su inutilidad intrínseca, inherente".

Atendiendo a nuestro juego, como el Martín Pirulero, podríamos poner a dialogar novelas de uno y otro autor. Como punto de partida tomemos un par de temas en común. El del vampiro, por ejemplo.

Durante un paseo por l'Ile de la Cité Julio me habló de su afición por el vampiro, esa figura romántica con la que se identificaba. Su biblioteca sobre el tema era asombrosa. Dijo que se sentía vampiro, y yo le tomé la palabra sin saber entonces que Elena Poniatowska cuando lo entrevistó años antes había mencionado sus "dientitos de leche", muy poco prácticos para morder yugulares, y que en su libro *Fantomas contra los vampiros multinacionales* (1975), donde en forma indirecta y muy amena da a conocer la sentencia del Tribunal Russell, las grandes potencias son "los vampiros y los pulpos que nos ahogan".

En su primera incursión en el tema, "El hijo del vampiro", cuento de 1937, Duggu Van es bastante manso y para colmo está enamorado. "Lo único vivo, en esa cara, eran los ojos. Ojos fijos en la figura de Lady Vanda, dormida como un bebé en el lecho que no conocía mas que su liviano cuerpo".

En cambio los ojos de Vlad, el vampiro de Fuentes, están muertos y siempre ocultos tras gafas oscuras. Ya volvemos a ese personaje, inspirado en el *Drácula* de Bram Stoker (1897). Cortázar en cambio abordará en su novela *62/modelo para armar* una forma oblicua del vampirismo, que aparece por alusión, en diferido. Todo empieza por que Juan, el protagonista más cercano al autor, entró a cenar sin pensarlo demasiado en un restaurante parisino a cuyo nombre sólo le falta la última *i* para llamarse Polidori como John William, autor de *El vampiro* (1819). Y los hechos y las palabras (el comensal que pide un corte de carne vuelta y vuelta, que dicho en francés puede ser traducido como "un castillo sangriento") van llevando la trama por tortuosos caminos signados por el vampirismo. Como la inspiración de Julio no vino de Stoker sino de Valentine Penrose, autora del libro sobre Erzébet Báthory, *La condesa sangrienta*, que más tarde inspiró a la poeta argentina Alejandra Pizarnik, el vampirismo sólo lo practican las mujeres. O, mejor dicho, *se sospecha* que esas mujeres practican el arte chupasangre. La incertidumbre es el máximo capital de esta extraordinaria novela, donde confluyen pesadillas y sueños compartidos, obsesiones y complejas bromas, tristes y entrecruzados amores.

En Fuentes no hay incertidumbre. Casi nunca, en realidad. Sus universos aparecen concretos por más fantásticos que sean, sus fantasmas, al contrario de los de Cortázar, se materializan.

En *Una familia lejana*, el Fuentes narrador se encuentra con el ectoplasma de la amada de su viejo interlocutor: "Estoy seguro de lo que pienso mientras aparto con fuerza las manos duras que no sólo ocultan sino que desfiguran ese rostro femenino, vive su vida invisible al lado de la nuestra con naturalidad, con almuerzos a horas precisas, posesiones bien contadas y miradas que nunca vemos, pero donde el celo y la ternura combaten hasta rendirse en una ausencia contigua: vecinos los cuerpos y sus fantasmas, vecina la narración y su espectro."

Por lo contrario, en la novela *El examen* de Cortázar, el personaje fantasmal siempre se escabulle, es apenas una insinuación o un espejismo: "Entonces vio a Abel mezclado con la gente a su izquierda, bastante atrás. Sólo lo vio por uno de esos vaivenes de la multitud, como en medio de una conversación múltiple de repente cae un silencio instantáneo. 'Pasa un ángel', dice la abuelita, un pozo de aire que dura, que hay que romper inventando la primera palabra, el golpe de timón que te saca del agujero."

Para retornar a los vampiros, la nave insignia de Carlos es la *nouvelle* Vlad, publicada en primera instancia en *Inquieta compañía* (2004). Obra inquietante en más de un sentido, sobre todo si la leemos como exorcismo personal a la manera de Cortázar, narra la reaparición en México del personaje histórico de atroz fama, Vlad Dracu el Empalador. Y se presta, como en casi toda la obra de Fuentes, a una mordaz crítica social: "Es que todos somos coloniales en América. Los únicos aristócratas antiguos son los indios. Los europeos, conquistadores, colonizadores, eran gente menuda, plebe, ex-presidiarios... Las líneas de sangre del Viejo Mundo, en cambio, se prolongan porque no sólo datan de hace siglos, sino porque no dependen, como nosotros, de migraciones. [...] El gran zupán Vladimir unió a las tribus serbias desde el noveno siglo y la dinastía de los Numanya gobernó desde 1196 del país de Zeta a la región de Macedonia. Ninguno necesitó hacer la América...".

Eso dice el viejo y hermético abogado Eloy Zurinaga. Y es gracias a esa aspiración de aristocracia, y el desmedido deseo de una vida eterna que el vampiro logra llegar a México en busca de una niña para compañía de *su* niña, la que literalmente le chupó la niña de sus ojos a Vlad.

En esta historia siniestra, el protagonista, aterrado ante la aceptación vampírica de su amada mujer y su hijita, quiere huir pero

"Sí, iba a optar por la vida y el trabajo, aunque mi corazón ya estaba muerto para siempre. Y sin embargo, una voz sagrada, escondida hasta ese momento, me dijo al oído, desde adentro de mi alma, que el secreto del mundo es que está inacabado porque Dios mismo está inacabado. Quizá, como el vampiro, Dios es un ser nocturno y misterioso que no acaba de manifestarse o de entenderse a sí mismo y por eso nos necesita. Vivir para que Dios no muera. Cumplir viviendo la obra inacabada de un Dios anhelante."

Por mi parte, no quiero quedar atrás y reconozco acá mi personal acto de vampirismo. Porque, respondiendo a este juego, me meto con Cortázar y con Fuentes e hinco con saña mis colmillos en sus textos. Ellos no pueden protestar, han pasado al otro plano. Pero sus textos bullen de vida y yo con los dientes les arranco pedazos, los junto con fragmentos que vienen de otras partes, les agrego guarniciones: ingredientes para nuevos platos que me hago. Y aprovecho para entrecruzar también, faltaba más, novelas completas.

Artemio Cruz, por ejemplo, que desde su lecho de muerte ve y hace desfilar la historia de México con sus esplendores y sus máximos abismos de corrupción y podredumbre, tiene su imagen especular y por lo tanto invertida en *El libro de Manuel*, que va armando un cuaderno de recortes de prensa para que cuando el bebé Manuel aprenda a leer, y sobre todo a comprender, tenga una imagen clara de lo que fue el horror y la degradación en el país de sus padres, la Argentina, y en toda la América Latina durante esos años de su infancia en París.

Aunque más simple es que dialoguen un cuento de Cortázar con una novela de Fuentes, como ocurre con el tema de la Hidra, ese monstruo policéfalo de aliento venenoso al que no se le puede cortar una cabeza sin que le crezcan otras. Para el escritor centrífugo, extrovertido, el monstruo es el poder de las multinacionales, las grandes potencias y su codicia. Basta con leer *La cabeza de la hidra* (1978) para comprender la metáfora que recorre la obra entera del autor. Carlos en persona me habló de la hidra del poder en México, y sobre el poder del petróleo en ese país inmenso que en el tiempo de la novela no acababa de incorporarse a la modernidad, ni sabía dar el salto al futuro necesario para sobrevivir sino que se empeñaba en encerrarse en un peligroso nacionalismo populista.

En cambio para el introvertido Cortázar, el drama es el propio e indecapitable monstruo interior que nos consume, del cual nunca podemos deshacernos del todo. En el volumen de cuentos *Un tal Lucas* (1979) podemos discernir algo de la lucha del propio Cortázar contra su sentido del orden y sus obsesiones, y esa su necesidad constante de desbarajustar, buscar el quiebre de la rutina porque sabía que sin desorden no hay arte, como demuestran los chamanes del mundo entero.

Lucas, en sus "luchas con la hidra", corta y corta, pero al final "En el espejo del baño Lucas ve la hidra completa con sus bocas de brillantes sonrisas, todos los dientes afuera. Siete cabezas, una por cada década; para peor, la sospecha de que todavía pueden crecerle dos para conformar a ciertas autoridades en materia hídrica, eso siempre que haya salud".

Tanto Cortázar como Fuentes saben que en la escritura de ficción se le está dando oportunidad a lo no dicho. Bien aclaró Carlos en la entrevista:

"En la literatura, estás atado a la realidad cotidiana de la palabra. Y es el desafío mayor, porque debes darle a esa realidad otra verdad, y otro brillo, y otra importancia, y otra trascendencia. La palabra te está mirando a la cara y diciendo: 'Somos un pan'. ¡No! ¡Eres algo más: eres alimento de los dioses!'."

Un reclamo al cual él respondía con comodidad, lanzándose en caída libre al fárrago del decir. Como buen mexicano, sentía los dioses a su alcance y a la muerte podía mirarla de frente.

Para Cortázar en cambio la cosa se complicaba. Las brumas del Río de la Plata unidas a las de París le permitían entrever algo oculto y distinto, algo que estaría "Ahí, pero dónde, cómo".

Lo planteó en el cuento que lleva ese nombre, una narración casi autobiográfica donde Paco que ha muerto se le sigue presentando en los momentos menos esperados. Un exorcismo como diría él, contra esos sueños que reviven el dolor de la enfermedad y muerte de su querido amigo de juventud, Francisco Reta:

"A vos que me leés, ¿no te habrá pasado eso que empieza en un sueño y vuelve en muchos sueños pero no es eso, no es solamente un sueño? Algo que está ahí pero dónde, cómo; algo que pasa soñando, claro, puro sueño pero después también ahí, de otra manera porque blando y lleno de agujeros pero ahí mientras te cepillas los dientes, en el fondo de la taza del lavabo lo seguís viendo mientras escupís el dentífrico o metés la cara en el agua fría, y ya adelgazándose pero prendido todavía al piyama, a la raíz de la lengua mientras calentás el café, ahí pero dónde, cómo, pegado a la mañana, con su silencio en el que ya entran los ruidos del día, el noticioso radial que pusimos porque estamos despiertos y levantados y el mundo sigue andando. Carajo, carajo, ¿cómo puede ser, qué es eso que fue, que fuimos en un sueño pero es otra cosa, vuelve cada tanto y está ahí pero dónde, cómo está ahí y dónde es ahí? ¿Por qué otra vez Paco esta noche, ahora que lo escribo en esta misma pieza, al lado de esta misma cama donde las sábanas marcan el hueco de mi cuerpo? ¿A vos no te pasa como a mí con alguien que se murió hace treinta años, que enterramos un mediodía de sol en la Chacarita, llevando a hombros el cajón con los amigos de la barra, con los hermanos de Paco?".

Si este cuento se cuela en la sección de novelas es porque también vibra en todas las páginas de *62/modelo para armar* donde lo *unheimliche*, ese "cotidiano ominoso" de Freud está presente ya desde mucho antes, desde el momento en que, sin que lo sospechara Julio, el padre del psicoanálisis pone por ejemplo, en su ensayo al respecto, esa inquietud que surge de improviso cuando se dan inesperadas coincidencias:

"Así, es una coincidencia sin duda indiferente que en un guardarropas recibamos como vale cierto número (p. ej., 62) o hallemos que el camarote asignado en el barco lleva ese número. Pero esa impresión cambia si ambos episodios en sí triviales se suceden con poca diferencia de tiempo: si uno se topa con el número 62 varias veces el mismo día y se ve precisado a observar que todo cuanto lleva designación numérica —direcciones, la pieza del hotel, el vagón del ferrocarril, etc.— presenta una y otra vez el mismo número, aunque sea como componente. Uno lo halla 'ominoso' y quien no sea impermeable a las tentaciones de la superstición se inclinará a atribuir a ese pertinaz retorno del mismo número un significado secreto, acaso una referencia a la edad de la vida que le está destinado alcanzar."

Cierto es que el título de mi novela favorita de Cortázar proviene no de Freud sino del capítulo del mismo número en *Rayuela*, donde Morelli propone un libro extraño respondiendo a complejas premisas, entre las cuales:

"Un sueco trabaja en una teoría química del pensamiento. Química, electromagnetismo, flujos secretos de la materia viva, todo vuelve a evocar extrañamente la noción de maná; así, al margen de las conductas sociales, podría sospecharse una interacción de otra naturaleza, un billar que algunos individuos suscitan o padecen, un drama sin Edipos, sin Rastignacs, sin Fedras, trama impersonal en la medida en que la consciencia y las pasiones de los personajes no se ven comprometidas más que a posteriori. Como si los niveles subliminales fueran los que atan y desatan el ovillo del grupo comprometido en el drama. O para darle el gusto al sueco: como si ciertos individuos incidieran sin proponérselo en la química profunda de los demás y viceversa, de modo que se operan las más curiosas e inquietantes reacciones en cadena, fisiones y transmutaciones...".

Unos años más tarde Cortázar responde a su propio desafío y escribe la novela tratando de poner en práctica la compleja propuesta que habría de culminar, sospechamos, en el libro soñado de *La perfecta geometría*.

Y Freud se cuela acá de refilón. No en vano descubrió el inconsciente. Porque al capítulo le tocó ese número por puro azar.

Sabemos que *Rayuela* fue escrita en notas, reflexiones, apuntes escritos a lo largo de los años. Cientos de papeles que empezaron a constituir los capítulos que no tenían un orden preciso. Entonces Julio puso todos esos papeles sobre el piso, como en damero, y empezó a recorrerlos al azar, recogiendo unos y otros en forma automática, sin pensarlo, para irlos acomodando en ese orden arbitrario. Nacieron así las dos posibilidades de lectura de la novela, que pueden ser muchas más. Y aquello que en un principio parecía no tener un hilo conductor, en el fondo lo tenía. Era el "metro de azar en conserva", ideado por Duchamp.

Julio, un ferviente cultor de la patafísica, esa "ciencia de las soluciones imaginarias" creada por Alfred Jarry a través de su personaje el doctor Faustroll, que propone atender las excepciones en lugar de las reglas y no tomarse lo serio en serio, no pudo menos que pensar en ella cuando armó su novela. Y recibió su respuesta cuando Juan Esteban Fassio, en una vieja casa de las llamadas "chorizo" en Buenos Aires fabricó la Rayuel-o-matic, esa máquina para leer la novela atendiendo los diversos órdenes. Según qué botón apretábamos, salía un cajón con el capítulo correspondiente. Yo también pertenecí y pertenezco a la orden patafísica de la Grande Gidouille, y por lo tanto conocí a Juan Esteban en su momento y estoy en condiciones de develar un secreto:

Cuando Julio en *La vuelta al día en ochenta mundos* presenta el artefacto, que es en realidad una cajonera, dice que el Botón F "en los modelos con cama, [...] abre la parte inferior, quedando la cama preparada". No quiero pensar en la fácil asociación de "hacerle la cama" a alguien, pero me temo que Fassio no se animó a confesarle a su admirado autor la función primigenia del Botón F, destinado a prenderle fuego a todo el aparato.

Se ha hablado tanto de *Rayuela* en estos últimos tiempos, tanto o más que cuando apareció cincuenta años atrás conmoviendo a los lectores y sacudiendo cimientos que, muy patafísicamente, opto sólo por recordar aquella tarde cuando Julio me contó, como habría de contar a otros, que el título original de la novela era *Mandala*. "Pero cuando ya estaba casi terminada me dije mandala a... y le puse *Rayuela*." Con un amplio gesto los puntos suspensivos quedaron dibujados en el aire, como las palabras de su infancia, y el lugar donde pudo haber mandado al mandala empezó a cobrar todo tipo de significaciones más allá de las obvias, y cobró cuerpo la rayuela en honor, pienso ahora, al juego que Julio habrá estado jugando in mente mientras se paseaba entre los capítulos de la novela desparramados por el piso, atendiendo a secretas líneas de fuerza.

Ese era el niño que constantemente jugaba en Cortázar. Un mundo de infancia que él respetaba como algo casi sagrado porque sabía que allí estaba la clave, una de las imposibles claves, de acceso a lo inefable, pero a aquello de lo inefable que podría ser dicho de alguna manera.

En *Cuaderno de bitácora* de *Rayuela*, Ana María Barrenechea nos hace saber que "El 7 de noviembre de 1958, Julio Cortázar soñó que se encontraba en la casa de su infancia en Buenos Aires pero que esa casa estaba en una calle de París. Bajo el título de *Mandala*, hizo un gráfico del sueño en su cuaderno de notas. Más adelante, tituló 'Cap. l. *Novela*. La araña' a una nota basada en ese sueño; y ya fuera del cuaderno escribió un posible relato erótico, que llamó '*La araña*.'"

Siempre los sueños, como rectores o gestores de futuros textos... "Tenemos que obligar a la realidad a que responda a nuestros sueños, hay que seguir soñando hasta abolir la falsa frontera entre lo ilusorio y lo tangible, hasta realizarnos y descubrir que el paraíso perdido está ahí, a la vuelta de la esquina", dijo Julio en una entrevista publicada en *Alcor* 29 (1964).

He propuesto alguna vez considerar a Julio Cortázar como un payaso sagrado. Habrá por supuesto quienes trepiden ante uno u otro término, quienes insistan que calificar de payaso a un escritor de tamaña envergadura y vuelo tan alto... Habrá a quienes la palabra *sagrado* les dé urticaria.

Me explico. En las culturas indoamericanas los payasos sagrados con sus bromas procaces y hasta abyectas tienen por función desacralizar lo sagrado, volviéndolo aún más sacro. Una vuelta de tuerca gracias a la cual entran en juego instancias superiores de acceso a una suspensión del descreimiento que resalta, por contraste, aquello que tiene verdadero valor. Ellos pueden interpretar el idioma de los dioses y burlarse de los solemnes oficiantes. Los payasos destacan el imperceptible punto de contacto entre la sacralidad y lo profano, entre el secreto y su develamiento: las dos caras de una misma moneda. Cortázar hizo lo mismo en literatura. Su mirada seria e irónica, o irónicamente seria, supo detectar lo grotesco que nos circunda, poniendo el sentido del humor al servicio de su lucidez. Al igual que los cronopios, sus lectores solemos alcanzar el pavor de aquello que estamos siempre a punto de comprender y que sin embargo nos elude.

En la vida, entendió Cortázar, el horror y el humor bailan al unísono en un salto al vacío que miles de ávidos lectores hicieron propio rayueleando entre la tierra y el infierno, y se vieron en espejo. En espejo oscuramente, como alentaba el que *te jedi*, quien alguna vez aclaró que "se explicará como en broma para despistar a los que buscan con cara solemne el acceso a los tesoros".

Desde su posición tan distinta ante el hecho literario, Carlos el mexicano ofició un encantamiento equivalente. Recuerdo un diálogo donde él me dijo que la literatura está hecha de incertidumbres, de cuestionamientos. En cambio la política es ideológica, la religión, dogmática, pero la literatura es incierta en todo sentido.

Entendí que por eso rehuía el dogmatismo y escribía sobre las religiones infinitamente más unificadoras de los mundos indígenas. "Porque yo vivo en un país", me contestó, "donde lo importante no es lo religioso sino lo sagrado, que son dos cosas diferentes".

Imposible entonces dejar de traer a colación el reclamo del loco en *La gaya ciencia* de Nietzsche:

"Dios ha muerto. ¡Y nosotros lo hemos asesinado! ¿Cómo podemos consolarnos nosotros, asesinos entre asesinos? Lo más agudo, lo más poderoso que había hasta ahora en el mundo ha teñido con su sangre nuestro cuchillo. ¿Quién borrará esa sangre? ¿Qué agua servirá para purificarlo? ¿Qué expiaciones, qué ceremonias sagradas tendremos que inventar? La grandeza de este acto ¿no es demasiado grande para nosotros? ¿Tendremos que convertirnos en dioses, o al menos parecer dignos de ellos? Jamás hubo acción más grandiosa. Los que nazcan después de nosotros pertenecerán, a causa de ella, a una historia más elevada de lo que fue nunca historia alguna."

Muchísimo antes de su encuentro fortuito con el filósofo en el ya mítico balcón del imaginario hotel Metropol, Carlos Fuentes procedió, con toda dedicación y esmero, a reinventar las ceremonias sagradas, tratando no tanto de borrar esa sangre sino de decirla, diciendo (escribiendo) en busca del agua purificadora.

Ya en *La región más transparente* el tema está planteado. Considerada la primera novela verdaderamente urbana de México, porque penetró de lleno en toda la complejidad y maravilla y horror e infinita variedad de esa megalópolis casi inconmensurable que es el D.F. ("De Fe De Forme De Facto De Feque De Facultades", dirá mucho más adelante Cristóbal Nonato), la misma novela que alguien a los pocos meses de su publicación en 1958 tildó de moda efímera, hoy puede ser leída como libro recién salido del horno. Casi como Pierre Ménard, leemos la novela con otros ojos y la novela nos acompaña siendo también otra.

Porque *La región más transparente* es una cebolla de mil capas, las de una ciudad superpuesta en espacio y tiempo. Y se necesitaba un autor multifacético y voraz como Fuentes para abrazarla en todo su esplendor. En todo su abyecto, deslumbrante, maravilloso y desconcertante esplendor.

"La de México es una ciudad que exige el odio como precio del amor, y el amor como precio del odio. No puedes escaparle", confesó Fuentes. Friso totalizador de una sociedad milhojas, *La región* comienza con el monólogo de su principal protagonista, Ixca Cienfuegos, casi álter ego del autor, que al quejarse con desesperación en realidad está ponderando una riqueza que va mucho más allá de banales cualidades admirables. Elijo algunos de los múltiples calificativos: "Ciudad puñado de alcantarillas, ciudad de vahos y escarcha mineral, ciudad presencia de todos nuestros olvidos, ciudad de la brevedad inmensa, ciudad del sol detenido, ciudad de los tres ombligos, ciudad de la risa gualda, ciudad vieja en luces, ciudad nueva junto al polvo esculpido, ciudad de tempestad de cúpulas, resurrección

de infancias, encarnación de plumas, suntuosa villa, ciudad le-
pra y cólera, hundida ciudad. Tuna incandescente. Águila sin
alas. Serpiente de estrellas. Aquí nos tocó. Qué le vamos a hacer.
En la región más transparente del aire."

Esta novela se adelanta por décadas al concepto de Baudrillard sobre la transparencia del mal, es decir la transparencia
implícita en los hechos y palabras que permite percibir el mal
detrás de las aparentes bondades y banalidades. Una visión, la
de Fuentes en este caso, que nos permite develar los engaños,
entender qué se viene diciendo tras los discursos pomposos con
los que se trata de adormecernos a diario. Sólo que aquí al igual
que en otras novelas de Fuentes, el mal está a flor de piel. Por
lo tanto lo que se transparenta es el secreto de aquello que está
oculto bajo tierra, como ocurre con la vieja, misteriosa y sabia
Teódula, o como esos mundos arcaicos y secretos que también
se transparentan más allá del smog o de lo que fuera.

Hablando de este tema, Carlos reflexionó:

"Yo sé que en América Latina hemos vivido disfraces de
modernidad, hemos sido imita-monos de todas las modernida-
des habidas y por haber a partir de la independencia. Negamos
el pasado Ibérico, africano e indio y nos dedicamos a copiar
modelos de progreso europeo; lo venimos haciendo desde hace
doscientos años con un fracaso tras otro, políticos y económicos.
A mí lo que me alarma y me alienta al mismo tiempo, es el
fracaso de las políticas económicas, la debilidad de las institu-
ciones políticas frente a la continuidad y vitalidad de la vida
cultural. Yo me pregunto si no hay una manera o llegará un
momento en que esta vitalidad y continuidad de la cultura se
la contagiemos a la política y la economía."

¿Cuándo y cómo, sería importante saber, podrían darse
la mano estos dos poderes tan disímiles? Cultura y política. Estos
dos grandes autores, a su vez tan disímiles, intentaron lograrlo
cada uno en su estilo, ya lo vimos. Julio en su involucramiento
personal con las revoluciones latinoamericanas, Carlos brindando
su histrionismo para proyectar su palabra al público más masivo
posible. Pero ya no están, y me pregunto quién o quiénes, dentro de la más pura literatura, seguirán sus huellas.

Claridad y amplitud de visión son requisitos insalvables. La gran literatura y la posesión indiscutida e irrevocable de la verdad están reñidas a muerte, pero ¿cómo trasmitírselo a los políticos?

Al mundo hay que mirarlo dos veces, simultáneamente, dicen los sioux. Con la mirada penetrante y frontal que ve hasta el último detalle en la hoja de hierba, y con la mirada lateral que no deja escapar a los seres que a nuestros costados se escurren por las sombras. Ante tamaño desafío las grandes certidumbres se desvanecen y nace el arte. Eso le mencioné a Carlos y él supo responder:

"Estamos hablando un poco de las subjetividades y de las maneras de verlas y yo creo que un escritor puede ver la subjetividad de dos maneras, la puede ver como transparencia o la puede ver como opacidad y a mí me gustaría no sacrificar ninguna de las dos del ser humano cuando lo trato en una novela, darle su rango a ambas realidades, no soporto a un personaje totalmente transparente pero tampoco totalmente opaco. Pero entre estas dos lo que existe es un enigma, y eso sí que me interesa."

Y Julio en *Último round,* refiriéndose a *Rayuela,* habló de "percibir el punto de intersección entre lo visible y lo invisible. Como la corriente eléctrica que va de un polo al otro perpetuamente".

Al igual que vamos nosotros de Fuentes a Cortázar y de Cortázar a Fuentes, esos polos magnéticos.

O
Puente

Puente es una palabra que en mi imaginario personal, ya lo escribí antes, se traduce por un nombre, Julio Cortázar, excelso espión del secreto, favorito de los dioses de los *Upanishads* quienes aman el enigma y sienten repugnancia por lo manifiesto. Escritor que pretendió postular el mundo como quien postula una geometría no euclidiana, según propia confesión, toda su obra es un puente tendido hacia el enigma, gira alrededor del enigma y lo roza de cerca en una búsqueda desesperada de aquello que asoma débilmente desde el otro lado de la muerte y nos hace un guiño a la vez cómplice y aterrador.

"Precisamente porque en el fondo soy alguien muy optimista y muy vital, es decir alguien que cree profundamente en la vida y que vive lo más profundamente posible, la noción de la muerte es también fuerte en mí. [...] Para mí la muerte es un escándalo. Es el gran escándalo. Es el verdadero escándalo. Yo creo que no deberíamos morir. [...] La muerte es un elemento muy muy importante y muy presente en cualquiera de las cosas que yo he escrito."

Cita Julio Ortega en el flamante *Cortázar de la A a la Z*, libro posiblemente inspirado en *En esto creo, de la A a la Z*, de Carlos Fuentes.

Extraño me resulta este afán de completar abecedarios en escritores cuya obra, aunque concluida, nunca está clausurada. Releer a Cortázar, al igual que a Fuentes, es abrir una puerta a nuevos hallazgos, nuevos atisbos de comprensión que nos asaltan por sorpresa.

Lo digo con conocimiento de causa. Al retomar *Rayuela*, que creía haber agotado y leído en sus formas propuestas y también en otras, aleatorias, descubrí que la idea del puente como *leitmotiv* la tenía ya servida en bandeja en el célebre primer párrafo:

"¿Encontraría a la Maga? Tantas veces me había bastado asomarme, viniendo por la rue de Seine, al arco que da al Quai de Conti, y apenas la luz de ceniza y olivo que flota sobre el río me dejaba distinguir las formas, ya su silueta delgada se inscribía en el Pont des Arts, a veces andando de un lado a otro, a veces detenida en el pretil de hierro, inclinada sobre el agua. Y era tan natural cruzar la calle, subir los peldaños del puente, entrar en su delgada cintura y acercarme a la Maga que sonreía sin sorpresa, convencida como yo de que un encuentro casual era lo menos casual en nuestras vidas…".

La repetición inadmisible en un mismo párrafo de un adjetivo, para el escritor meticuloso que supo ser Cortázar, lo decía todo de entrada. La Maga ("su silueta delgada") es el puente de "delgada cintura" que pretende atravesar Horacio Oliveira para alcanzar *el otro lado*. Pero no el lado de allá, o el de acá, como propone la novela misma, sino el absolutamente Otro, el que de lograrlo habría de llevar a Oliveira al meollo del conocimiento, y por ende a la felicidad y el paraíso, al cual con denodado esfuerzo y poco éxito aspiraba a acceder.

Oliveira sufre el distanciamiento de la Maga, provocado por él, sufre su eterna frustración bien porteña y nunca puede llegar a su ansiada, inexplicable meta. Otros protagonistas cortazarianos logran cruzar el puente. Y acceder a una forma del secreto del ser de la que nunca se sale ileso. De ahí los puentes de palabras o de hecho, como umbrales que podrían permitirnos, si nos atrevemos a cruzarlos, el acceso a lo Otro, ¡pero a qué precio!

Son las zonas de la duermevela donde todo puede ser y no ser al mismo tiempo, donde acecha un peligro aún mayor que la locura o la muerte, peligro total por innombrable, inconcebible.

En el cuento "Lejana" (*Octaedro*, 1974), Alina Reyes, tan señorita de clase alta, tan elegante ella y feliz con su prometido, tiene el feo vicio (la apreciación es mía) de jugar con las palabras y pasa horas a la pesca de algunas con vocales repetidas, o bien "más tarde palíndromas. Los fáciles, salta Lenin el Atlas; amigo, no gima; los más difíciles y hermosos, átale, demoniaco Caín o me delata; Anás usó tu auto Susana. O los preciosos anagramas: Salvador Dalí, Avida Dollars; Alina Reyes, es la reina y... Tan hermoso, éste, porque abre un camino, porque no concluye. Porque la reina y...".

Alina Reyes es la reina y..., como puerta abierta a una sumatoria de virtudes o al agregado de un desconocido espanto. Alina intuye la posible majestuosidad de la reina y su contracara, quizá una sirvienta o quizá una mendiga de Budapest que, para su horror, muerta de frío la estaría esperando del otro lado del puente sobre el Danubio. La duda le provoca a Alina Reyes una angustia tan honda que el casamiento, habitual puente para las señoritas de su época, hasta las más aristocráticas, no le basta; ella necesita conocer el otro, el sólido y concreto puente de sus fantasmas, para lo cual exige pasar la luna de miel en Budapest. Y allí está el puente, en la noche helada, y allí la aguarda su destino, el de la otra cara del espejo...

"Llegó al puente y lo cruzó hasta el centro andando ahora con trabajo porque la nieve se oponía y del Danubio crece un viento de abajo, difícil, que engancha y hostiga. Sentía cómo la pollera se le pegaba a los muslos (no estaba bien abrigada) y de pronto un deseo de dar vuelta, de volverse a la ciudad conocida. En el centro del puente desolado la harapienta mujer de pelo negro y lacio esperaba con algo fijo y ávido en la cara sinuosa, en el pliegue de las manos un poco cerradas pero ya tendiéndose. Alina estuvo junto a ella repitiendo, ahora lo sabía, gestos y distancias como después de un ensayo general."

Pero no sigo. El cuento de Cortázar requiere ser atravesado como buen puente de lectura, es decir leído de primera mano, para ingresar no sin estremecimiento al suspenso del secreto y dar con el umbral del multifacético misterio que a veces llamamos numen o llamamos transformación y que puede ser una forma de muerte.

El lado de allá y el lado de acá, como en *Rayuela*. ¿De cuál de los dos lados se trata, para los protagonistas de los cuentos de Cortázar que se enfrentan a su propio puente, real o metafórico? Porque lo que parecería ser el lado de más allá tironea y convoca.

Se requiere valentía para encararlo, al puente. Y la valentía es uno de los principales ingredientes de la gran literatura, recordemos el célebre dicho de Alfonso Reyes: "Ser poeta exige coraje para entrar por laberintos y matar monstruos".

Julio Cortázar aspiró a darle nombre o entidad a dicho peligro, a no dejar en lo posible nada en la nebulosa. O mejor aún, aspiró a penetrar la nebulosa, explorarla como los protagonistas de su novela de juventud, *El examen*, que circulan por la niebla de un Buenos Aires ominoso "pero no es niebla". Explorar el otro lado manteniéndose siempre en la racionalidad de éste, sin escapar por la tangente de lo falso fantástico que allanaría el camino, pero no hay camino, no, hay sólo esa gran incógnita.

El otro lado, donde nos espera quizá lo más arcaico que hay en cada ser humano.

En la obra de Cortázar hay puentes famosos y otros muy ocultos, pero siempre tendidos, para que quienes leemos podamos cruzar algún río que nunca, ya sabemos, será el mismo y no sólo por las causas que nos enseñó Heráclito sino también porque la magia de la escritura de este insuperable autor transporta y transforma los significados profundos.

Aligerando la atmósfera, podemos terminar esta sección Julio con un tango, para darle lugar a Carlos que tanto los apreciaba. Pero no vamos a elegir *Anclao en París* a pesar de que Julio confesó más de una vez que se sentía tal cual. No. Vamos a acudir a la letra de ese tango tan famoso instrumentalmente y tan poco cantado que es *El choclo*, cuando dice: "Carancanfunfa* se hizo al mar con tu bandera / y en un pernó mezcló a París con Puente Alsina."

---

* El término *carancanfunfa* habrá sorprendido a más de uno. También a Borges, que alguna vez contó haberle preguntado a un compadrito, de esos que él gustaba frecuentar, qué quería decir. Y el compadrito le contestó estirando las frases "Y… mire don Borges… carancanfunfa esh un stado de ánimo… que quiere decir propiamente eso… sentirse carancanfú".

Tanto a Julio como a Carlos les habría encantado esta respuesta, sobre todo si sabían que *carancanfunfa* es una palabra inventada a último momento por la mujer de Discépolo, Tania, para llenar un hueco en los compases y completar la letra.

Julio al pernod prefería el vino tinto a falta de Hesperidina, ese trago argentino y anticuado, liviano, de cáscara de naranjas amargas que él divulgó en sus cuentos. París y Puente Alsina en cambio, sí supo mezclarlos. Pero aquí el secreto puente es otro. *El choclo* cambió un par de veces de letra, siendo la primera la que escribió Ángel Villoldo su compositor, en París precisamente. Pero ninguna de las dos le convenía a Libertad Lamarque, que estaba en México en 1946 filmando *Gran Casino*, dirigida por ¡Buñuel! Le pidió entonces a su amigo Enrique Santos Discépolo que le escribiera una nueva letra más acorde con su personalidad y con el guión. Y así nació "Con este tango que es burlón y compadrito / se ató dos alas la ambición de mi suburbio; / con este tango nació el tango, y como un grito / salió del sórdido barrial buscando el cielo".

¿Cuál cielo? cabe preguntarse con o sin pernod, ¿acaso "El otro cielo", ese cuento de Cortázar que habla de un puente insustancial que se tiende entre la Galería Güemes de Buenos Aires y la Galerie Vivienne de París, un verdadero *loophole* de tiempo y espacio? Nosotros podemos proponer uno distinto, que se trifurque mezclando París, Buenos Aires, México. Y como nos consta que Carlos fue gran admirador de Libertad Lamarque desde sus tiempos quinceañeros y bohemios, el puente está tendido.

En el caso de Carlos, los puentes, más que reales o metafóricos como muchos de los de Cortázar, son simbólicos y cumplen una función diferente. No transforman sino integran, misturando, mestizando. *El naranjo* (1993) es la prueba. Para alguien que quiera ir descubriendo paso a paso a Carlos Fuentes, que quiera irse internando en el magma mágico de su obra, recomendaría empezar por ese libro de cuentos encadenados que es *El naranjo*.

Escritor del borde, Fuentes es hombre de códigos entrecruzados, de mundos en fusión, profusión, difusión, mundos en combustión y hasta en extinción, visionario de aquello que se consume para renacer distinto, enriqueciéndose en lo híbrido.

Escritor del espejo que duplica, ya sabemos, cultor y difusor de Tezcatlipoca, el espejo humeante ("Espejo y humo, espejo de humo, humo de espejo: con dificultad descifré estas palabras y a su significado me aferré, como las voces de los hombres vestidos y embarrados de negro las convertían en letanía", dice el protagonista de *Terra Nostra*), autor de *El espejo enterrado,* magna obra que traza las líneas de fuerza históricas como puentes que unen Europa con América. Esta obra titánica que fue primero serie de televisión habría de abrirle paso a un libro de narraciones concatenadas, *El naranjo*, en el cual alcanzamos a percibir el sitio donde Carlos Fuentes parecería ubicarse: no de este lado, en la engañosa realidad, no como Alicia del otro lado del espejo, sino ahí en el filo, en el espacio intersticial, paradójico, que podría existir entre el vidrio y el azogue, en el punto de interferencia donde los rayos se cruzan para que las imágenes se dupliquen, invertidas y equidistantes. Y el naranjo, árbol que ofició de puente entre Levante y Europa y entre Europa y América, le da título y es el alma de esta serie de relatos sobre dualidades interconectadas: "Las dos orillas", "Los [dos] hijos del conquistador", "Las dos Numancias", "Apolo y las putas", "Las dos Américas."

Por lo tanto, ni de este lado ni del otro del puente sino todo lo contrario, y no es burla puesto que gracias a la mecánica cuántica sabemos ahora que existen los fractales, esas "dimensiones intermedias" que no son ni punto ni línea, ni volumen ni superficie plana.

El budismo zen valora un concepto que considero excepcional, expresado por el ideograma *ma* y relacionado con todos los espacios que en lugar de separar, unen, tales como el puente y los puentes invisibles al estilo del que trazan los palitos yendo del bol de arroz a la boca. En dichos espacios de unión, sobre todo los invisibles, Carlos Fuentes reina como supremo maestro. Permaneciendo siempre fiel al hecho literario, defiende un decir que no pretende ser dueño de la verdad sino que nos abre a todos los cuestionamientos. Muy nietzscheanamente, se afirma más en la voluntad que en la intención de verdad y ofrece aperturas a los valores dionisíacos. En su escritura nada es estático, todo se va transformando para alcanzar una forma de esclarecimiento.

Fuentes planta la semilla que crecerá en nosotros y echará raíces y crecerá en el recuerdo.

Como la de Cortázar pero de diverso palo, su palabra es semilla de una imagen total, *imago mundi* que germina con cada nueva lectura.

P
El doble / Los dobles

Si la metáfora que elegimos para enfocar la literatura de Cortázar es el puente, retomando el ánimo reduccionista podemos considerar que la de Carlos Fuentes es el tema del doble, esa "enérgica desmentida al poder de la muerte" según Otto Rank. Freud, al citarlo en su trabajo sobre lo *unheimliche*, lo cotidiano ominoso, agrega que más allá de la imagen en el espejo o la sombra, fue la noción de un alma inmortal la que configuró la primera idea del doble en el ser humano.

Fuentes hizo pleno uso de esta figura mutante para traducir y transmitir lo que está inscripto más allá de las barreras del poder. También para denunciar una imposibilidad humana: la mismidad.

Hombre del Renacimiento, califican a Fuentes los críticos angloparlantes por el vasto espectro de su saber, que más allá de la literatura abarca el mundo de la historia, la política, de las artes plásticas, del cine, de la arqueología y la antropología mexicana, de la crítica literaria. Una vastísima erudición que hace pensar en el don de la ubicuidad. Como su persona, que parecía estar en todas partes además de interesarse por todos los temas. Durante una larga entrevista telefónica, a la que Carlos accedió sin el menor apuro, pensé que en él la vida se movía como si tuviera un doble, porque su actividad social (en ambos sentidos de la palabra) no parecería dejarle tiempo para escribir. O para dormir. Y vino a mi memoria el cuento de Henry James "La vida privada", en el cual un dramaturgo de asidua presencia en los círculos intelectuales británicos tiene un íncubo o sombra que le escribe los textos tan aplaudidos. "Son dos", dice el narrador, "uno sale, el otro se queda en casa. Uno es el genio, el otro es el burgués, y es solo al burgués a quien conocemos personalmente".

El personaje público del cuento es opaco y aburrido, a Fuentes en cambio su original inteligencia y agudeza mental nunca lo abandonaron, ni siquiera en los momentos más duros de su vida. Por eso no le mencioné el cuento, aunque el espíritu de James estaba allí, latente. Más tarde, cuando reencontré otra entrevista que le había hecho diez años antes, descubrí que Carlos mismo había traído a colación el cuento de manera vaga, sin recordar detalles pero, como siempre, atento al tema del doble y del fantasma, vías de acceso para ver y traducir lo que está inscrito más allá de la barrera de la muerte. Y también para denunciar esa imposibilidad humana: la mismidad. Somos a la vez nosotros y el otro que dormita en la penumbra inconsciente, y en cualquier momento puede despertar de un salto para atacar a traición, y si la literatura romántica hace su agosto con amenazas semejantes, la literatura de Fuentes le confiere un estatus inquietantemente contemporáneo.

Carlos Fuentes, malabarista del símbolo, trabajaba las eternas incógnitas hasta exprimirles las últimas gotas de una verdad siempre elusiva pero siempre presente, entrevista a través, no lo olvidemos, de la transparencia de las cosas, de los seres y los hechos, o mejor dicho de su insinuante translucidez. No hay *región más transparente* del aire que perdure como tal en nuestro mundo contaminado y corrupto, hay sí novelas que señalan el cambio y juegan su juego de develaciones. Gran parte de su obra, *Una familia lejana*, *Terra Nostra*, *Aura*, "Las dos Numancias", *La voluntad y la fortuna*, novela en la cual los protagonistas, Josué y Jericó, de nombres más que predestinados, al principio de su relación se sienten como Castor y Pólux para acabar convertidos en Caín y Abel.

No siempre se trata de personajes dobles que se espejan entre sí, en muchos casos suele tratarse de la inconfesable duplicidad del uno. Una puesta en escena de la célebre frase de Rimbaud, *je est un autre*, un "otro" tan extremo que llega a confrontarnos.

Somos nosotros y el otro, aquel que dormita en la penumbra inconsciente y en cualquier momento despierta de un salto y se convierte en amenaza. En la literatura romántica Doctor Jekyll tiene a su Mister Hyde; en la literatura del último medio siglo la cosa se vuelve mucho más compleja porque reverbera en universos paralelos e incertidumbres cuánticas. "Tú te preguntas si todo el universo tiene su doble. Es posible. Pero ahora sabes que aunque sea cierto también es peligroso", dice Escipión Emiliano en "Las dos Numancias", mientras monta guardia en la Numancia virtual creada por él, es decir por el autor, a la vera de la otra, reflejando el vaivén entre la sufriente y asediada ciudad de la supuesta realidad y aquella inexistente que acabará por destruirla.

La obra de Fuentes enfrenta y conjuga dos mundos igualmente reales: el de la imaginación y el de los hechos, y se vuelve deslumbrante porque nos permite atisbar el punto secreto donde ambos se conectan. De su primera novela a sus libros de ensayos, la obra de Carlos Fuentes avanza hasta ingresar en el imaginario como en una iniciación. Por brújula parecería usar precisamente el espejo, ese elemento que los heresiarcas de la borgeana Uqbar decretaron abominable, junto con la cópula, porque "multiplican el número de los hombres".

Fuentes alienta dicha multiplicidad. Multiplicidad también de perspectivas, visión panóptica.

"¿Qué soy? ¿Quién soy yo? ¿Qué es el otro? En estas preguntas a las cuales todas las iniciaciones responden de antemano, están las bases de todo dispositivo simbólico", dice Marc Augé en su libro *Dios como objeto*.

En esa hiper novela de fantasmas, de simulacros, de encarnaciones que es *Terra Nostra*, dice el multifacético protagonista:

"Recordé en ese instante a la espantosa aparición del bosque: mi doble. Como él coexistía conmigo, así coexistían en el nuevo mundo, relacionadas con razones que yo no alcanzaba a comprender bien, el culto de la vida y el culto de la muerte. Dios blanco era yo, me dijeron el anciano memorioso y la princesa de las mariposas; principio de vida, educador, premonitoria voz del amor, el bien y la paz. Dios negro era mi enemigo hermano, principio de muerte, tiniebla y sacrificio."

Sé más de mí no sólo leyendo *La campaña*, que transcurre en la Argentina. Sé, sabemos los lectores-husmeadores de Fuentes, más de nosotros mismos al compenetrarnos como sus personajes que se duplican para presentar el anverso y reverso de una realidad que queremos y no queremos ver, simultánea y feroz, donde los opuestos se conjugan y/o se destrozan como hermanos siameses.

Y allí están ellos, los de la novela póstuma, Federico y el hombre del otro balcón, para presentar una vez más las dos caras de una misma moneda imposible, que se enfrentan y le sacan chispas al Secreto con mayúscula. Como lo hacen Aura y Consuelo, como los dos náufragos de *Terra Nostra*, o el niño Heredia mexicano y el niño Heredia francés de *Una familia lejana*. En esta última, el narrador de la historia le habla al escritor de la novela (en una duplicación complementaria) del pequeño mexicano y su "permanencia paciente junto a un espejo vacío, hasta encarnarlo, dotarlo de la imagen pedida". ¿Se trata de un doble físico? pregunta, simplificando, el novelista. En absoluto, se trata de "velar a un espejo, sitiarlo, eso es, tenderle un sitio largo y tenaz hasta obligarle a rendir su imagen, no la duplicación de quien mira [...] su propia figura oculta, evasiva, diríase coqueta, disimulada".

En la novelística de Fuentes los desdoblamientos se van expandiendo en el espacio y en el tiempo, no sólo en los seres. Retomemos para el caso esa breve (en comparación) e intensa novela que es *Instinto de Inez*.

Una frase rotunda y memorable abre el juego: "No tenemos nada que decir sobre nuestra propia muerte." Quien la emite, quien no se anima a escribirla por temor a invocar el desastre, sabe bien que no tiene nada que decir porque no quiere, si bien de alguna forma lo ha ido insinuado todo. Él es Gabriel Atlan-Ferrara, un director de orquesta de los más famosos del mundo, personaje fáustico en la vida y no sólo en la interpretación de la ópera de Berlioz.

Gabriel Atlan-Ferrara tiene noventa y tres años cuando piensa o propone la frase sobre la muerte, aplazando la propia. Pero ya desde muy joven, desde su primera gran interpretación de *La condenación de Fausto* o desde milenios antes, comprende su destino y reconoce que "el diablo es colectivo, es un *nosotros* inmisericorde". También reconoce, sobre todo en la música pero también en la pasión amorosa, aquello que él llama "la terrible belleza del horror".

Y gracias (o por desgracia) a su condición fáustica entra en contacto con la joven soprano Inés Rosenzweig, la mujer que habrá de signar sus transformaciones y entrever su vida primigenia, ella misma transformándose de manera infinitamente más profunda.

¿Qué fue preparando a Atlan-Ferrara? Una unión de juventud más allá del amor, una hermandad simbiótica con su contraparte más clara. Su doble. Su otro luminoso que aparece y desaparece en una fotografía como más tarde desaparecerá y reaparecerá Inés Rosenzweig, soprano, convertida en la contralto Inez Prada.

En esta novela el tema del doble se desdobla y atraviesa el doble cauce del mundo instintual, como corrientes simultáneas, la de fondo y la de superficie, sin que esta apreciación connote jerarquía alguna. "Lo importante de él no era el nombre, sino el instinto. ¿Ves? Yo he transformado mi arte en instinto", le dice el director de orquesta a la joven cantante.

Una vuelta más de tuerca en la obsesión de Carlos Fuentes, un cambio de óptica, centrándose en la música y en la naturaleza como dos fuerzas opuestas que se imantan mutuamente.

De tantas y tantas escenas memorables de esta novela espejada, espiralada, rica, una escena es clave: En su intento por seducirla en el primer encuentro, Atlan-Ferrara conduce a la soprano Inés Rosenzweig a su cabaña al borde del Canal de la Mancha. No cuenta con la agudeza perceptiva de la joven mexicana, que puede atravesar pantallas. En la cabaña, ella descubre la fotografía donde están los dos, el dueño de casa y su otro: 'Era un muchacho muy bello, tan diferente de Gabriel como puede serlo un canario de un cuervo', dice la voz autoral. Y el propio Gabriel Atlan-Ferrara aclara: "Vivía a través de mí y yo a través de él, ¿te das cuenta?, teníamos esa liga entrañable que el mundo pocas veces comprende y siempre trata de romper".

En las novelas de Fuentes los seres se duplican y se desdoblan, se enfrentan con su espejo que casi nunca es abominable como —recordemos— pretenden en Borges los imposibles heresiarcas de un imposible planeta: "Descubrimos (en la alta noche ese descubrimiento es inevitable) que los espejos tienen algo monstruoso. Entonces Bioy Casares recordó que uno de los heresiarcas de Uqbar había declarado que los espejos y la cópula son abominables, porque multiplican el número de los hombres."

Fuentes en cambio exalta el poder mágico de ese vidrio azogado porque al multiplicar el número de los seres, al ofrecer contracaras y enfrentar imágenes invertidas y equidistantes, el espejo es el señor del erotismo, esa fuente(s) de vida.

El genius y el doppelgänger

Existen al menos dos figuras míticas en la imaginación del doble humano, la del *genius* y la del *doppelgänger*.

Giorgio Agamben, en su libro *Profanaciones*, define al primero como: "El dios al cual todo hombre es confiado en tutela en el momento de su nacimiento [...]. Comprender la concepción del hombre implícita en Genius significa entender que el hombre no es solamente Yo y consciencia individual, sino más bien que desde el nacimiento hasta la muerte convive con un elemento impersonal y preindividual."

Propongo que pensemos en el *genius* como el acompañante de Fuentes en su trayectoria literaria. Carlos supo reconocerlo, si bien en forma oblicua y humorística, al aludir al cuento de Henry James "La vida privada", y sobre todo en su novela *Una familia lejana,* cuando escribió:

"alguien ha estado viviendo constantemente a nuestro lado, desde siempre, no sólo desde el instante de nuestro nacimiento sino exactamente desde siempre, una persona fundida en nuestra vida como el mar en el mar. Y en nuestra muerte como la respiración en el aire. Durante nuestra vida nos acompaña sin dar señas de su propia vida, como si fuese menos que una sombra, apenas un rumor que camina de puntas…"

Cortázar, en cambio, parecería más bien asociarse con el *doppelgänger* que, según explica Jean Baudrillard, proveniente del folclore alemán es el doble fantasmagórico de una persona que "une en sí mismo de forma contradictoria la naturaleza de una copia y de un simulacro". Se trata de un ente que nace junto con el original pero es una sombra que siempre trae consecuencias nefastas. Es un doble sin culpa pero a la vez maligno, de mal augurio.

Doppelgänger es un término muy usado por Julio, pero hay más. Ya en "Distante espejo", antiguo texto que aparece en *La otra orilla*, nos habla de un pánico:

"El picaporte, tan familiar, cedió a la presión y logré acceso a la sala. Pero no era una sala sino mi cuarto de trabajo. Entera y absolutamente mi cuarto de trabajo. Tan entera y absolutamente que, para darle la perfección total, estaba yo sentado ante la mesa leyendo la Biblia de Lutero puesta en su atril de madera. Yo, vestido con la vieja robe a rayas azules y las pantuflas de abrigo que mi madre me regaló ese otoño.

"Alcancé a pensar una cosa, lo confesaré con toda franqueza a pesar de su ribete literario y algo defensivo. 'Por Dios, esto es LE HORLA. Ahora tendremos que dialogar, etcétera'. Y con dicho pensamiento terminó mi papel activo; fui ya una cosa inmóvil parada junto a la puerta, asistente al desarrollo de una escena cotidiana, en espectador atento, sin miedo por exceso de horror."

Recordemos "Le Horla", el famoso cuento de De Maupassant sobre una posesión cuasi satánica, la del protagonista que escribe su diario y lucha contra ese doble suyo que lo fuerza a actuar:

"Todo esto lo he experimentado yo de un modo extraño y desconsolador; en el orden moral, carezco de fuerza, de autonomía, del valor, del dominio de mí mismo, necesarios para el funcionamiento de la voluntad. No puedo mandar, querer, alguien lo hace por mí y yo obedezco."

Hasta que el protagonista de De Maupassant intenta asesinarlo incendiando su propia casa:

"La casa no era ya más que una hoguera horrible y magnífica, que alumbraba la tierra; un brasero donde se quemaban algunas personas y donde se quemaba también El, El, mi prisionero, el nuevo Ser, el nuevo Dueño… ¡El Horla!"

Sin resultado alguno, por supuesto, porque resulta imposible matar a un doble que es en realidad una proyección propia.

Julio Cortázar, solito y su máquina de escribir, partió tras la busca de ese doble para enfrentarlo, mirarlo a la cara e intentar arrancarle su secreto.

Grandes de la literatura han caminado el difícil filo hasta tocar con la punta de los dedos el vértigo de lo inefable. Pocos o ninguno lograron la mirada doble de quien está inmerso en la búsqueda y a la vez observa al que busca y de a ratos se burla de ambos. Johnny Carter y su abominable biógrafo, ¿quién de los dos es el verdadero Perseguidor? Oliveira y Traveler, y todos los personajes que se encuentran en la ciudad de sueños de 62, en un modelo para armar que se nos desarma en las manos y se rearma a cada instante para brindar nuevas figuras donde el vampirismo es sólo una anécdota más de todo lo que estamos a punto de entender, apavorados.

Es el juego del doble que se nos aparece en espejo, oscuramente.

Cecilia Graña, crítica argentina docente en la universidad de Verona, comenta en su ensayo "Recorrer el silencio desde la palabra":

"Cortázar con su escritura pone de relieve una encrucijada: señala, a través de la negatividad, el momento en que el Silencio se vuelve Palabra, o el estado liminal en que la palabra se transforma nuevamente en Silencio. Indica el instante del acceso a lo simbólico, un ámbito distinto de lo propio, de lo 'familiar'. Y esta huida es 'coincidir' con alguien / algo que es 'otro de sí mismo'."

Cortázar nos invita, no sin cierto estremecimiento, a meter las narices allí donde menos se lo espera para encontrar a ese Otro e ir lentamente abriendo las puertas prohibidas. En muchos de sus cuentos la duplicación se vuelve peligrosa. En "Las armas secretas" los mundos paralelos se confunden para desencadenar el drama sin que el protagonista inocente, poseído por la inmanencia de su antecesor maléfico, pueda discernir cómo ni por qué.

Aparecen también los dobles "autorales" de Cortázar en casi todas sus novelas. Son aquellos personajes que surgen a causa de la sorpresa del creador mientras está creando, mientras se gestan más allá de su consciencia historias y personajes que empiezan a actuar por cuenta propia. Y esos dobles anotarán propuestas y proyectos de la mente racional del escritor que quiere entender lo otro. Funcionan como heterónimos, casi, como álter egos: Perseo en *Los premios*, Andrés Fava cuyo diario, publicado a posteriori, fue excluido de la novela *El examen*, el tan famoso Morelli de *Rayuela*.

También, incluidos en los textos, están aquellos personajes, algunos con máscara del autor, que se van pasando la posta del relato, como en un juego de cartas: *la main passe*. Del que-te-jedi, a mi paredro, a Calac y Polanco como gemelos opuestos que vamos encontrando en el camino cortazariano.

Pero en Cortázar más que los dobles (¡y hay tantos!) funcionan los múltiples. Las barras de amigos que en México se llaman palomillas, al igual que esa peste de las cosechas. No serán una peste las *barras* de Cortázar, pero buscan cosechar. ¿Qué? El conocimiento secreto, ese imposible.

Es posible reconocer en Cortázar una evolución de estos grupos de amigos, idea que se gestó sin duda por la añoranza de un tiempo cuando con sus condiscípulos del Mariano Acosta se reunían en lo que ellos bautizaron La Guardia, el sótano de la confitería La Perla del Once. A partir de esa realidad nacieron los ficcionales Club de la Serpiente de *Rayuela*, la Joda en *Libro de Manuel*, la Zona o el Territorio en *62/modelo para armar*.

Una forma especial de tender la Red de Indra, telaraña cósmica con gotas de rocío que reflejan el mundo en su totalidad, con la idea de que colectivamente se puede alcanzar un conocimiento inaccesible al individuo.

Hoy la microfísica va resolviendo problemas que parecían insolubles, como el del tiempo, gracias al descubrimiento en 1993 de un fenómeno que llamaron el *entrelazamiento cuántico*. Se trata de la propiedad exótica por la cual dos partículas cuánticas comparten la misma existencia incluso a pesar de encontrarse físicamente separadas.

En *62/modelo para armar* el sueño de la Ciudad que comparten los protagonistas los acerca a cierta forma de comprensión pero los lleva a deambular, en sueños, por calles inhóspitas, entrar en eternas habitaciones vacías en busca del cumplimiento de ominosas citas por siempre incumplidas o de un encuentro postergado de antemano que habrá de espejarse en sus vidas diarias. Son los entrelazamientos de amores no correspondidos, como en *El examen*, y el caminar y caminar con brújula rota porque en todo sueño el tiempo se hace espacio con ritmo.

Cortázar buscaba siempre la forma de arrimarse lo más cerca posible a lo inefable, dando un paso lateral para tomar de sorpresa al conocimiento prohibido, siempre por siempre diferido. Lo intenta, como tan bien supo definirlo, "navegando por aguas de doble filo".

El horror y el humor bailan al unísono, no los une solamente la muy aspirada hache de la ironía cortazariana cuando habla de *hamor* o de *hodio*, también el espanto los une: "Se explicará como en broma para despistar a los que buscan con cara solemne el acceso a los tesoros." Hoy podemos seguir compartiendo su búsqueda eterna, porque mucho más allá de *Rayuela*, de los inolvidables cuentos, de toda su obra de reflexión, está la apuesta que el sueño de la perfecta geometría pretendió clausurar pero para felicidad y angustia de todos los humanos, lectores y no lectores, sigue abierta: las palabras son lo único que tenemos, las palabras no alcanzan para comprender el misterio de ese doble absoluto conformado por la vida y la muerte pero son un andamiaje con el cual tratamos de llegar lo más alto posible, como nos enseñan tanto Cortázar como Fuentes. Respetando el Secreto, con pánico y a carcajadas.

Q
Tiempo

Fuentes fue un escritor que invitaba a la cercanía a pesar de vivir una mitad del año en México, la otra en Londres, la imposible tercera asistiendo a congresos y dando conferencias por el mundo. Su milagro, entre otros, fue vivir como si el tiempo fuera múltiple, prodigándose en obra y en persona. Aunque en realidad el tiempo, en su obra, transcurre en capas sobreimpresas pero no necesariamente sincrónicas

En una de las entrevistas que mantuve con Carlos surgió el inevitable tema del tiempo, dado que había reorganizado su obra para la reedición bajo un paraguas general, *La edad del tiempo* y sus subdivisiones "El mal del tiempo", "El tiempo romántico", "El tiempo revolucionario", entre otras.

—El tiempo es mi tema obsesivo, contestó él. Pienso en la idea que expresó Platón, la más hermosa que conozco: "Cuando la eternidad se mueve la llamamos tiempo." Personalmente no creo que exista un solo tiempo, digamos newtoniano, lineal, sino que hay múltiples tiempos con existencias simultáneas, reversibles, futurizables, circulares, espiraladas. Limitarnos a una sola idea de tiempo es empobrecer enormemente el concepto de la historia, de la imaginación y de la personalidad. Creo que estamos todos explorando multitud de tiempos.

Le pregunté si en su obra el futuro empieza con *La Silla del Águila*, novela que con humor pinta la vida política de México en el año 2020.

—Sí —me respondió Carlos—. En toda novela empieza un futuro y se resume un pasado, porque la novela está situada en una zona del presente que tiene el privilegio de la memoria, del futuro, y también la posibilidad de que se actualice el pasado. La paradoja de la novela: presente, pasado y futuro adquieren resonancias mutuas, se complementan entre sí. El futuro no es el porvenir, el pasado no es lo que ya sucedió. Hay un presente que encarna a ambos, pero en una paradoja que le da futuridad al pasado y memoria al porvenir.

Resulta fascinante seguir la trama del tiempo a lo largo de la obra fuentiana. Verdadero manantial al respecto.

Los ejemplos son inagotables. Como el tiempo en sí.

"No, no se trata de añorar nuestro pasado y regodearnos en él, sino de penetrar en el pasado, entenderlo, reducirlo a razón, cancelar lo muerto —que es lo estúpido, lo rencoroso—, rescatar lo vivo y saber, por fin, qué es México y qué se puede hacer con él", dice Manuel Zamacona en *La región más transparente*, frase que podría ser usada de lema para enmarcar la obra de Fuentes.

Alejado del tiempo de su lejana primera y precursora novela, en el presente de la entrevista, Carlos se enfocó en el tema desde otro ángulo, reflexionando:

—No creo que exista un solo tiempo lineal, sino que hay múltiples tiempos con existencias simultáneas, reversibles, futurizables, circulares, espirales. Limitarnos a una sola idea de tiempo es empobrecer enormemente el concepto de la historia, de la imaginación y de la personalidad humana. Yo creo que estamos todos explorando multitud de tiempos, mira, en el ejemplo latinoamericano Borges es un caso muy especial de búsqueda de ciertos tiempos, Alejo Carpentier es otro, García Márquez es otro, ¿verdad?

Le recordé una frase de *Una familia lejana* dicha por el amigo francés del novelista, es decir el propio Carlos, que ha de escribirla, al narrarle la historia de Heredia el mexicano: "El mexicano decía que la expulsión de los dioses por la ciudad moderna nos condena a un tiempo ilusorio porque es el de nuestra limitación humana; percibimos parcialmente una sucesión lineal y creemos que no hay otro tiempo."

Carlos, defendiéndose quizá, comentó:

—Pero los dioses, ¿no?, son algo en lo que ya no creemos. Todos sabemos que los dioses son hechura nuestra, aunque tengo mis dudas… Hasta mi último momento las tendré.

La duda era la gloriosa posibilidad dentro de la cual él solía moverse, acoté.

—Sí, si no, no escribes. Mira, la literatura está hecha de incertidumbres, de preguntas. La política es ideológica, la religión, dogmática, pero la literatura es incierta en todo sentido. Yo vivo en un país donde lo importante no es lo religioso sino lo sagrado, que son dos cosas distintas.

Podríamos decir que lo religioso se forma, transforma y deforma con el tiempo. Lo sagrado permanece porque es dúctil. Como los tiempos que se conjugan y entrecruzan en la exploración de Fuentes cobrando pleno y desmesurado desarrollo en *Terra Nostra*. Y vuelve a echar vuelo, de forma concisa, en la novela *Instinto de Inez* donde el joven director de orquesta Atlan-Ferrara le dice a la bella cantante que ha llevado a la playa en plan de seducción:

"Cada vez que sube o baja la marea en este punto donde nos encontramos en la costa inglesa, Inés, la marea sube o baja en un punto del mundo exactamente opuesto al nuestro. Yo me pregunto y te lo pregunto a ti, igual que la marea sube y baja en dos puntos opuestos de la Tierra, ¿aparece y reaparece el tiempo?, ¿la historia se duplica y se refleja en los espejos contrarios del tiempo, sólo para desaparecer y reaparecer azarosamente?"

He aquí el pequeño trozo del holograma que contiene la novela entera. Las dos fases, tanto del instinto como de Inés-Inez, mujer que sin querer pero aceptando accede a la profundidad de los tiempos arcaicos, cuando todo empezó a empezar, el primer lenguaje, el canto de los diablos y las primeras leyes civilizatorias, y a la vez, en la otra cara del espejo, la diva triunfal del presente de la novela.

Carlos Fuentes entendió la paradoja, quizá sin planteársela a nivel consciente. Ya en su primera novela se discute si el poeta, siendo el nombrador, debe mirar hacia atrás o hacia delante. Tema recurrente en su obra.

"¿Cuánto tiempo falta para que llegue el presente?", pregunta Jerónimo de Aguilar desde la muerte, desde el último párrafo de "Las dos orillas", primer relato, es decir primer fruto, primer gajo, de *El naranjo*. Al cerrar el libro, completada su lectura, su intenso saboreo, con el jugo todavía circulando por nuestra mente, sabremos una forma de respuesta: el presente es aquí, el lugar es ahora, para invertir una de las obsesivas propuestas de esa magna novela que es *Terra Nostra*.

Volviendo a lo mencionado por Fuentes más arriba, acerca del presente que encarna al pasado y al porvenir, una paradoja que le da futuridad al pasado y memoria al presente, ¿qué otra cosa es esto sino el juego del eterno retorno nietzscheano?

Cuando Carlos habló de *Federico en su balcón*, su novela recién terminada, que él nunca llegó a ver impresa, aludiendo al Dios que el filósofo había dado por muerto dijo: "La novela que acabo de terminar, para contradecirlo, le concedía una segunda vida que le permite observar un mundo donde todo es un eterno retorno."

Las múltiples máscaras del poder, hasta las más ignominiosas, desfilarán bajo esos dos balcones ocupados, uno por el filósofo y el otro por el autor que también filosofa.

Carlos Fuentes, gracias a su arte y al arte de la novela, se adueña de la propuesta y le da a Nietzsche el gusto de habitar su propia teoría y retornar a un tiempo cíclico al cual habrá de volver año tras año. ¿Fuentes como el demonio, entonces?

Porque Federico Nietzsche, el doliente, había anotado en *La gaya ciencia*, aforismo 341:

"¿Qué sucedería si un demonio [...] te dijese: Esta vida, tal como tú la vives actualmente, tal como la has vivido, tendrás que revivirla [...] una serie infinita de veces; nada nuevo habrá en ella; al contrario, es preciso que cada dolor y cada alegría, cada pensamiento y cada suspiro [...] vuelvas a pasarlo con la misma secuencia y orden [...] y también este instante y yo mismo [...] Si este pensamiento tomase fuerza en ti [...] te transformaría quizá, pero quizá te anonadaría también [...] ¡Cuánto tendrías entonces que amar la vida y amarte a ti mismo para no desear otra cosa sino esta suprema y eterna confirmación!".

He aquí el secreto nietzscheano que exploró Fuentes desde un principio, el enorme respeto al tiempo a través de la profunda valoración del instante vivido. Si la cosa es cíclica, dice Nietzsche entre líneas, más vale vivirla de la mejor manera desde un principio. Éste sería el concepto de su superhombre. El ser que ama la vida y se ama a sí mismo para soportar la eternidad repetitiva.

En su amor por la vida Carlos siempre fue de un rigor espartano, aunque el calificativo no parezca cuadrarle. De espartano tenía su dedicación a la escritura. El tiempo para él no era dinero, como dicen los ingleses, era carillas. Él había demostrado ampliamente estar preparado, según reclama el filósofo en su avatar más místico.

Si es dable proponer que Carlos apostó a un tiempo dionisíaco, en el juego de las diferencias podemos proponer que fue apolíneo para Julio. Pero no tanto. Las cosas nunca son blancas o negras, y menos tratándose de estos dos demiurgos.

Es en el tema del tiempo donde más difieren sus respectivos puntos de partida, es decir sus temas de indagación. Si Fuentes pretendió abarcar la historia de México en su totalidad, inserta en la Historia del mundo, a Cortázar lo inquietaba lo "otro", eso que está más allá de lo decible.

Si para Fuentes el tiempo es multiplicidad y eventual sobreimpresión, para Cortázar el tiempo parecería ser elástico y/o torsado como cinta de Moebius, o bifurcado, como los senderos del célebre jardín de Borges. Y acá me meteré en camisa de once varas (pero ¿no es eso acaso lo que estoy haciendo a lo largo de todo este libro?) porque creo que la manera de abordar el tema del tiempo en el caso Cortázar es recurriendo a la física cuántica. La imaginación, la intuición siempre ha hecho sus jugarretas y ha puesto a los artistas privilegiados al frente de futuros descubrimientos científicos.

Cuando Heisenberg con su Principio de incertidumbre (1925) establece que el ojo del observador modifica la realidad, no hizo más que explicarle a Julio lo que él había estado explorando desde que empezó a poner tinta sobre un papel. En *Rayuela*, Oliveira quiere desesperadamente entender aquello que se le escapa, sabe que Morelli está pendiente del asunto:

"Morelli hablaba de algo así cuando escribía: 'Lectura de Heisenberg hasta mediodía, anotaciones, fichas. El niño de la portera me trae el correo, y hablamos de un modelo de avión que está armando en la cocina de su casa. Mientras me cuenta, da dos saltitos sobre el pie izquierdo, tres sobre el derecho, dos sobre el izquierdo. Le pregunto por qué dos y tres, y no dos y dos o tres y tres. Me mira sorprendido, no comprende. Sensación de que Heisenberg y yo estamos del otro lado de un territorio, mientras que el niño sigue todavía a caballo, con un pie en cada uno, sin saberlo, y que pronto no estará más que de nuestro lado y toda comunicación se habrá perdido. ¿Comunicación con qué, para qué? En fin, sigamos leyendo; a lo mejor Heisenberg…'." (Capítulo 98)

Es el juego de los dos álter egos de Cortázar en *Rayuela*, Horacio Oliveira el hombre de la calle, el de todos los días, y Morelli el reflexivo, el personaje-tabla-de-resonancia que condensa los asombros intelectuales de Cortázar mientras escribe, o mejor dicho mientras *arma* la novela.

Y ¿cómo no va a ser elástico el tiempo, para citar una frase de Johnny Carter, en una novela que se fue armando de a retazos en el trascurso de al menos siete años?

En el capítulo 2, Horacio Oliveira habla:

"Por ese entonces yo juntaba alambres y cajones vacíos en las calles de la madrugada y fabricaba móviles, perfiles que giraban sobre las chimeneas, máquinas inútiles que la Maga me ayudaba a pintar. No estábamos enamorados, hacíamos el amor con un virtuosismo desapegado y crítico, pero después caíamos en silencios terribles y la espuma de los vasos de cerveza se iba poniendo como estopa, se entibiaba y contraía mientras nos mirábamos y sentíamos que eso era el tiempo."

Una máquina inútil, el tiempo, una espuma que se entibia y contrae. *L'ecume des jours* tituló Boris Vian su novela y Cortázar como buen patafísico supo asimilar esas burbujas.

Oliveira es quien busca, e indaga y se indaga, y se da de cabeza contra la pared. Morelli, internado en el hospital donde Oliveira y sus compinches del Club de la Serpiente, que lo conocieron por azar, van a visitarlo, les abre en sus manuscritos el camino a algunas posibles respuestas. O al menos a la aceptación de sus desencantos, dada la "inmensa burrada en la que

estamos metidos todos": tiempo, espacio, ilusiones, búsquedas... esas cosas.

"¿Qué es en el fondo esa historia de encontrar un reino
milenario, un edén, un otro mundo? Todo lo que se escribe en
estos tiempos y que vale la pena leer está orientado hacia la
nostalgia. Complejo de la Arcadia, retorno al gran útero, back
to Adam, le bon sauvage (y van...), Paraíso perdido, perdido
por buscarte, yo, sin luz para siempre... Y dale con las islas (cf.
Musil) o con los gurús (si se tiene plata para el avión París-
Bombay) o simplemente agarrando una tacita de café y mirán-
dola por todos lados, no ya como una taza sino como un testimonio de la inmensa burrada en que estamos metidos todos,
creer que ese objeto es nada más que una tacita de café cuando
el más idiota de los periodistas encargados de resumirnos los
quanta, Planck y Heisenberg, se mate explicándonos a tres columnas que todo vibra y tiembla y está como un gato a la espera de dar el enorme salto de hidrógeno o de cobalto que nos va
a dejar a todos con las patas para arriba. Grosero modo de expresarse, realmente." (Capítulo 71)

Podríamos asociar el retorno a lo adánico con *Adán en
Edén*, de Fuentes, novela que como otras del autor juega ma-
gistralmente con el tiempo y avanza a saltos, alterando la línea
cronológica. O detenernos en ese detalle del desconcierto: la
tacita de café que nos remite a la lección de vida de Alfonso
Reyes a Fuentes, pero estas son otras historias y las vamos a
pasar por alto a pesar de lo mucho que a Julio le gustaban las
remisiones y a Carlos las "otras historias".

Volviendo al tiempo y Cortázar, él solía mencionar *An
Experiment with Time*, de J.W. Dunne, libro que también fascinó a Borges (me consta, Borges le regaló a mi madre el ejemplar que tengo conmigo). Es comprensible que este libro le haya
encantado a Julio más allá de teorías que luego fueron refutadas
para ser más adelante retomadas desde otro lugar por la microfísica. Dunne, para elaborarlas, parte de sus propios sueños que
se podrían llamar premonitorios. Pero él no cree en videncias,
y una de las posibles explicaciones de este fenómeno bastante
común es que el tiempo transcurre helicoidalmente, o más bien

en forma de resorte, y por eso en alguna curva el presente puede tocarse con un punto del pasado o del futuro.

Espacio y tiempo son lenguajes, y si para Fuentes los tiempos son simultáneos, para Cortázar son simultáneos los espacios y en mundos de distintas dimensiones los tiempos se confunden.

Todos los lectores de Cortázar recordarán el *continuum* espaciotemporal como cinta de Moebius, la que al ser retorcida presenta una única cara y por lo tanto hace posible pasar sin solución de continuidad al otro lado, en "Continuidad de los parques". El cuento pinta a un hombre leyendo la novela de un crimen que por arte de magia gramatical se revierte sobre él mismo.

Hay lecturas peligrosas.

Y también memorables; lo cortés no quita lo valiente.

Memorables y peligrosas son, al igual que todo el largo relato, las escenas cuando Johnny Carter, el perseguido *Perseguidor*, cae en sus perturbadoras más que perturbadas reflexiones metafísicas y "Esto lo estoy tocando mañana":

"Justamente en ese momento, cuando Johnny estaba como perdido en su alegría, de golpe dejó de tocar y soltándole un puñetazo a no sé quién dijo: 'Esto lo estoy tocando mañana', y los muchachos se quedaron cortados, apenas dos o tres siguieron unos compases, como un tren que tarda en frenar, y Johnny se golpeaba la frente y repetía: 'Esto ya lo toqué mañana, es horrible, Miles, esto ya lo toqué mañana'."

O bien cuando Johnny menciona el "ascensor de tiempo", porque

"Esto del tiempo es complicado, me agarra por todos lados. Me empiezo a dar cuenta poco a poco de que el tiempo no es como una bolsa que se rellena. Quiero decir que aunque cambie el relleno, en la bolsa no cabe más que una cantidad y se acabó. ¿Ves mi valija, Bruno? Caben dos trajes, y dos pares de zapatos. Bueno, ahora imagínate que la vacías y después vas a poner de nuevo los dos trajes y los dos pares de zapatos, y entonces te das cuenta de que solamente caben un traje y un par de zapatos. Pero lo mejor no es eso. Lo mejor es cuando te das cuenta de que puedes meter una tienda entera en la valija, cientos y cientos de trajes, como yo meto la música en el tiempo cuando estoy tocando, a veces. La música y lo que pienso cuando viajo en el metro…".

La del metro es una experiencia que Cortázar reconoció como propia, asombrándose de las horas de recuerdos que caben mentalmente en el minuto que transcurre entre una estación y otra. Es el problema de lo estirable que él, o Johnny Carter, ya no se sabe bien cuál de los dos, siente en todas partes, como *una elasticidad retardada.* Frase esta última del más puro Cortázar.

Y también está ese pequeño libro extraño que amo, y Julio me dedicó y yo atesoré junto con sus pocas cartas sólo para perderlo acompañado en alguno de mis tantos traslados. *La prosa del observatorio,* se titula el libro, y el texto se desliza entre la migración de las anguilas desde el mar de los Sargazos y el observatorio de Jai Singh en Nueva Delhi. Ya en la primera página y más allá de las fotos casi abstractas tomadas por el mismo Julio (no por el otro Julio, Silva, el de los libros-sorpresa), la prosa del observatorio nos abre una nueva ventana a la dimensión inexplorada:

"Esa hora que puede llegar alguna vez fuera de toda hora, agujero en la red del tiempo, esa manera de estar entre, no por encima o detrás sino entre, esa hora orificio a la que se accede al socaire de las otras horas, de la incontable vida con sus horas de frente y de lado, su tiempo para cada cosa, sus cosas en el preciso tiempo, estar en una pieza de hotel o en un andén, estar mirando una vitrina, un perro, acaso teniéndote en los brazos, amor de siesta o duermevela, entreviendo en esa mancha clara la puerta que se abre a la terraza, en una ráfaga verde la blusa que te quitaste para darme la leve sal que tiembla en tus senos, y sin aviso, sin innecesarias advertencias de pasaje, en un café del barrio latino o en la última secuencia de una película de Pabst, un arrimo a lo que ya no se ordena como dios manda, acceso entre dos ocupaciones instaladas en el nicho de sus horas, en la colmena día, así o de otra manera (en la ducha, en plena calle, en una sonata, en un telegrama) tocar con algo que no se apoya en los sentidos esa brecha en la sucesión, y tan así, tan resbalando…".

Tal como nos dejamos resbalar nosotros por estas reflexiones para permitirle al azar que nos enriquezca la cacería. Paso a paso, casilla a casilla, claro está, porque después de tanta disquisición podemos optar por la sabiduría pragmática y naif de la Maga, cuando le escribe en una carta secreta a su bebé: "Hay una cosa que se llama tiempo, Rocamadour, es como un bicho que anda y anda."

R
Personajes reales

Esta casilla se presenta bajo el signo del amor. Y de la amistad, pero en el libro que nos concierne, *En esto creo*, de Carlos Fuentes, los dos rubros están separados, y es en el capítulo "Amor" donde aparece la referencia desencadenante de una historia que comenzó mucho antes.

Cierto día del mes de marzo de 2002 atendí una llamada telefónica que me sorprendió. Del otro lado de la línea una voz de mujer preguntó si hablaba con Luisa Valenzuela, la escritora. Con cierta desconfianza contesté que bueno, sí (recordando la respuesta de Borges a pregunta equivalente que él respondía: A veces), tras lo cual la voz insistió ¿Y de chica fuiste al Belgrano Girls' School? Efectivamente. La mujer de la voz optó entonces por presentarse: Soy Rosalía Fuentes, fuimos compañeras en el primer año del bachillerato, no te vas a acordar. La recordaba. Quiero agradecerte, dijo ella. ¿Agradecerme qué? Que gracias a vos Carlos Fuentes escribió una cosa muy linda sobre la cieguita en la milonga. Mencioné que Carlos cada vez que volvía a Buenos Aires la recordaba y quería volver a esa milonga que ya no existía más... Pero vos, le dije a la Fuentes del teléfono, ¿qué tenés que ver con esto? Mucho, me contestó; la cieguita soy yo.

Así no sólo supe de su enfermedad progresiva y hereditaria sino también del primer adelanto publicado en un diario local de ese libro que sería el alfabeto personal de Carlos Fuentes, donde en el rubro Amor, entre variados temas más íntimos, podemos leer:

"Una noche en Buenos Aires descubrí, no sin pudor, emoción y vergüenza, otra dimensión de la mirada amorosa: su ausencia. Nuestra amiga Luisa Valenzuela nos llevó a mi mujer y a mí a un sitio de tango en la larguísima avenida Rivadavia. Un salón de baile auténtico, sin turistas ni juegos de luces, las cegadoras *strobelights*. Un salón popular, de barrio, con su orquesta de piano, violín y bandoneón. La gente sentada, como en las fiestas familiares, en sillas arrimadas contra la pared. Parejas de todas las edades y tamaños. Y una reina de la pista. Una muchacha ciega, con anteojos oscuros y vestido floreado. Una Delia Garcés renacida. Era la bailarina más solicitada. Dejaba sobre la silla su bastón blanco y salía a bailar sin ver pero siendo vista. Bailaba maravillosamente. Le devolvía al tango la definición de Santos Discépolo: "Es un pensamiento triste que se baila". Era una forma bella y extraña de amor bailable, simultáneamente, en la luz y en la oscuridad. La media luz, sí."

Rosalía supo responder al conmovedor halago de su homónimo y me mandó por e-mail una carta para que se la hiciera llegar a Carlos vía fax, y que me permito transcribir a continuación:

"Mi muy estimado Carlos Fuentes,

"A las gracias que trae la vida hay que agradecerlas. Este es el motivo de estas líneas.

"Hace tres semanas salió una nota en *Página 12*. Yo pertenezco a una lista de literatura, grupo de personas que se intercambian materiales por correo electrónico, llamada Tiflolibros. Los integrantes somos ciegos. Una compañera bajó de internet una nota. Era sobre Carlos Fuentes. Como me gusta leer lo que escribís, comencé a leerla.

"Pocas líneas después del comienzo leo 'Luisa Valenzuela'. Interrumpo la lectura un segundo para recordar a mi compañera de colegio, en ese entonces, para nosotras, era Petitina Valenzuela. Continúo la lectura: los había llevado a un salón de tango. Leo tu descripción, ¡exacta! Pienso, muy ajustada a la realidad. Sigo leyendo, ¡la ciega! Seguí leyendo, mecánicamente, hasta el final. Insoportable. Esa bellísima descripción sabía que era de mí. No hay otra ciega en la milonga. No podía leer lo que habías escrito. Entonces, dudaba… podría ser un personaje ficcional.

Lo cierto es que varios la leyeron y comenzaron a llamarme. Los demás no dudaron. Unos días después, otro amigo me llama. Había encontrado el texto, pero no era una nota de *Página 12*, se lo encontró mientras leía tu libro, sus hijos se lo habían regalado para el cumpleaños. Como yo no podía releer la nota, ni me había enterado de que era parte de tu libro.

"Las gracias no se buscan, le llegan a uno cuando menos se le ocurre. Y, esta viene en una caja de gracias. Imagínate, yo, que quería decirte '¡Gracias!', cómo hacértelas llegar. Luisa Valenzuela. Después de cincuenta años, conseguí el número de su teléfono. Ayer la llamé. El resto, ya te lo contó ella.

"Por hoy, sólo ¡gracias! He estado indagando cómo era Delia Garcés. Me gusta lo que me cuentan.

"Un fuerte abrazo de

"Rosalía Fuentes"

Me emociona haber sido la Miguel Strogoff de esta relación. Sobre todo porque en Rosalía reencontré a una cuentista fascinante, cuyo primer libro por desgracia apareció después de su muerte bastante prematura de leucemia, la misma enfermedad que supuestamente mataría a Cortázar. Hay puntos de contacto que no son bienvenidos, pero que visibilizan la red de interconexiones, esos enlazamientos cuánticos que tanto interesaban y perturbaban a Julio.

Poco más puedo decir de los personajes reales en los que se inspiró Carlos, más allá de la mencionada Jean Seberg, *la cazadora solitaria*, y más allá por supuesto de los que aparecen con sus verdaderos nombres en una obra por la que desfila toda la historia de México, política y cultural, o los que sabemos por confidencias e infidencias que fueron las figuras inspiratorias como Jean Seberg, pongamos por caso, o María Félix en *Zona sagrada*. Pero no hay en la obra de ficción de Carlos Fuentes misterios del tipo el secreto de la Maga, ese personaje cortazariano que tantas mujeres envidian y aún hoy querrían haber estado en su lugar.

No es mi caso, en absoluto, por más que Julio mucho más tarde haya defendido a su personaje alegando que es la consciencia misma de Oliveira y el trasfondo vital e intuitivo de toda la novela. Por mi parte, para intuitiva prefiero a la Inés-Inez de la novela de Fuentes, porque si bien ella por amor baja a los abismos preverbales del ser humano, el centro primordial de la intuición, en la esfera racional demuestra gran talento.

Pero lo que me importa acá no son los personajes sino las personas que hay detrás de ellos. Y es sabido que la Maga en la vida real tiene nombre y apellido. Sí, ¿pero cuáles?

Ha habido debates al respecto y se habló de una uruguaya (recuerdo cierta mañana caminando por los *quaies* del Sena cuando Ugné Karvelis, aún casada con Julio, me señaló una distante figura femenina y me dijo: "Allí va la Maga, la uruguaya"). Aquella quizá era Faby Carvallo, *una* de las Magas según pude deducir en estos últimos días. Porque la más famosa de las musas fue la argentina Edith Aaron. Sin embargo Julio solía decir que, como muchos de sus personajes, la Maga era dos personas. Edith creyó que ella era ambas: la cándida jovencita que supo ser cuando conoció a Julio y la mujer adulta. Pero más de un contemporáneo conjeturó que la Maga había sido la uruguaya, la que seguramente me señaló Ugné en su momento. De un lado o del otro del Río de la Plata, ¿qué más da? De todos modos Faby Carvallo en persona era un personaje digno de Cortázar. Así la pinta su hija, Laura Ramos, en una nota aparecida el 19 de diciembre de 2013 en el diario argentino *Página 12*. Laura niega la teoría si bien su madre, dice, tenía los zapatos rotos y Edith Aaron no:

"Si tuviera que comparecer ante un tribunal imaginario que defendiera esta hipótesis (¿pero cuántas muchachas delgadas, torpes y distraídas que recorrieron los puentes de París con un paraguas viejo, como Faby, vendrán a reclamar su línea de parentesco con la Maga?) haría una concisa enumeración que la destruiría por completo. ¿Hubiera la Maga tirado desde el piso cuarto de un edificio de la Avenida de Mayo diez mil volantes contra la guerra impresos en un mimeógrafo trotskista clandestino por sobre las cabezas de los militantes aliadófilos de Acción Argentina que festejaban la declaración de guerra a Alemania y Japón el 28 de marzo de 1945?

"¿Se habría escapado conmigo en brazos, recién nacida, del Hospital Británico sin pagar la factura para unos meses después irrumpir con brío, otra vez llevándome en brazos, en un departamento de nuestro edificio donde vivía un niño enfermo de polio, con la misión política de provocar a los vecinos ('pequeñoburgueses pusilánimes') que proponían decretar en cuarentena el piso para aislar a sus habitantes?"

De ahí a estar completamente distraída mientras su bebé agoniza y muere a su lado hay una distancia, si bien la otra supuesta protagonista, Edith Aaron, insiste en que Cortázar mismo le explicó que esa escena memorable y conmovedora de la muerte de Rocamadour en *Rayuela* era un símbolo de la muerte del amor que sentía Oliveira por la Maga, amor que sin embargo y a pesar de los deseos clausurantes de su autor sigue vigente a lo todo lo largo de la novela en la búsqueda imposible, indecible y sobre todo infructuosa del protagonista.

Edith Aaron vive ahora en St. Jonhn's Wood, Londres.

—¿Le hubiera gustado a usted ser la Maga? —le pregunta Juan Cruz en una entrevista.

—Para nada. Soy traductora, fui madre a los cuarenta y cuatro años, y un día decidí que o me divorciaba o escribía un libro. Soy escritora.

Y cuenta que con Julio se divirtieron mucho cuando ella era joven, si bien después él no fue generoso con ella. Recorrían París en bicicleta, cierta vez a iniciativa de él fueron dejando en las puertas de las casas cartelitos que decían: "Hay que poner poesía en la vida de la gente", otra llevaron, como leemos en *Rayuela,* un paraguas roto al Parc Montsouris para brindarle honores fúnebres:

"Lo habías encontrado en la Place de la Concorde, ya un poco roto, y lo usaste muchísimo, sobre todo para meterlo en las costillas de la gente en el metro y en los autobuses, siempre torpe y distraída... y nos reíamos como locos mientras nos empapábamos, pensando que un paraguas encontrado en una plaza debía morir dignamente en un parque, no podía entrar en el ciclo innoble del tacho de la basura... lo llevamos hasta lo alto del parque, cerca del puentecito sobre el ferrocarril y desde allá lo tiré con todas mis fuerzas al fondo de la barranca de césped mojado...".

Estoy escribiendo un libro mágico, le dijo Julio a Edith durante el largo período de gestación. Muchas cosas más no le dijo, y ella se sorprendió y también se dolió al descubrir años más tarde que Julio le había escrito a Paco Porrúa en 1964: "No necesito decirte quién es Edith, vos lo habrás adivinado hace mucho, ¿verdad? Entonces, ¿vos te imaginás *Rayuela* traducida por ella? [...] En *Rayuela*, te acordás, la Maga confundía a Tomás de Aquino con el otro Tomás. Eso ocurriría a cada línea...".

Me confundió con el personaje, le dijo Edith Aaron a Albert Llandó, del periódico español *La Vanguardia*, cuando se festejaban los cincuenta años de *Rayuela* (y los ochenta y seis de ella).

No fue el único, Julio, en confundir personas y personajes. También sus lectores se encontraron y encuentran en dilemas semejantes. El caso de Piriz es un ejemplo. Carlos Fuentes entendió el tema en la obra de Cortázar: "En su muy personal elogio de la locura, Julio también fue ciudadano del mundo, como Erasmo en otro Renacimiento: compatriota de todos, pero también, misteriosamente, extranjero para todos."

Es que a Julio, de eso me habló en alguna oportunidad y no se puede decir que lo andaba ocultando por ahí, le encantaban lo que él muy lunfardamente llamaba los *piantados*, locos lindos que proponen teorías altamente aberrantes e imaginativas. Faltaban seis años para que el medio-uruguayo Horacio Ferrer, no Oliveira, escribiera para Piazzola la letra de la *Balada para un loco*:

Ya sé que estoy piantao, piantao, piantao...
Yo miro a Buenos Aires del nido de un gorrión;
y a vos te vi tan triste... ¡Vení! ¡Volá! ¡Sentí!...
el loco berretín que tengo para vos.

Loco berretín, es decir entusiasmo amoroso, fue el que sintió Julio por un texto de Ceferino Piriz, *La luz de la paz del mundo*. Había llegado a sus manos gracias a un concurso de la Unesco, y él decidió incluirlo en su omnívora novela. Traveler lo presenta en el capítulo 129 de *Rayuela*, y tiempo después Julio escribiría en *La vuelta al día en ochenta mundos*:

"He nombrado respetuosamente al uruguayo Ceferino Piriz, que me ayudó a escribir *Rayuela*. ¡Misterioso Ceferino, gárrulos y desaprensivos uruguayos! ¿Será posible que ninguno de ellos haya intentado conocer personalmente a Cefe? Llevo cinco años esperando noticias sobre el autor de *La luz de la paz del mundo*. ¿Es así, críticos orientales, como investigan las fuentes de su propia cultura? Ceferino estará tomando mate en algún patio montevideano, y entre tanto ustedes siguen rastreando las influencias de Lucano en Herrera y Reissig (no hay ninguna) en vez de salir a pescar *piantados* que es mucho más estimulante. ¿Por qué son tan serios, muchachos? ¿No bastaba ya con la otra orilla del río?"

Lo de "respetuosamente" deja mucho que desear. Traveler va intercalando comentarios mordaces durante su lectura (auténtica transcripción) de la obra de quien nuestro autor tilda cariñosamente de *piantado*. A saber, citando a Traveler (el Manú de Talita): "Tal cual: un ministerio de lo simple. Ah, Ceferino, filósofo natural, herborista de paraísos uruguayos, nefelibata...".

Busco este último vocablo en el diccionario de la RAE, el "cementerio" para los protagonistas de *Rayuela*, y me entero de que se trata de "una persona soñadora", que anda por las nubes. Definición que en realidad les calza a ellos, Oliveira y Traveler, como un guante.

Y Traveler sigue acotando: "como siempre la manía clasificatoria del homo occidentalis entraba a saco en el ranchito de Ceferino y le organizaba la civilización en tres etapas". Porque el tal Ceferino Piriz tenía un plan para organizar mejor el mundo creando infinidad de ministerios que se encargarían de seres y objetos según tamaños y colores.

Luego de la publicación de *Rayuela*, Cortázar esperó sin éxito a que encontraran a Piriz. Hasta que un día de 2013, Carles Álvarez Garriga, clasificador de la vastísima correspondencia enviada por Julio a lo largo de su vida y publicada en cinco tomos, recibe copia de una carta escrita en 1968 por dos muchachos uruguayos. Carta nunca enviada pero presumiblemente auténtica. Quienes la firman, Rodolfo Lluberas y Eduardo Mizraji, dos jóvenes estudiantes en aquella época, ya han cobrado estatus de seriedad.

La presentación de Carlés, junto con la carta, aparecieron en "Radar", el suplemento cultural del diario *Página 12* de Buenos Aires, el domingo, 15 de diciembre de 2013. Los autores reconocen que en su momento sentían a Julio tan alto allá en el Olimpo que nunca se animaron a meter la carta en el buzón. Pero sí a recorrer la feria de Cuchilla Grande en Montevideo: "Ubicada donde la ciudad ya se va dejando estar, feria en que se ponen en venta las novedades en robos recientes y donde es posible ver nacer y morir alguna trifulca". Allí encontraron un hombre que tenía un puesto de objetos varios, entre los cuales un texto mimeografiado les interesó. "Esa obra estaba representada en los centímetros contiguos por un considerable tomo escrito a máquina. El encargado del puesto, con algún pudor, nos tasó *El juez del pueblo* con un precio insólito por lo inalcanzable. Al preguntarle sobre Ceferino Piriz (que la firmaba) admitió conocerlo y dijo algo sobre un concurso en México y la posibilidad de editar la obra. Luego nos ofreció y dio la dirección de Ceferino."

Convencidos como casi todos sus lectores de que Piriz era una invención de Cortázar, esa misma tarde los dos muchachos fueron a investigar. Por eso mismo acotan en la carta no enviada:

"(Creemos importante una justificación, porque podría suponerse que fuimos a ver a Ceferino Piriz con la infame intención de divertirnos. A Ceferino lo habíamos clasificado como un originalísimo y necesariamente ficticio producto-Cortázar. Clasificación fundada en un lamentable principio según el cual nunca la realidad llegaría —por falta de inteligencia, o intención, o eventual lector y redactor— a crear vidas y tramas comparables a la meditada invención de un autor. Prejuicio pueril pero pudiente. El conocer a Ceferino Piriz fue un poco como el mundo dándonos clase. No vemos un desmedro para el novelista sino una lección para el lector.)"

Realidad y ficción se dieron en ese momento la mano en las calles suburbanas de Montevideo. Nada habría podido gustar más a Julio que la reflexión de estos dos estudiantes. Es lamentable que la carta, como tantas otras, sobre todo las de amor, nunca haya sido enviada. Es de agradecer, eso sí, que se haya conservado para marcar en estos momentos de rememoración cortazariana el feliz encuentro. Porque cuando los jóvenes estudiantes llegaron a esa dirección donde la ciudad se encuentra con el campo, y ambos se entremezclan como la realidad y la ficción, quien respondió al nombre de Piriz fue el propio puestero de la feria.

"Ceferino venía desde el fondo de la casa, metido en una vieja y raída gabardina cerrada hasta el cuello, y lo seguía un conejo. Traía consigo *El juez del pueblo*. Mientras íbamos hacia allí en el ómnibus, habíamos previsto un motivo-excusa muy simple: averiguar si él había escrito también *La luz de la paz del mundo*. Nos pareció que ese título no le resultaba muy familiar; lo admitió de todos modos como suyo y explicó que *El juez del pueblo* era la última y más depurada versión de su obra. Mencionamos la palabra 'corporación' y de modo casi reflejo Ceferino nos explicó que él sistematizaba la administración de una nación en 'cuarenta y cinco corporaciones nacionales y cuatro poderes nacionales'."

Nosotros podemos saltar las alusiones a la obra y centrarnos en un detalle sin importancia sólo en apariencia: cuando al Ceferino Piriz de la carta no mandada ¡lo seguía un conejo! Como salido de la chistera del mago. Dato de suma importancia en este juego al que los he invitado, porque con esa mascota, atributo, nahual o animal totémico, como quieran catalogarlo, el Ceferino Piriz de la prolija casa ubicada "en un bloque formado por unas treinta casas idénticas dispuestas solitariamente al borde de un camino y rodeadas de pradera" se planta de lleno en la literatura cortazariana. Como si fuera necesario más. Porque no podemos dejar de recordar el dulce y aterrador cuento "Carta a una señorita en París", del joven inquilino que vomita conejos

"Andrée, querida Andrée, mi consuelo es que son diez y ya no más. Hace quince días contuve en la palma de la mano un último conejito, después nada, solamente los diez conmigo, su diurna noche y creciendo, ya feos y naciéndoles el pelo largo, ya adolescentes y llenos de urgencias y caprichos, saltando sobre el busto de Antinoo (¿es Antinoo, verdad, ese muchacho que mira ciegamente?) o perdiéndose en el living, donde sus movimientos crean ruidos resonantes".

Y no sólo Cortázar, también Fuentes se hace presente en la escena montevideana porque resulta imposible olvidar a *Aura*, el cuento y el personaje epónimo, cuando el autor le dice al pobre Felipe Montero, sujeto de la segunda persona de esa narración maléfica:

"Desciendes contando los peldaños: otra costumbre inmediata que te habrá impuesto la casa de la señora Llorente. Bajas contando y das un paso atrás cuando encuentras los ojos rosados del conejo que en seguida te da la espalda y sale saltando."

Pero no es conejo, sabremos a las pocas líneas.

"De la garganta abotonada de la anciana surgirá ese cacareo sordo:

"—¿No le gustan los animales?

"—No. No particularmente. Quizás porque nunca he tenido uno.

"—Son buenos amigos, buenos compañeros. Sobre todo cuando llegan la vejez y la soledad.

"—Sí. Así debe ser.

"—Son seres naturales, señor Montero. Seres sin tentaciones.

"—¿Cómo dijo que se llamaba?

"—¿La coneja? Saga. Sabia. Sigue sus instintos. Es natural y libre."

Y en otra parte de la *nouvelle*, Felipe Montero está "con el oído pegado a la puerta de doña Consuelo, la puerta que en seguida empujas levemente, hasta distinguir, detrás de la red de araña de esas luces devotas, la cama vacía, revuelta, sobre la que la coneja roe sus zanahorias crudas: la cama siempre rociada de migajas que ahora tocas, como si creyeras que la pequeñísima anciana pudiese estar escondida entre los pliegues de las sábanas."

El conejo como mágico animal transicional entre la vieja Consuelo y su bella proyección juvenil, Aura.

Cabe conjeturar que también en la historia de los jóvenes uruguayos el acompañante del anciano obró lo suyo, al fin y al cabo el conejo es símbolo de fertilidad, por lo tanto estimula la imaginación. Y la literatura.

S
Buñuel

"Pero, ¿qué tenía Buñuel que producía la admiración sin fisuras de toda esa generación? ¿Su surrealismo? ¿Su icono de leyenda viva? ¿Su radicalismo iconoclasta?", pregunta Jesús Ruiz Mantilla en un artículo titulado "Luis Buñuel, padrino del *boom*" publicado en *El País* el 31 de octubre de 2011, noche de brujas aunque Jesús no lo reconozca.

Creo que a todas estas suposiciones, y a varias más, puede contestarse afirmativamente. Al menos en el caso de los dos *boomers* que nos conciernen.

"No era tanto que él se fijara en nosotros, como nosotros en él. Tanto García Márquez como yo, que lo tratamos a fondo, admirábamos su libertad, su rebeldía. En cualquier cosa que rodara, lo encontrabas a él", Fuentes dixit.

Sin olvidar a Cortázar. En el número de marzo-abril de 1952 de la revista *Sur* apareció una reseña encomiástica del film *Los olvidados*. Lo había visto el año anterior, recién llegado a París, y fue para Julio como una revelación, un encontrarse de golpe con su semejante:

"Con todo lo que me gustan los perros, siempre se me ha escapado el andaluz de Buñuel. Tampoco conozco *La edad de oro*. Buñuel-Dalí, Buñuel-Cocteau, Buñuel-alegres años surrealistas: de todo tuve noticias en su día y a la manera fabulosa, como en el final de Anabase: '*Mais de mon frère le poète on a eu des nouvelles... Et quelques-uns en eurent connaissance...*'. De pronto, sobre un trapo blanco en una salita de París, cuando casi no iba a creerlo, Buñuel cara a cara. Mi hermano el poeta ahí, tirándome imágenes como los chicos tiran piedras, los chicos dentro de las imágenes de *Los olvidados*, un film mexicano de Luis Buñuel."

Su hermano el poeta, cuya obra no había podido ver en Buenos Aires por razones de censura, probablemente, descubriéndole a Julio un mundo tan cercano a su corazón cuando dice:

"El Jaibo se ha escapado de la correccional y vuelve entre los suyos, a la pandilla, sin dinero y sin tabaco. Trae consigo la sabiduría de la cárcel, el deseo de venganza, la voluntad de poderío. El Jaibo se ha quitado la niñez de encima con un sacudón de hombros. Entra en su arrabal al modo del alba en la noche, para revelar la figura de las cosas, el color verdadero de los gatos, el tamaño exacto de los cuchillos en la fuerza exacta de las manos. [...]. El Jaibo es el que cita al toro, y si la muerte alcanza también para él, poco importa; lo que cuenta es la máquina desencadenada, la hermosura infernal de los pitones que se alzan de pronto a su razón de ser. Esta noche me acuerdo del Sr. Valdemar. Como las gentes del arrabal de Buñuel, como el estado universal de las cosas que lo hace posible, el Sr. Valdemar está ya descompuesto, pero la hipnosis lo retiene en una estafa de vida, una apariencia satisfactoria. El Sr. Valdemar está todavía de nuestro lado, y todos rodeamos el lecho del Sr. Valdemar. Entonces entra el Jaibo."

Eran los días de sus traducciones de Poe, cuando Julio insistía en que Baudelaire debía de ser el doble del autor norteamericano porque tan bien lo había traducido casi sin saber inglés. Hermanos poetas, todos ellos.

Carlos también, miembro de esa confraternidad de almas. Él sí fue muy amigo de Buñuel, amigo y profundo admirador, no dejó de mencionarlo en cuanta oportunidad tuvo, hasta le dedicó una de las **B** de su abecedario personal, *En esto creo*, siendo las otras dos Baudelaire y Belleza, buena compañía.

Y en su *Diana o la cazadora solitaria*, acotada autobiografía apenas disfrazada de novela donde cuenta su relación con Jean Seberg, allí llamada Diana Soren, sin alterarle el nombre narra una visita a Buñuel durante la cual el cineasta, "cabeza calva de campesino y filósofo. Moralista", le reprocha haber dejado a su mujer la actriz (Rita Macedo, Luisa Guzmán en la ficción, a quien Carlos conoció durante la filmación de Nazarín), para irse con la otra. Pero la conversación que imagino *verbatim* se desvía por un rumbo diverso, y don Luis le cuenta al autor que estaba planeando un film sobre Ravachol, "el anarquista que al ser ejecutado el 11 de julio de 1892, los anarquistas lo reclamaron para sí, lo canonizaron a posteriori y hasta inventaron un verbo, *ravacholizar*, que significa hacer volar en pedazos y que dio pie a una bonita canción, *Dansons la ravachole vive le son de l'explosion!*", desfiguración evidente con la muy clásica *Carmagnole*, cuyo sonido es el del cañón. Pero lo importante acá es recalcar cuando, en la novela de Carlos, Buñuel afirma durante el diálogo que "el anarquismo es una maravillosa idea de libertad, no tener a nadie encima de uno. Ningún poder superior, ninguna cadena. No hay idea más maravillosa. No hay idea menos practicable. Pero hay que mantener la utopía de las ideas. Si no, nos convertimos en bestias. También la vida práctica es un hoyo negro que nos lleva a la muerte. La revolución, la anarquía, la libertad son los premios del pensamiento. No tienen más que un trono, nuestra cabeza."

Tras lo cual el Buñuel de la novela, que es un calco del real, agrega algo que tanto Carlos como Julio hicieron propio:

"Dijo que no había idea más hermosa que volar el Louvre y mandar al carajo a la humanidad y a todas sus obras. Pero sólo si permanecía como idea, si no se llevaba a la práctica. ¿Por qué no distinguimos con claridad entre las ideas y la práctica; qué nos obliga a convertir la idea en práctica? ¿Y hundirnos en el fracaso y la desesperación? ¿No se bastan los sueños a sí mismos? Estaríamos locos si le pedimos a cada sueño que tenemos cada noche que de día se vuelva realidad o lo castigaremos. ¿Alguien ha podido fusilar un sueño?"

Sin embargo, el autor, Carlos Fuentes hasta la médula, tiene su trágica respuesta para tan alentadora pregunta:

"Sí —le dije—, aunque no con fusiles, sino con lanzas. El emperador azteca Moctezuma reunió a todos los que habían soñado con el fin del imperio y la llegada de los conquistadores, y los mandó matar."

En *Diana*, Fuentes cuenta que visitaba a Buñuel una o dos veces por mes en su casa anodina, "casi ayuna de decorados", en el barrio del D.F. llamado colonia Del Valle.

Carlos, como tantos, estaba deslumbrado con Buñuel, "el máximo *homo ludens* de nuestro tiempo" y como siempre supo hacer con sus amigos, no lo reservó para sí, lo compartió con otros.

Sobre todo con Julio, en recuerdo de las caminatas parisinas por ese otro barrio, el Quartier Latin, a la caza de películas que no habían visto, alguna nueva o una antigua y vista diez veces que, según Fuentes, iba Cortázar a ver siempre por primera vez porque "adoraba lo que enseñaba a mirar, lo que le auxiliara a llenar los pozos claros de esa mirada de gato sagrado, desesperado por ver, simplemente porque su mirada era muy grande y la filmografía de Buñuel estaba primero en la lista de estos maravillamientos visuales".

El vasto epistolario de Cortázar nos va develando el progreso de esa pasión por Buñuel que nació, cabe recordar, con el film mexicano *Los olvidados*: "Hace dos horas vi *El ángel exterminador*, y estoy de vuelta en casa, y todo, absolutamente todo, me da vueltas, y te estoy escribiendo con una especie de pulpo que va y viene y me arranca las palabras con las patas y las escribe por su cuenta, y todo es increíblemente hermoso y atroz y entre rojo y mujer y una especie de total locura, Manuel, exactamente como lo quiere Luis Buñuel, ese enorme hijo de puta al que estoy apretando en este momento contra mí", —le escribió al director de cine argentino Manuel Antín en 1962.

Tres meses más tarde le llegó la gran noticia, primero anunciada por Fuentes y después por el mismo director. Buñuel quería hacer un tríptico con la "Gradiva" de Jensen, *Aura* del propio Fuentes y "Las ménades" de Julio.

"Aparte de que me emociona la idea, en el fondo encuentro que hay una cierta justicia poética, porque me he pasado la vida jurando por *L'age d'or*, y hasta mandando a *Sur*, *illo tempore*, una reseña entusiasta de *Los olvidados*. Aquí, en París, hace dos meses, vi *El ángel exterminador*, que me pareció un monumento increíble, una de esas películas que sólo un cronopio como ese monstruo es capaz de hacer. ¿La han dado por allá? Lo dudo, por razones obvias, pero si te enteras de que se la puede ver en Montevideo, llegá al cine aunque sea a nado", le cuenta a su editor y amigo Francisco Porrúa el 8 de octubre de 1962.

Podemos imaginar la emoción de Julio al recibir la propuesta por carta del mismo Buñuel. Al punto que su respuesta fue inmediata: "Admiro enormemente a Bergman, a Resnais, a Truffaut, pero en el cine que usted hace hay siempre ese agujero vertiginoso en la realidad, ese asomo a otra cosa que en último término es la única cosa que cuenta para los poetas. Por todo eso usted es una de las pocas razones por las que estoy contento de haber vivido en este tiempo."

Esperemos que la felicidad le haya durado aun después de la larga espera y la esperanza insatisfecha. El proyecto fue cambiando, la censura española no lo aprobó, Buñuel quería filmar algo mucho más cruel que el cuento de Julio, y en posteriores comentarios Julio dijo que el tríptico contaría con un relato del propio Buñuel, uno de Fuentes, innominado, y su cuento "Las ménades".

Elección muy apropiada para ese cineasta "ateo, gracias a Dios" que amaba la disrupción, coleccionaba pistolas antiguas y cuando fue galardonado en el Festival de Cine de Venecia en 1967, dijo que derretiría el León de Oro para fabricar balas (si una bala de plata alcanza para matar al vampiro, me pregunto qué bestia apocalíptica habrá soñado enfrentar Buñuel con sus balas de oro)...

No es de sorprender que las ménades, esas divinidades que criaron a Dionisio y más tarde cayeron en la locura mística poseídas por el dios, le hayan resultado inspiradoras. En el cuento de Julio aparecen encarnadas en un público, sobre todo femenino, que en el gran teatro Corona, peligrosamente similar al Colón de Buenos Aires, se entrega sin cortapisas al fervor dionisíaco que les despierta un director de orquesta, el Maestro. El único que parece no idolatrarlo por más que lo admirara es el narrador:

"No pude menos de reírme al pensar en el Maestro. Una vez más el viejo zorro había ordenado su programa de concierto con esa insolente arbitrariedad estética que encubría un profundo olfato psicológico, rasgo común en los régisseurs de music-hall, los virtuosos de piano y los *match-makers* de lucha libre."

En el intervalo del concierto en pleno teatro de ópera, tras la feroz ovación:

"Yo tenía a mi izquierda a la señora de Jonatán, a quien no conozco mucho pero que pasa por melómana, y que sonrosadamente me dijo:

"—Ahí tiene, ahí tiene a un hombre que ha conseguido lo que pocos. No sólo ha formado una orquesta sino un público. ¿No es admirable?

"—Sí —dije yo con mi condescendencia habitual.

"—A veces pienso que debería dirigir mirando hacia la sala, porque también nosotros somos un poco sus músicos."

La actitud irónica del narrador no basta para detener el espanto al final del concierto, cuando arrecia el fragor de los aplausos, los "truenos de zapatos batiendo el piso de las tertulias y los palcos" y una mujer de rojo se abalanza sobre el podio. Tras ella todos intentan acceder al escenario. El pandemónium desencadenado por la pasión melómana de la masa del público espanta al narrador, que sólo atina a dejar su butaca al ver salir corriendo a sus conocidas.

"Cuando me pareció que ya se podía salir, dejé atrás la parte central de la platea y atravesé el pasillo que da al foyer. Uno que otro individuo se desplazaba como borracho, secándose las manos o la boca con el pañuelo, alisándose el traje, componiéndose el cuello. En el foyer vi algunas mujeres que buscaban espejos y revolvían en sus carteras. Una de ellas debía haberse lastimado porque tenía sangre en el pañuelo. Vi salir corriendo a las chicas de Epifanía; parecían furiosas por no haber llegado a los palcos, y me miraron como si yo tuviera la culpa. Cuando consideré que ya estarían afuera, eché a andar hacia la escalinata de salida, y en ese momento asomaron al foyer la mujer vestida de rojo y sus seguidores. Los hombres marchaban detrás de ella como antes, y parecían cubrirse mutuamente para que no se viera el destrozo de sus ropas. Pero la mujer vestida de rojo iba al frente, mirando altaneramente, y cuando estuve a su lado vi que se pasaba la lengua por los labios, lenta y golosamente se pasaba la lengua por los labios que sonreían."

Las ménades son así, en la mitología griega despedazaron a Orfeo por cantarle al sol y despreciar a Dionisio. Lo desgarraron con gusto, lo hicieron pedacitos para comerlo mejor. Cosa que puso en acto Cortázar y no pudo menos que encantarle a Buñuel.

"El canibalismo es una forma de hospitalidad extrema", dijo Jean Baudrillard. Por eso mismo, atendiendo a nuestro juego que no tiene en cuenta anacronismos, me permito recomendarle ahora al gran cineasta un cambio de programa. Y en lugar de *Aura*, como era su intención, propongo que de Fuentes filme, junto al de Cortázar, el cuento "Apolo y las putas" que figura en *El naranjo*.

Es la historia de Vince Valera, frustrado galán hollywoodense, irlandés de origen español, un *black irish* ese contrasentido, que en su decadencia artística llega a Acapulco, se entusiasma con un grupo de siete muy jóvenes strippers que él denomina las enanas porque responden al mando de una madama que se hace llamar Blanca Nieves, y las lleva en un velero alquilado a participar de una orgía náutica. Las chicas se esmeran, él se siente un Apolo, y al cabo de unas horas de intensa actividad erótica encuentra lo que quizá estuvo buscando desde que llegó a esas costas: la muerte por placer. No por eso se acalla el diario narrado en primera persona por Valera:

"El sueño en el que me hundo me dice muchas cosas, y una de ellas es ésta: Vince Valera, ya no tienes que probar tu masculinidad en la pantalla. La has probado en la vida. Y ahora, en la muerte, vas a ser el fiambre más duro e indoblegable que jamás ha descendido de madre irlandesa. ¡Sólo los gusanos del Condado Tyrone pueden acabar contigo!"

El velero queda al garete, los días pasan con sus soles arrolladores, desde la muerte Vince Valera sigue narrando y entendiéndolo todo, las chicas van cobrando su desesperación de ménades sin que quede explicitado, el cadáver en su proceso de descomposición habla y cuenta y sabemos que no lo arrojan al mar para poder, llegado el momento, explicar su muerte natural, de un síncope cardíaco. Y las lectoras nos preguntamos cómo explicarán la emasculación del mismo. Los lectores se protegerán con las manos su entrepierna. Las "putas", mientras tanto, no morirán de hambre en los días anteriores al rescate. ("Quisiera tocarme el sitio donde antes estuvieron mis cojones. Blanca Nieves toma la caña y arroja el anzuelo al mar.") Algo logran pescar, la carnada resulta eficaz. Una forma indirecta de antropofagia.

"Han comido. Despertaron a María de la Gracia para ofrecerle una rebanada de merluza medio cruda, qué le vamos a hacer. Dolores está a punto de hacer un chiste sobre un plato de criadillas pero se muerde la lengua. Ríe…".

¿Y el cuento de Buñuel? ¿Qué historia habría elegido don Luis para narrarnos en ese tríptico pintado de sangre? Nunca lo sabremos.

Debemos consolarnos con el recuerdo de una foto donde están los tres juntos, foto que el autor de la memorable novela *Y retiemble en sus centros la tierra*, Gonzalo Celorio, comentó con humor. Fue tomada en La Habana. En el centro está Fuentes "con su ancha corbata paisajística donde podría caber entera *La vorágine*". Está allí en calidad de intérprete, interpreta Celorio, un puente entre Buñuel que era sordo, y Cortázar de hablar suave con sus erres arrastradas.

T
Pintores

¿Sería mejor saberlo, tomar consciencia y, siguiendo el ejemplo de Julio, intentar indagar en los repliegues de lo inasible? Por mi parte me toca vivir instancias Cortázar, pero ahí las dejo, que se desarrollen en paz sin enterarme del todo, y sólo las descubro como tales cuando me topo con un texto del maestro. A otras personas, posiblemente más barrocas o tropicales que yo, les tocarán instancias Fuentes o mejor dicho accederán a esa revelación gracias a la cual sabrán que aquello que las sorprendió como un relámpago de superposiciones en el aparentemente lineal transcurrir de la vida es, hay que aceptarlo, un relámpago Fuentes.

La neurociencia actual explica el genio humano diciendo que el cerebro está a cada momento bombardeado por un infinito caos de información, pero gracias a un complejo filtro defensivo sólo deja pasar lo útil y descarta el resto. Los locos carecen de dicho filtro y todo se les desparrama, se encima y confunde. Los genios en cambio logran diferenciar y establecer relaciones. De ser así, puede inferirse una diferencia entre las genialidades de estos dos grandes que nos conciernen: Fuentes se instala cómodamente en el lugar de la invasión informativa y le saca provecho, se entrega de lleno a la polifonía y a los cruces violentos y los retransmite aclarados. Cortázar, en cambio, da un paso al costado y observa el fenómeno y trata de verle la otra cara, el revés de la trama, y en lo posible descubrirle las costuras.

Mi instancia Cortázar que descubro ahora al llegar a esta casilla es bien simple. Debo empezar por decir que soy quizá de las pocas personas a las que le gustan las arañas (y las víboras, pero no viene al caso). Creo que es algo hereditario, por eso cuando fui a pasar unos días en la casita del bosque de mi hija Anna-Lisa, pintora, me pareció razonable que ella me pidiera que tuviese cuidado con una araña amiga que vivía tras su cuadro grande. La araña era pequeña, negra, compacta, la llamé *Aracné* para simplificar y cuando con mis amigos regresábamos a casa por las noches apostábamos a ver en qué zona del cuadro de Anna-Lisa estaría *Aracné*, si en lo claro o lo oscuro, o completamente desinteresada del arte y luciendo su negra presencia sobre la blanca pared. Por primera vez anoto esta anécdota minimalista. O mini-animalista. Cortázar se habría zambullido feliz en ella para sacarle un filo inusitado*. Puedo decirlo con conocimiento de causa, porque acabo de releer "Un país llamado Alechinsky" dado que en el juego de las semejanzas el pintor belga coincidió como tema común entre estos dos escritores amantes de las artes plásticas.

Al consultar al respecto, gracias a ese libro monumental que es *Viendo visiones* de Carlos Fuentes, pude saber que una serie de famosos, entre los que se contaban Ítalo Calvino y Eugene Ionesco, Julio Cortázar y por supuesto el propio Fuentes, se reunieron durante el invierno de 1967 en París en casa de la poeta surrealista Joyce Mansour, a pedido del propio Pierre Alechinsky.

Lo que les pidió ese pintor misterioso, tan cercano a los grafiti, abuelo espiritual (eso pienso) de Jean-Michel Basquiat, fue que todos los allí presentes le pusieran título a cada uno de una serie de dibujos. Era un test del título, cuenta Carlos, a los que ellos debían responder de acuerdo a sus propios impulsos, obsesiones, fantasías, y anotarlos en una hoja de papel. Alechinsky nunca puso ninguno de esos títulos a sus dibujos, pero sí hizo

---

* Y de hecho, de alguna manera Julio tocó el tema. En ese cuento alucinatorio: "Aquí pero dónde, cómo", nos dice de su pelea contra el sueño sobre el amigo muerto: "está todavía ahí pero dónde, cómo; repetir, reiterar, fórmulas de encantamiento, verdad, a lo mejor vos que me leés también tratás a veces de fijar con alguna salmodia lo que se te va yendo, repetís estúpidamente un verso infantil, arañita visita, arañita visita, cerrando los ojos para centrar la escena capital del sueño deshilachado, renunciando arañita, encogiéndote de hombros visita, el diariero llama a la puerta, tu mujer te mira sonriendo y te dice Pedrito, se te quedaron las telarañas en los ojos y tiene tanta razón pensás vos, arañita visita, claro que las telarañas."

uno nuevo usando las grafías de sus amigos. Y al menos Carlos y Julio le devolvieron la atención escribiendo sendos textos.

El texto de Carlos es un largo y brillante ensayo titulado "El ojo escrito", donde nos informa que el propio pintor reconoció que dibuja porque no tiene la palabra, "porque el dibujo es escritura denudada primero y enseguida reanudada de otra manera". Pero Fuentes sí la tiene, a la palabra ¡y cómo!, por lo tanto se la presta para que nosotros podamos *leer* lo que esa obra devela: "El jardín es el centro del mundo. Pierre Alechinsky pinta jardines. Sus pinturas ocurren en jardines. Sabe que la historia de los jardines es nuestra historia común, el espacio central de las civilizaciones tal como se ven reflejadas en las aguas del Edén o de Babilonia, la salvaje abundancia de la floresta amazónica o los parques peinados y manipulados de Versalles...".

En *Viendo visiones*, fastuoso libro de arte, son dieciocho los pintores estudiados y hay un capítulo primero en el cual *Las Meninas* de Velázquez en un juego de espejos absorbe en su escena al espectador que es Fuentes desencadenando así esa mirada que en cada uno de los artistas les irá detectando el ojo con que miran al sujeto de sus cuadros y con el que a su vez son mirados. Ojos profundamente humanos. Así, concentrándonos en los artistas mexicanos, "El ojo del deseo: José Luis Cuevas" o "El ojo apasionado: Frida Khalo". Y "El ojo pornográfico: Brian Nissen" donde el escritor pinta con lúdicas palabras las líneas jocosas y osadas del dibujante: "De Altamira a Velázquez a Duchamp, el coñocedor nos pide que penetremos la pintura sólo si la pintura a su vez nos pene-entra". Así, los caminos de la pintura —y los pintores— le permiten a Fuentes ahondar en un misterio en el cual él es dueño y señor y taumaturgo.

Julio Cortázar también lee la obra plástica de diversos pintores en busca del misterio. Lo hace a su manera, en *Territorios* (1978), ese "homenaje que Julio Cortázar quiso hacer a los artistas a los que admiraba, que le habían obligado a aceptar la libertad como único territorio habitable". Se trata de un libro mucho más humilde visualmente que *Viendo visiones* pero no por eso menos revelador. Es también dieciocho el número de artistas elegidos; catorce pintores, tres fotógrafos y una *stripper* francesa, "Homenaje a una joven bruja", que tiene que ver con el asunto de base porque, entre otras razones, se llama Rita RENOIR. Cada artista aparece en un breve cuento, o se encuentra atrapado/a en la red de diálogos de los *paredros* de Julio, Calanc y Polanco, o figura en una carta especial.

Gracias a *Territorios* tenemos un espejo-Alechinsky en el cual mirarnos para encontrar algún perturbador reflejo, como me ocurrió con la araña negra sobre el colorido cuadro de mi hija.

Las protagonistas de "Un país llamado Alechinsky", un buen día y gracias a una situación furtiva, "descubrimos nuestro tesoro, las paredes cubiertas de ciudades maravillosas, los paisajes privilegiados, la vegetación y las criaturas que no se repiten nunca".

Fue un paraíso para ellas, descubrir ese mundo donde la cotidianidad se descompone y recompone de mil maneras distintas a espaldas del creador:

"Él no sabe que nos gusta errar por sus pinturas, que desde hace mucho nos aventuramos en sus dibujos y en sus grabados examinando cada recodo y cada laberinto con atención sigilosa, con un interminable palpar de antenas. Tal vez sea tiempo de explicar por qué renunciamos durante largas horas, a veces toda una noche, a nuestra fatalidad de hormiguero hambriento, a las inacabables hileras yendo y viniendo con trocitos de yerba, fragmentos de pan, insectos muertos, por qué desde hace mucho esperamos ansiosas que la sombra caiga sobre los museos, las galerías y los talleres (el suyo, en Bougival, donde tenemos la capital de nuestro reino) para abandonar las tareas del hastío y ascender hacia los recintos donde nos esperan los juegos, entrar en los lisos palacios rectangulares que se abren a las fiestas."

Y ellas acuden a la fiesta, se podría decir que s/acuden las fiestas, y las disfrutan. Pero el pintor puede alguna noche, bien entrada la noche, descubrir a las intrusas que han descubierto (eso él no lo sabrá jamás) la esencia profunda de su obra. Ellas lo prevén:

"Creemos que si alguna vez, lámpara en mano, el insomnio lo trae hasta alguno de sus cuadros o sus dibujos, veremos sin terror su piyama que imaginamos blanco y negro a rayas, y que él se detendrá interrogante, irónicamente divertido, observándonos largamente. Quizá tarde en descubrirnos, porque las líneas y los colores que él ha puesto allí se mueven y tiemblan y van y vienen como nosotras, y en ese tráfico que explica nuestro amor, y nuestra confianza podríamos acaso pasar inadvertidas; pero sabemos que nada escapa a sus ojos, que se echará a reír, que nos tratará de aturdidas porque alguna carrera irreflexiva está alterando el ritmo del dibujo o introduce el escándalo en una constelación de signos. ¿Qué podríamos decirle en nuestro descargo? ¿Qué pueden las hormigas contra un hombre en piyama?"

Las hormigas cortazarianas pueden esperar "sin temor" que se las descubra. Pero en alguna parte, Cortázar, en el presente eterno de la escritura, tiembla, porque él no ignora el peligro que acecha tras las puertas del conocimiento. Conocimiento que sólo pueden alcanzar, por el momento y en su imaginación, las hormigas que en los cuadros de Alechinsky tendrían acceso a esos desespacios a los que él siempre aspiró, aunque más no fuere en sueños:

"Si al comienzo, demasiado habituadas a nuestro triste vivir en dos dimensiones, nos quedábamos en la superficie y no bastaba la delicia de perdernos y encontrarnos y reconocernos al termino de las formas y los caminos, pronto aprendimos a ahondar en las apariencias, a meternos por debajo de un verde para descubrir un azul o un monaguillo, una cruz de pimienta o un carnaval de pueblo; las zonas de sombra, por ejemplo, los lagos chinos que evitábamos al principio porque nos llenaban de medrosas dudas, se volvieron espeleologías en las que todo temor de caernos cedía al placer de pasar de una penumbra a otra, de entrar en la lujosa guerra del negro contra el blanco, y las que llegábamos hasta lo más hondo descubríamos el secreto: sólo por debajo, por dentro, se descifraban las superficies. Comprendimos que la mano que había trazado esas figuras y esos rumbos con los que teníamos alianza, era también una mano que ascendía desde adentro del aire engañoso del papel; su tiempo real se situaba al otro lado del espacio de fuera que prismaba la luz de los óleos o llenaba de carámbanos de sepia los grabados."

He aquí otra descripción del lado (¿de acá, de allá?) al cual siempre aspiró a acceder Cortázar. Y no podía menos que sentir pavor ante tamaña aspiración. Quizá por eso cuando me habló del *Libro de la perfecta geometría*, que llamaremos el Libro, me dijo que allí aparecía lo que siempre había querido *escribir* sin alcanzarlo del todo. Pero no es así: escribir lo escribió. ¡Lo que quiso lograr fue vivirlo!

U
Cristales

En el libro de conversaciones con Omar Prego, Cortázar cuenta que de niño le fascinaban los cristales, materia sólida a través de la cual se transparenta y a veces se desdobla y multiplica la realidad. Su escritura supo respetar esa fascinación temprana y nos legó una forma de espiar lo invisible. Aprendimos de él las frases truncas que se abren a nuevas instancias, supimos del juego peligroso de acechar el conocimiento prohibido, las asociaciones inesperadas que nos asaltan sin aviso, las *cristalizaciones fulgurantes:* "Como un relámpago articulante que cuaja el cristal en un acaecer sin estar en la duración. Imposible que lo retengamos, puesto que no sabemos des-plazarnos."

"Como un relámpago articulante que cuaja el cristal en un acaecer sin tiempo" repito. Fue así como Julio definió su búsqueda con relación a "lo que intuí en las asociaciones erráticas y sin embargo coherentes de la duermevela".

Se trata de una forma de melancolía, nostalgia por aquello que se pierde y se hace necesario rescatar en los repliegues del lenguaje, es decir en la coherencia, de los sueños. En la duermevela entrevemos verdades sorprendentes, la luz de la vigilia las apaga y nos hace creer que la comprensión fue una trampa, un engaño puesto en juego por medio de asociaciones disparatadas, imposibles. Sólo que yo intuyo, y Cortázar lo supo, que en esta racionalidad mal entendida llamada vigilia se nos escapa el nexo, el lazo de unión que aclararía el relámpago de entendimiento de una asociación de otro modo incoherente.

Quizá sea éste el verdadero eslabón perdido, el *link* en la cadena metafórica que funciona en el sueño o en la duermevela y se esfuma con el total despertar, esta forma del dormirse a otras percepciones. Eslabón que nos permitiría comprender o derivar un sentido de tanto sinsentido, que nos acercaría a la metafísica que Macedonio llama "el trabajo de misterio", a realizarse "con los dos únicos métodos posibles: la Contemplación y la Pasión".

Cuajar, coagular, cristalizar, plasmar, fraguar, fueron los verbos favoritos de Cortázar. O al menos a los que se aproximó con mayor respeto. Cortázar buscó a ultranza los núcleos de intersección de percepciones opuestas que, a manera de bisagras, articulan una apertura y nos permiten desgarrar, aunque más no sea mínimamente, el velo de lo desconocido. Puso en juego su vida y su obra para entrever el punto del crisol donde se funde y confunde lo cotidiano con lo inefable, generando una nueva percepción hasta ese momento imposible de imaginar. Pero ¡a qué temperatura se funde, a qué costo!

"Queda una ansiedad, un temblor, una vaga nostalgia. Algo estaba ahí, quizá tan cerca. Y ya no hay más que una rosa en su vaso, en este lado donde *a rose is a rose is a rose* y nada más" (de "Cristal con una rosa dentro", en *Último round*).

Quedan los reflejos de su caleidoscópica escritura. Y en el inasible tiempo, atrapado como en ámbar, el último sueño recurrente que alguna vez me contó sigue palpitando allí donde los hechos y las cosas están a punto de transformarse en algo que ni siquiera podemos entrever. Tal es el mundo Cortázar, territorio de lo *unheimliche*, lo casero-siniestro, al cual hay que irse asomando con toda precaución.

Y le fascinaban también las palabras: de niño le gustaba dibujar palabras en el aire, con el dedo, para verles la verdadera forma, las formas inasibles de las palabras que disfrazaban otras. Podemos recordar a Hugo von Hofmannsthal cuando expresó: "Las palabras aisladas flotaban a mi alrededor; se congelaban y se tornaban ojos fijos en mí, sobre los cuales, a mi vez, me veía forzado a fijar los míos, torbellinos que daban vértigo cuando hundía mi mirada en la de ellos, que giraban sin cesar, y más allá de los cuales no había sino vacío".

La escritura de Cortázar supo respetar esas fascinaciones tempranas y nos legó una forma de espiar lo que está del otro lado de esto que por hábito llamamos realidad. Todo depende, como bien se sabe, del color del cristal etc. Del color y la calidad y la temperatura, pero sobre todo del uso. Y el reconocimiento.

Porque el *Diccionario de símbolos* de Chevalier y Gheerbrant, referencia obligada en este juego de encuentros y desencuentros, me informa entre otros datos de que el cristal es el más bello ejemplo de la unión de los contrarios: aunque sea material procede por transparencia como si fuese inmaterial. Además, los cristales dispensan la facultad de elevarse al cielo, son considerados sustancia sagrada de origen uránico y comportan poderes de clarividencia, sabiduría, adivinación, y la capacidad de volar.

Lo cual no significa que Julio, ni de niño ni de grande, tuviera conocimiento de todo esto, pero ¿para qué sirve la intuición? La capacidad de volar está en la mente. Y la geometría está en los cristales: esos "sólidos homogéneos que presentan un orden interno periódico de sus partículas reticulares". Y mejor no meternos por los complejos meandros de los que creen en la capacidad vibratoria de los mismos, sobre todo del cuarzo. Pero este juego me lleva por otros vericuetos y pienso en la teoría de los Cien Monos, aquella que decía que cuando el mono número cien de un grupo aprendía cierto truco útil para ellos, lo aprendían simultáneamente todos los monos del mundo. Esta tesis adquiriría estatus al ejemplificarla con la cristalización: cuando los científicos en algún laboratorio remoto lograban que una materia que nunca lo había hecho antes por fin cristalizara, la misma materia cristalizaba al instante en todos los laboratorios del mundo. Lo que explicaba la simultaneidad de muchos hallazgos científicos, y también las sincronicidades junguianas en las que creía Cortázar. Y quizá creía también Fuentes, cuando en sincronicidad con Julio tocaban temas emparentados. Como el de los cristales, sin ir más lejos.

"—Yo también adoraba las peceras —dijo rememorativamente Gregorovius—. Les perdí todo afecto cuando me inicié en las labores propias de mi sexo [...]. En Dubrovnik, un prostíbulo al que me llevó un marino danés que en ese entonces era el amante de mi madre la de Odessa. A los pies de la cama había un acuario maravilloso, y la cama también tenía algo de acuario con su colcha celeste un poco irisada, que la gorda pe-lirroja apartó cuidadosamente antes de atraparme como a un conejo por las orejas. No se puede el imaginar miedo, Lucía, el terror de todo aquello. Estábamos tendidos de espaldas, uno al lado del otro, y ella me acariciaba maquinalmente, yo tenía frío y ella me hablaba de cualquier cosa, de la pelea que acababa de ocurrir en el bar, de las tormentas de marzo… Los peces pasaban y pasaban, había uno, negro, un pez enorme, mucho más gran-de que los otros. Pasaba y pasaba como su mano por mis piernas, subiendo, bajando… Entonces hacer el amor era eso, un pez negro pasando y pasando obstinadamente. Una imagen como cualquier otra, bastante cierta por lo demás. La repetición al infinito de un ansia de fuga, de atravesar el cristal y entrar en otra cosa."

Alicia y el espejo…

"—Quién sabe —dijo la Maga—. A mí me parece que los peces ya no quieren salir de la pecera, casi nunca tocan el vidrio con la nariz."

Parecería que la Maga agarra, quizá, podemos suponer, la metáfora por la cola y les echa a todos ellos en cara su cobar-día por no hacer mejores intentos por "pasar al otro lado". Pero el protagonista del conocido cuento "Axolotl" sí atravesó el cris-tal, y ya sabemos cómo le fue.

En esa novela de enérgica belleza que es *Instinto de Inez*, como bien vimos ya, Fuentes cuenta la historia de los amores contrariados de una muy joven, brillante y díscola soprano, Inés Rosenzweig, y Gabriel Atlan-Ferrara, el excelso director de or-questa francés de nacimiento, en quien convergen muchas razas, quien cree ser dueño del hilo de Ariadna, el musical, casi como si lo hubiera hilado de propia mano. Personaje fáustico en la vida y no sólo en la interpretación de la ópera de Berlioz, *leit-motiv* de la novela, cuyo ritmo e intensidad irán signando sus hitos: "entonces él te ofrecerá una piedra de cristal y tú llorarás y la llevarás a tus labios y luego la detendrás entre tus pechos y no tendrás más adorno que ese".

Los cristales, con sus vibraciones y cantos y transparen-cias totales y opacidades inquietantes configuran un mundo propio en el gran friso del mundo que es *Instinto de Inez*, en el cual la cantante atraviesa el espejo. ¿La zeta que adquirió en ese camino de ida y vuelta será una onomatopeya del zumbido que tal proceso exige?

En la cabaña, Inés descubre también el sello de cristal alrededor del cual se centra la trama, sello que es uno y es múltiple. Que es regalado y retribuido, destrozado y regenerado como la trama misma.

El sello es un contenedor del Secreto, verdadero recipiente en ambos sentidos de la palabra. Es una clave esférica y turbiamente cristalina que cada lector interpretará a su antojo. Un verdadero *objeto mágico* de los definidos por Calvino "en torno al cual se forma como un campo de fuerzas que es el campo narrativo" y que hace posible el nexo entre las personas.

Como la piel de onagro, la *peau de chagrin* de la novela balzaciana, este hombre va rompiendo sellos de cristal perfectamente esféricos, transparentes, que son a su vez la propia vida.

Este hombre no vacila en romper cuando lo siente necesario. O en permitir que otra, su misteriosa ama de llaves, encarnación humana del Secreto, vaya rompiendo sellos siempre únicos hasta llegar al último que como los otros quedará a la vista y al alcance de cualquier fatalidad: "Guardado en un armario, el sello tendría que ser recordado, él, en vez de ser la memoria visible de su dueño."

Ya entregada al pleno juego, apelo a *Cristal*, el tango de Mariano Mores y José María Contursi:

> Cristal tu corazón, tu mirar, tu reír...
> Tus sueños y mi voz
> y nuestra timidez
> temblando suavemente en tu balcón...

Donde quiera que estén podrían cantarlo a dúo los dos escritores que amaban el tango. No se sentirán interpelados por eso de la timidez o el frágil corazón (aunque vaya una a saber), sino por los sueños y el balcón, respectivamente.

V
Caracol

El caracol de tierra, encantador (cuando no se come tus plantas) molusco hermafrodita tiene ojos en sus delicados cuernos, deja una escritura con su baba y traza su dulce camino erótico que va de Cortázar a Fuentes, revirtiendo el tiempo y desatendiendo espacios. Pero por fin llega y una forma de amor es consumada.

Julio Cortázar
Lucas sus largas marchas

Todo el mundo sabe que la Tierra está separada de los otros astros por una cantidad variable de años luz. Lo que pocos saben (en realidad, solamente yo) es que Margarita está separada de mí por una cantidad considerable de años caracol.

Al principio pensé que se trataba de años tortuga, pero he tenido que abandonar esa unidad de medida demasiado halagadora. Por poco que camine una tortuga, yo hubiera terminado por llegar a Margarita, pero en cambio Osvaldo, mi caracol preferido, no me deja la menor esperanza. Vaya a saber cuándo se inició la marcha que lo fue distanciando imperceptiblemente de mi zapato izquierdo, luego que lo hube orientado con extrema precisión hacia el tumbo que lo llevara a Margarita. Repleto de lechuga fresca, cuidado y atendido amorosamente, su primer avance fue promisorio, y me dije esperanzadamente que antes de que el pino del patio sobrepasara la altura del tejado, los plateados cuernos de Osvaldo entrarían en el campo visual de Margarita pare llevarle mi mensaje simpático; entretanto, desde aquí podía ser feliz imaginando su alegría al verlo llegar, la agitación de sus trenzas y sus brazos.

Tal vez los años luz son todos iguales, pero no los años caracol, y Osvaldo ha cesado de merecer mi confianza. No es que se detenga, pues me ha sido posible verificar por su huella argentada que prosigue su marcha y que mantiene la buena dirección, aunque esto suponga para él subir y bajar incontables paredes o atravesar íntegramente una fábrica de fideos. Pero más me cuesta a mí comprobar esa meritoria exactitud, y dos veces he sido arrestado por guardianes enfurecidos a quienes he tenido que decir las peores mentiras puesto que la verdad me hubiera valido una lluvia de trompadas. Lo triste es que Margarita, sentada en su sillón de terciopelo rosa, me espera del otro lado de la ciudad. Si en vez de Osvaldo yo me hubiera servido de los años luz, ya tendríamos nietos; pero cuando se ama largo y dulcemente, cuando se quiere llegar al término de una paulatina esperanza, es lógico que se elijan los años caracol. Es tan difícil, después de todo, decidir cuales son las ventajas y cuales los inconvenientes de estas opciones.

Carlos Fuentes
Cambio de piel (fragmento)

Me ibas a contar algún día, Elizabeth, que el caracol avanzó por la pared y tú, desde la cama, levantaste la cabeza y primero viste la estela plateada del molusco, la seguiste con la mirada tan lentamente que tardaste varios segundos en llegar al caparazón opaco que se desplazaba por la pared del cuarto de hotel. Te sentías adormilada y estabas ahí, con el cuello alargado y las manos escondidas en las axilas; sólo viste un caracol sobre un muro de pintura verde desflecada. Javier había manipulado las persianas y el cuarto estaba en penumbra. Ahora desempacaba. Tú, recostada en la cama, lo viste librar las correas de esta maleta de cuero azul, correr el zipper y levantar la tapa. Al mismo tiempo, Javier levantó la cabeza y vio otro caracol, éste veteado de gris, que permanecía inmóvil, escondido dentro de su caparazón. El primer caracol se iba acercando al detenido. Javier bajó la mirada y admiró el perfecto orden con que había dispuesto las prendas que escogió para el viaje. Tú doblaste la rodilla hasta unir el talón a la nalga y te diste cuenta de que había otro caracol sobre la pared. El primero se detuvo cerca del segundo y asomó la cabeza con los cuatro tentáculos. Tú te alisaste la falda con la mano y viste la boca del caracol, rasgada en medio de esa cabeza húmeda y cornada. El otro caracol asomó la cabeza. Las dos conchas parecían hélices pegadas a la pared y derramaban su baba. Los tentáculos hicieron contacto. Tú abriste los ojos y quisiste escuchar mejor, microscópicamente. Los dos cuerpos blancos y babosos salieron lentamente de las conchas y en seguida, con el suave vigor de sus pieles lisas, se trenzaron. Javier, de pie, los miró y tú, recostada, soltaste los brazos. Los moluscos temblaron ligeramente antes de zafarse con lentitud y observarse por un momento y luego regresaron sus cuerpos secos y arrugados a las cuevas húmedas del caparazón. Alargaste la mano y encontraste un paquete de cigarrillos sobre la mesa de noche. Encendiste uno, frunciste el entrecejo. Javier sacó de la maleta los pantalones de lino azul, los de lino crema, los de seda gris, y los estiró, pasó la mano sobre las arrugas y los colgó en los ganchos que sonaron como cascabeles de fierro cuando abrió ese armario del año de la nana, los corrió, escogió los menos torcidos y regresó a la maleta detenida sobre el borde de la cama. Tú observaste todos sus movimientos y reíste con el cigarrillo apoyado contra la mejilla.

Los personajes, o quizá los caracoles, de Julio y Carlos se juntan y dialogan y Saúl Yurkievich, que supo ser un verdadero paredro de Julio y buen amigo de Carlos, completa la amalgama con su poema

Caracol

Vengo del vacilante reino
Donde vivo de noche
¿vuelvo allá
a ser lo que era?
Velado ser del otro hemisferio
Del ajeno dominio de las sombras
¿quién está otrora?

W
Deseo

El erotismo tiene carta de ciudadanía a lo largo de toda la obra de estos dos autores, quizá por eso mismo ni uno ni otro se tomó la molestia de escribir una novela específicamente erótica como hicieron José Donoso (*La misteriosa desaparición de la marquesita de Loria*) o Mario Vargas Llosa (*Elogio de la madrastra, Los cuadernos de don Rigoberto*).

El erotismo y su hermano secreto el deseo.

Giorgio Agamben alude a las distintas formas del deseo: "El mesías viene por nuestros deseos. [...] Con los deseos cumplidos, él construye el infierno; con las imágenes no realizadas, el limbo. Y con el deseo imaginado, con la pura palabra, la felicidad del paraíso."

Queda en suspenso una pregunta: ¿qué ocurre cuando el deseo imaginado se cumple?

El deseo es enigmático y anaeróbico. Expuesto al aire, es decir a la luz de la consciencia, pierde su intrínseca calidad de deseo, deja de ser aquello que titila siempre fuera del alcance o de la palabra.

"En última instancia lo que amamos es nuestro deseo, no lo deseado", afirma Nietzsche.

Alguna vez escribí que la experiencia surrealista fue necesaria en su tiempo porque la literatura, y sobre todo la francesa, habiendo olvidado a Jarry y su patafísica, traía los caballos demasiado frenados y les lastimaba la boca, es decir el decir.

Y en otra parte anoté que la llamada inspiración puede agotarse, el impulso al que veníamos respondiendo como quien cabalga el mejor de los corceles se ha ido y es como si nunca más supiéramos cómo se produce la magia de avanzar a todo galope por las tierras de la imaginación abriéndonos a los paisajes más inesperados. Con cada punto final olvidamos que, si en verdad somos escritores, escribimos a cada paso, poniendo los actos en palabras mentales, olfateando las metáforas del deseo. Más que escritura, se está en situación de lectura constante. Lectura de lo que ocurre en derredor, de la llamada realidad. Toda escritura es un intento de lectura, un buscar el tono y la respiración adecuados para narrar cada acontecer, imaginario o no. Es una invitación para el encuentro.

Para el encuentro fortuito con el deseo, enlazándolo de sorpresa cuando está distraído.

Me asombra reencontrarme con estas metáforas equinas porque son las que voy a rescatar en Cortázar y en Fuentes, maestros en alcanzar el borde de lo indecible.

Al deseo, para poder narrarlo, Cortázar suele darle una corporeidad alegórica, y los animales se prestan muy bien para esta instancia. Podemos mencionar el tigre ominoso que ronda, en el cuento "Bestiario" (1951), la casa de la familia, volviendo interdicta la habitación en la cual se encuentra en cada momento de la historia (el tigre como la latente marca del incesto). Y podemos pensar sobre todo en "Verano" (*Octaedro*, 1974), cuento en el cual un caballo enfurecido es la metáfora viva del deseo inconfesable y desplazado (ambos miembros de la cortés pareja durante esas vacaciones esperan la llegada de respectivas cartas que leerán en secreto), de las pasiones transversales. La intrusión de una niña pequeña en la casa de campo de los reprimidos deseantes es el detonador de una inminente amenaza que nunca habrá de concretarse: "el bufido resonó cerca de la pared que daba al norte, un relincho sofocado como el grito de Zulma que tenía las manos contra la boca y se pegaba a la pared del fondo, mirando fijamente el ventanal. Es un caballo, dijo Mariano sin creerlo, suena como un caballo, oí los cascos, está galopando en el jardín. Las crines, los belfos como sangrantes, una enorme cabeza blanca rozaba el ventanal, el caballo los miró apenas, la mancha blanca se borró hacia la derecha, oyeron otra vez los cascos, un brusco silencio del lado de la escalera de piedra, el relincho, la carrera. Pero no hay caballos por aquí, dijo Mariano que había agarrado la botella de aguardiente por el gollete antes de darse cuenta y volver a ponerla sobre la banqueta. Quiere entrar, dijo Zulma pegada a la pared del fondo."

El *Diccionario de los símbolos* me informa al respecto: "Una creencia que parece anclada en la memoria de todos los pueblos asocia el caballo a las tinieblas del mundo ctónico del que surge, galopando como la sangre en las venas, desde las entrañas de la tierra o los abismos del mar." O los trasfondos de la imaginación, podemos agregar, allí donde el deseo tiene su morada que en casos extremos, como el presente, comparte con el miedo.

"Oyeron los cascos bajando la escalera, el resoplar irritado contra la puerta, a Mariano le pareció sentir como una presión en la puerta, un roce repetido, y Zulma corrió hacia él gritando histéricamente. La rechazó sin violencia, tendió la mano hacia el interruptor; en la penumbra (quedaba la luz de la cocina donde dormía la nena) el relincho y los cascos se hicieron más fuertes, pero el caballo ya no estaba delante de la puerta, se lo oía ir y venir en el jardín. Mariano corrió a apagar la luz de la cocina, sin siquiera mirar hacia el rincón donde habían acostado a la nena; volvió para abrazar a Zulma que sollozaba, le acarició el pelo y la cara, pidiéndole que se callara para poder escuchar mejor. En el ventanal, la cabeza del caballo se frotó contra el gran vidrio, sin demasiada fuerza, la mancha blanca parecía transparente en la oscuridad; sintieron que el caballo miraba al interior como buscando algo, pero ya no podía verlos y sin embargo seguía ahí, relinchando y resoplando, con bruscas sacudidas a un lado y otro. El cuerpo de Zulma resbaló entre los brazos de Mariano, que la ayudó a sentarse otra vez en la banqueta, apoyándola contra la pared. No te muevas, no digas nada, ahora se va a ir, verás. Quiere entrar, dijo débilmente Zulma, sé que quiere entrar y si rompe la ventana, qué va a pasar si la rompe a patadas. Sh, dijo Mariano, callate por favor. Va a entrar, murmuró Zulma. Yo no tengo ni una escopeta, dijo Mariano, le metería cinco balas en la cabeza, hijo de puta. Ya no está ahí, dijo Zulma levantándose bruscamente, lo oigo arriba, si ve la puerta de la terraza es capaz de entrar. Está a entrar en una casa donde ni siquiera podría moverse, no es tan idiota. Oh sí, dijo Zulma, quiere entrar, va a aplastarnos contra las paredes, sé que quiere entrar. Sh, repitió Mariano que también lo pensaba, que no podía hacer otra cosa que esperar con la espalda empapada de sudor frío. Una vez más los cascos resonaron en las lajas de la escalera, y de golpe el silencio, los grillos lejanos, un pájaro en el nogal de lo alto."

La furia del caballo, imaginario quizá, proyección de todo aquello que al callar se había ido acumulando en la pareja, se contagia al hombre y lo impulsa a abalanzarse sobre su mujer con una pasión que tenía olvidada. Ella se resiste:

"No quiero, no quiero, no quiero nunca más, no quiero, pero ya era demasiado tarde, su fuerza y su orgullo cediendo a ese peso arrasador que la devolvía al pasado imposible, a los veranos sin cartas y sin caballos."

Una vez más se dio el juego de las semejanzas, y donde menos lo esperaba surgió el caballo-deseo de Carlos Fuentes. Lo que en Julio es una esencia, en Carlos, en este caso, es sólo una escena, pero la intensidad es equivalente.

La región más transparente ya ha avanzado por sus múltiples carriles, cuando en la página 491 Mercedes Zamacona, hija de Ana María (hay índice genealógico por si nos perdemos en esa novela-río-tumultuoso, con su catarata de personajes), prendada de los ojos del joven sacristán que ha llegado a la hacienda cerca de Uruapan, con disimulo cierta mañana lo sigue hasta el corral entre una nube de polvo, y allí:

"Mercedes se detuvo, apretó su cintura contra la barda y esperó, paralizada, el paso de la cabalgata de ruido y cascos enloquecido; por fin, pudo distinguir las aletas nerviosas, la espuma dilatada de los belfos del caballo; pateando la barda, embistiendo el polvo, su carrera, por errática, no era menos veloz; el polvo volvió a Mercedes: los ojos del animal caían como dos alfilerazos sobre sus pechos. Cuando se quitó las manos de la cara, Mercedes sintió una dominación cercana, que acentuaba el sudor, los relinchos y la cola del caballo: el muchacho, con un garrote erizado de pernos, se había colocado frente a la bestia: un clavo negro brillaba en el lomo del animal, y la mano del muchacho se acercaba cautelosamente a las riendas sueltas. El muchacho le daba la espalda a Mercedes; ella sólo distinguía los músculos tensos de su brazo, el pelo revuelto y el puño apretado en torno al garrote. La bestia relinchaba, oscura y con el clavo de sangre nueva enterrado en el lomo; todo el cuerpo del caballo se levantaba y caía con bufos espesos. Fascinada, Mercedes recorría con la vista al caballo, tratando de descubrir, en la exaltación de toda la carne animal, el reflejo y la explicación de su propia carne erguida, de todas las carnes: a medida que el muchacho ganaba dominio sobre las bridas y se acercaba al cuello doblegado del caballo, la exaltación de éste se concentraba: los ojos llameantes, los belfos húmedos, el florón de sangre que manchaba el perno y, entre las piernas, la navaja gruesa y nerviosa, como la semilla de la fuerza, como el origen vibrante de toda la cólera y locura y majestad de la furia desencadenada."

Ante esta descripción sobran las palabras. Y sobran sobre todo porque no son palabras ajenas las que deben entrometerse entre aquello que late como sensación para ir hilando la fina fibra que se tejerá entre el texto del deseo y su lectura. No en vano Jung asociaba al caballo con el psiquismo inconsciente.

Y alguna vez afirmó Julio: "En ciertas circunstancias un caballo puede ser mucho más fantástico que un unicornio". Y más poderoso.

X
Diálogo con Carlos Fuentes

A lo largo de los años, mis reencuentros con Carlos y Silvia Fuentes fueron múltiples, muy variados, memorables todos. Pero quizá el más impactante para mí tuvo lugar en 1983, cuando nos invitaron a ambos a leer —en inglés por cierto— en la 92nd Street Y, de Manhattan, prestigioso auditorio donde todos los lunes dos escritores de renombre presentan su obra. Yo leería primero, especie de telonera, Carlos como corresponde cerraría el acto con todas las luces. Pero él no lo quiso así, y rompiendo con la tradición sugirió que hiciéramos algo original y distinto. Entre los dos escribiríamos un diálogo para leer en conjunto y sólo a continuación leeríamos cada uno por su lado extractos de la propia obra… Me pareció un honor; intimidante al máximo. No éramos amigos aún, a Carlos lo había visto muy poco en esos años, pero compartíamos un editor muy especial, Roger Strauss, y Carlos se había mostrado generoso conmigo al escribir una opinión (*blurb* lo llaman los gringos) para la contratapa de mi novela *Cola de lagartija*. Pasaron los meses sin que yo supiera nada de Carlos Fuentes, que estaba de viaje, y preferí callar. Hasta que en la última semana organizamos el texto, y ahí estaba yo, en bambalinas, espiando una sala repleta —novecientas butacas, entradas a buen precio— y deseando que me tragara la tierra. Pero llegó el momento de salir a escena y hacer la presentación tal como lo acababa de proponer Carlos: Ladies, dijo él, and Gentlemen, agregué yo, para luego decir al unísono: Welcome to the North-South Dialogue. Y se dio la magia, y así largó lo que fue para mí la más maravillosa experiencia escénica, porque la energía que manaba de ese hombre me iba llegando como un espaldarazo y me izó a su altura, la de alguien que ama al público y está dispuesto a brindarle siempre lo mejor de sí.

He ahí un secreto de Fuentes, pienso ahora, el ponerse en juego de cuerpo entero y con toda felicidad y dedicación: en su obra, en sus llamados al diálogo político, en sus presentaciones públicas y hasta en sus encuentros más simples y amistosos. Hay miles de ejemplos, por todo el mundo por donde pasa, de esa fuerza, ese entusiasmo intelectual.

Me he permitido traducir su parte del diálogo porque lo escribimos directamente en inglés:

CF —Viajen con nosotros al Sur esta noche. El Este y el Oeste son "Lejanos": el Valle de la Muerte del lejano Oeste donde las cámaras de Von Stronheim y Antonioni se detuvieron en seco; Hiroshima y el lejano Este, donde ninguna cámara pudo sobrevivir el estallido de luz. Están ustedes dejando atrás el Norte; el Norte es despiadado, desnudo, no lejano, sólo vacío y perdido. Los aztecas lo imaginaban como un infierno blanco. Pero el Sur es "profundo", no se va a él sino que se interna uno en él. El Sur es un agujero: vagina, ano, boca, tumba, un ojo, una oreja. El Sur es la herida que no cicatriza.

LV —Tampoco queremos cicatrices, si es por eso, queremos una herida que nos hermane a los otros. Quizá como un pacto de sangre —uniendo dos cortes— un encuentro entre sur y sur, este sur tan de ustedes, tan metido en el norte, y el otro sur de un continente que se estira hasta perderse de vista y se pierde de vista precisamente en esas tierras platenses de donde yo vengo. Y el encuentro entre *deep south* y *out of sight south* se realizó y se seguirá realizando en las zonas imaginarias. Yoknapatawpha y Santa María, dos pueblos ya míticos y la influencia de Faulkner en Onetti, que después rebotará hacia el norte en un juego de espejos.

CF —Nuestro Sur no es el Sur de ustedes (los estadounidenses). Pero quizá haya una línea Mason-Dickson en cada yanqui; es la frontera que deben cruzar dentro de ustedes mismos, la profunda frontera que los sumerge para ver vuestras almas: la única escena de la Naturaleza iluminada por la pasión, ¡ay!, por la locura, porque ninguna presencia en esta tierra es inocente una vez que ve o habla: ninguna pisada en el barro es sin culpa. El Sur de ustedes es la única región trágica del Nuevo Mundo: el lugar donde fracasa el éxito en una nación destinada al éxito, y el destino es redimido por las aguas barrocas del Caribe que fluyen Misisipi arriba en una triste amistad, un triste reconocimiento: somos todos vulnerables, nadie posee el éxito. Vuestro Sur: ¡qué locuras! ¡Qué alucinaciones! ¡Qué destellos de color y de crimen, de piedad y de furia: la sed de pecado del Sur anglosajón y africano de los Estados Unidos! Dijo Bill Faulkner: déjame condenarme, pero dame un minuto más. Dijo Bill Styron: el precio del pecado no es la muerte, es el aislamiento.

LV —¿Qué pecados estará pagando el sur de sures? Empezamos a salir de la dictadura militar como de una pesadilla colectiva. ¡Y tanta literatura que queda aún por escribirse! En tierras de Felisberto Hernández, en tierras de Macedonio o Neruda y remontando la corriente, un poco más al norte pero no del todo. Siempre en América del Sur que es como decir al sur del mundo, el exceso del mundo con desaforadas montañas y selvas impenetrables. La naturaleza en toda su vasta locura, sí, y después nos dicen que somos surrealistas porque hay un barco que atraviesa la jungla, porque quizá el mar puede ser vendido o al menos por esa naturaleza que se desborda y a veces nos trata como a personajes de José Eustasio Rivera. ¿Pero ustedes no han paseado acaso por Washington Square, por Sheridan (Le Fanu) Square, por todos esos sitios donde la naturaleza que se desborda es la naturaleza humana? ¿Se los llama acaso surrealistas? Nuestro realismo del sur (al sur del Río Grande) es un realismo visto a través de otras lentes, con un cambio de piel como diría aquí el maestro.

CF —La tierra del Oeste, tierra baldía de ustedes, es más parecida a nuestro Sur: California ya no es más el Oeste, es el Ya En Ninguna Parte: Una Utopía Enferma donde el Lejano Oeste termina, no más conquistas, no más destino manifiesto, sólo el continente llegando a su fin en el "área de deslizamiento" donde todo se desliza, desde los temblorosos cañones hasta el mar. Busco las desgarradoras fallas de Lloyd y Langdon, como si la tierra estuviera deslizándose bajo sus pies cansados;

busco la dicha anárquica de Laurel y Hardy mientras destruyen los jacuzzis, los rolls royces y las mansiones de Brentwood; busco el brillo salvaje en los ojos de los andrajosos migrantes Groucho, Harpo y Chico cuando atienden el servicio de habitación en el Beverly Hilton; busco la cara inexpresiva de Keaton cuando espía las tiendas de Rodeo Drive. En su lugar sólo obtengo un baldío, enfisémico Paraíso muriendo en Shangri-La en los brazos ausentes de Scott Fitzgerald; en su lugar obtengo el mordiente lirismo de los verdaderos poetas de California, esa gente de frontera sin frontera, esos Ulises del Asfalto. Odiseas y ágoras iluminadas de neón al mediodía: Bierce y Hammett y Chandler, los últimos guerreros, Westmae y Westnathanael, los últimos pioneros. Didion, la última vestal.

LV —Los últimos serán los primeros, o viceversa, pero nunca quedarán en su lugar, congelados para siempre. En estas tierras de frontera —y la literatura es tierra de fronteras, siempre— soplan vientos demasiado fuertes como para mantenerse quieto. Nosotros tenemos la sudestada, el gigantísimo Río de la Plata se encrespa y es un mar, es el mar dulce bautizado por Solís que fue el primero y ahora ha quedado último a pesar de haber cargado en sus naves al poeta. O quizá por eso. ¿A quién se le ocurre llevar un poeta al Nuevo Mundo, ya de por sí tan lleno de poetas, de poesía? Nombro a Netzahualcóyotl pero están todos los otros, y Martín del Barco Centenera que llegó con Solís sólo pudo oficiar de padrino y partir. Le dio nombre a esas tierras barrosas donde establecieron el primer campamento: Argentina, así sonoramente y de plata, nombrada en una oda rodeada de sirenas y tritones mientras allá en el barro, los desesperados fundadores, rodeados por los indios, se comían a sus compañeros muertos para no morir a su vez de hambre. Tierra de poetas y de caníbales, donde la mayor parte del tiempo son estos últimos los que tienen la manija; ¡Pobres muchachos de las carabelas! Poco se sospechaban el futuro de este loco continente que estaban descubriendo y destruyendo al mismo tiempo. Casi cinco siglos después nos encontramos con estas tierras desbalanceadas de peso tan mal distribuido. Toda la fuerza al norte y por debajo la desesperación por reconocerse, la lucha por afirmarse. Un paso seguro, por momentos, y después el avanzar tambaleante con botas. Es el signo del sur.

CF —El Sur del Sur es América Latina. Los sureños infiltraron Texas, la arrancaron de México, iniciaron la mutilante guerra de 1846 con el objetivo de agregar estados esclavos a la Unión. Pero lo que no pudieron mutilar fue el hambre barroco del vacío, el atronador silencio de la cámara de oro de Moctezuma y la cruz de hierro de Pizarro, los distantes murmullos de Felipe II en real penitencia y de los judíos de Logroño quemados en la hoguera. Apilen pecado sobre pecado, silencio sobre silencio, inocencia sobre inocencia hasta que vean con sus ojos desnudos el encuentro de las dos Américas, la ibérica y la inglesa, las tres Américas, y los indios, las cuatro Américas y los negros, en una imagen hasta formar una imagen o un trabajo que una la común experiencia de ser hombre, mujer o niño en esta maldita Utopía, el así llamado Nuevo Mundo: Elogio de los Más, de los Más que querían Menos, Cuantos Más, Mejor. La Muerte de los Menos, la Mierda de los Masricos. Moira que es Morus que es Más, que está Mal (de la cabeza).

LV — Que es miserable, que es múltiple, increíble e inalcanzable. La maldita utopía que tratamos de develar con una palabra, o con una puteada. Borges sabe que cuando el poeta logra por fin retratar el palacio en su poema, cuando logra hacer por fin un poema de una sola palabra que dibuja en todos sus detalles el palacio, el palacio desaparece. Esa palabra existe para nuestro palacio latino. Cuando se la profiere en inglés dejamos de existir, y no por sustitución ni por reemplazo. Por aplazamiento. Y la palabra es *América*, que aquí en esta tierra significa en exclusiva Estados Unidos. Como si a Brasil no lo constituyera también Estados Unidos, como si México no formara parte de América del Norte. Sin olvidar jamás a la pobre y dolorida América Central. América para los americanos, dice la doctrina Monroe. Sí, ¿pero cuáles? Y nosotros ¿quiénes somos, dónde estamos? Para saberlo hay que viajar al sur, abrir un libro, descubrirse entre líneas, quizá buscar la palabra que salvará a la palabra del naufragio.

CF —Desplácense con nosotros, siguiendo una huella exigente, de Norte a Sur, de lejano a profundo, de la Nada a todo. Viajamos en busca del futuro, del hecho, la gloria, la violencia, el héroe humano cuyo primer acto fue el viaje, y viajando decidió arañar las ciegas paredes del destino. El desplazamiento como el primer gran desafío humano. Los Dioses no se mueven. Viven en Cuzco o en el Olimpo. El Héroe rompe el equilibrio del Mundo Divino en el acto de ver y de moverse: veo Troya, dejo a las mujeres y a los niños atrás, custodiando las tubas de los antepasados, voy a la guerra: ¿me seguirán los dioses o se quedarán para llorar? Sí, me siguen, y el sueño humano de gloria, violencia y honor que llamamos historia acaba de nacer. Es un drama ardiente, un soldado y un perro bajo un árbol en llamas, una mujer oteando todas las direcciones de un mar ebrio de sangre. La máscara de la gloria está teñida de violencia y es arrancada por la historia. Bajo ella, dice Simone Weil, el nombre de nuestro rostro es Muerte.

LV —¿Y quién puede saber de la muerte más que un mexicano? ¿Quién puede profundizar más en ese ámbito de la noche donde las mujeres muertas de parto guían al sol en su viaje de tinieblas? ¿Dónde se muere más que en Comala? Pero en el sur de sures donde yo salto con tanta facilidad hay hoy más heroínas que héroes desenmascarando esa máscara que llamamos historia. Y como son mujeres y como son madres (de la Plaza de Mayo), la muerte debe permanecer viva y ahondar en la memoria de todos para que el horror no se repita. Estamos ahora rodeados de fantasmas en forma de siluetas humanas pegadas a la pared, con nombre y apellido para que no se olvide. Es la reaparición mítica de los desaparecidos, ya como personajes de papel y tinta en este continente también un poco míticos, enfermo de ausencia de sí, de reconocimiento. Continente de fuerza, sin embargo. Bello intento de entender, fiesta del abrir los ojos a la que quedan todos ustedes invitados.

CF —Viajen al Sur: sigan la ruta que se aparta de los dioses de vuestra civilización norteamericana, desafíenlos a venir con ustedes, piensen que ellos se niegan: los volverán a encontrar en las playas de estacionamiento y las cantinas, transformados en serpientes emplumadas y espejos ahumados, sigan avanzando más al Sur dentro de la caverna, la tumba, la vulva, el ojo del ojo llevando con nosotros el fantasma ardiente de Quetzalcóatl y Cortés y Henry Ford y Wurlitzer el organillero, y Thompson el ametrallador, más y más profundamente al Sur, presa de la Occidental Des-Orientación de Colón y sus cristo-balitos, quienes pensaron que al navegar hacia el Oeste encon-trarían el Este; como los aguerridos expedicionarios de Julio Verne, quienes entrando por un cráter volcánico de Islandia aparecerán un día en China. Al Sur del Sur no hay Sur, no hay Norte, ni Este ni Oeste: México y Cuzco: los nombres de las dos grandes capitales de la Antigua América significaban lo mis-mo: Ombligo, Centro del Mundo. Solo hay Centro y el Centro está en la Cima: para alcanzar el Sur deben entrar más y más profundamente en el Centro del Mundo, que resulta ser el Te-cho del Mundo. Allí descubrimos aquello que el Sur, el de us-tedes y el nuestro, siempre ha sabido pero que el Norte y el Oeste han conscientemente ignorado: la Muerte no es el Final sino el principio de todas las cosas. La muerte es el origen.

LV —Muchas naves pueden ser navegadas para llegar al sur. Preferimos a veces las naves de los locos a las naves de los muertos. Claro que la mejor de todas es la nave de la imagina-ción. Al timón puede estar Alejo Carpentier, pegadito a Cris-tóbal Colón descubriéndole todas las trampas de las que hubo de valerse para llegar a este nuevo continente que no era tan nuevo. Al timón puede estar nuestro Carlos Fuentes, usando una máscara hecha de telaraña, trasladando los misterios de la oscura España de Felipe II al barroco continente americano. Él nos dirá cómo.

CF —Viajamos a través de las verdes y rojas civilizacio-nes de América Latina sin percibir que estamos siguiendo una ruta que no es lejana sino profunda, un oculto círculo dibujado con irónica amargura más bien que con asombrado vicio, y llegamos al Centro del Sur, al Techo del Sur, y allí no hay ningún color, están las grises perladas alturas de Machu Picchu. Estamos en la zona sagrada. Vemos. "Lo que no puede ser mostrado no puede ser oído", dice Ludwig, cuanto más profundo el Sur, más alta es su cima; el agujero más grande es el preciso ombligo del origen. El gran viaje ha concluido. Hemos visto. Pero los colores ya no están más allí. Necesitamos palabras para traerlos de regreso. Oh, qué esfuerzo: esa visión debiera darnos todas las formas pero ninguno de los colores. Necesitamos el lenguaje. Ludwig no dijo que hay una región más allá del lenguaje, pero solamente más allá de cierto lenguaje: el lenguaje de la proposición y de la racionalización. Detrás está el lenguaje de la poesía, la charada y el mito. Este es el lenguaje que habla más allá del lenguaje, el lenguaje requerido para devolverle los colores a la desnuda luz de lo sagrado.

LV —En busca de ese mismo lenguaje es que viajamos por el sur, el sur del norte, al norte del sur y de este a oeste. Idiomas de sol saliente o poniente, lenguaje que todos entenderemos por debajo o al costado de las palabras. Yo hablo lengua de agua, yo hablo lengua de piedra, dice la chamana María Sabina. En ese otro chamanismo llamado literatura hablamos también lengua de papel de barrilete. Remontándonos en busca de alguna verdad desconocida. Escribir para tratar de entender, de eso se trata. Totalmente al sur, hablando de compadritos y ciudades soñadas o más al norte con ánimo de tierras y de selvas. Escribimos quizá para ser descifrados, como los códices aztecas. Unos pies que se alejan, unos pies que se aceran, dibujados por la mano que dibuja las letras, que busca.

CF —Ahora sabemos que las tribus primero huyeron del ardiente Sur, rojo como un ají, una escoba, un sofá, un viejo disco de vinilo, una flor, donde no tenían necesidad de hablar porque podían ver bajo el sol. Ahora sabemos que su lenguaje era su luz y que podían obedecer a los ojos avizores que les decían a sus compañeros: corran ahora, escóndanse ahora, estamos en peligro ahora, o la mano tranquilizadora y amistosa que decía vengan, siéntense, hablen, beban, ahora estamos a salvo. Vayamos hacia la imagen alimentada y descrita por la luz, y silenciada por la luz, sí, lejos del amortajado Norte donde los hombres deben hablar si quieren ser comprendidos y si la tribu quiere ser salvada, porque la niebla los aglutina y los movimientos de las figuras ya no se explican por sí mismos: deben ser verbalizados. Ergo, habla Luisa.

Y yo leí fragmentos de *El gato eficaz* porque sentí que era lo que más ánimo me daría en esas circunstancias, y en inglés. Siempre todo en inglés, y Carlos leyó sus fragmentos que ya no recuerdo cuales fueron, y todo salió tan vibrante y lleno de energía que nos prometimos llevar el diálogo por el mundo. Cosa que, naturalmente, nunca sucedió. Por eso aquí lo presento, con orgullo, por vez primera.

Y
Conversaciones imaginarias con Julio Cortázar

Hay dos cartas. La primera la escribí para un número especial de la *Review on Contemporary Fiction* dedicado a Cortázar, la segunda al cumplirse los veinte años de su fallecimiento, para leer durante un memorable homenaje que se le brindó en febrero de 2004 en la ciudad de Guadalajara, organizada por la célebre Cátedra Julio Cortázar creada por Fuentes y García Márquez, quienes presidieron las jornadas.

Nueva York, abril de 1983,
Querido Julio,
¡Lo tenía todo tan bien planeado! En algún momento lograría escapar del Buenos Aires actual, donde no vivís más, y al viajar en el subterráneo de Avenida de Mayo o al perderme en la Galería Güemes, o quizá simplemente dejándome llevar por algunas claves (un buzón que sigue siendo rojo y no amarillo, un piropo de los de antes susurrado en una esquina, un viejo café con espejos oscuros) pasaría sin darme cuenta al otro lado y allí estarías vos. Sin duda estarías vos, sentado en la mesita del fondo del café, entre el humo de los cigarrillos, o avanzando hacia mí por alguna calle arbolada, enfrascado en la charla con cierto personaje bajito y de bigotes manubrio. Los bigotes manubrio nos llevarían por insospechadas curvas, y vos caminarías algo encorvado para escucharlo mejor, aplaudiendo con tu risa, adelantándote, muchas veces precediendo y provocándolo.
Encuentro con Julio Cortázar y Alfred Jarry en el otro Buenos Aires, se llamaría este encuentro y yo, invisible para ustedes, iría trotando detrás con el alborozo de quien pasa a otra página. Un trote despreocupado, el mío. En abril de 1983 no lo pude lograr; en Buenos Aires, donde el paso se me volvió tan denso.

The cruelest, me habrías dicho vos al descuido, y yo habría entendido de inmediato que no hacías referencia al mes, como el otro poeta, ni siquiera a la ciudad tan aparentemente diáfana, sino a quienes le han puesto la bota encima. *The cruelest,* logré escucharte a cada uno de mis pasos que retumbaban por los adoquines nocturnos del barrio de Belgrano.

Era ésa y otra noche de Belgrano, y yo saliendo de cierta embajada después de haber escuchado las historias de los allí asilados, escribiéndote mentalmente una carta que nunca te mandé y las sombras se me vuelven ominosas, y aquel patrullero que entreví en una esquina, o el Ford Falcon, me están siguiendo quizá, voy de contramano para reconocer autos, algún hombre agazapado en algún zaguán, son las cuatro de la mañana, voy caminando sola tengo miedo y te escribo, y voy recorriendo los secretos pasadizos hacia otras realidades simultáneas porque vos nos entreabriste esa puerta, Julio Cortázar, querido cronopio.

Por eso la carta te la mando ahora aunque tanta solemnidad no venga a cuento en un día gris de Nueva York que se parece a uno de los tantos días grises de tu amado París. Con una niebla especial para hacer visible lo invisible como dice el Tao, o viceversa como diría el zurcidor James Chang de la 72 y Lexington, el que me recomendaron ayer mismo para obliterar del mapa de mi pullover blanco un agujero indiscreto.

El agujero de tu ausencia en Buenos Aires en abril de 1983 no quiero que sea tapado por un artista del zurcido invisible. No. Quiero hacerle un bordado en derredor y señalarlo, volverlo agujero negro para entrar al otro lado de Buenos Aires donde, digamos, me los encontraría a Jarry y a vos tomando unos mates en el viejo patio del viejo amigo Juan Esteban Fassio, ese patio como tantos otros que recordarás, con sus helechos serrucho y hasta quizá la madreselva en flor, charlando los tres en paz mientras observan las llamas porque Fassio, naturalmente, habría apretado el botón F2 de su *Rayuel-o-matic,* el botón que no aparece en los planos, y el aparato habría dejado de presentar capítulos de tu novela en distintos órdenes para entrar en una autocombustión que todos apreciamos por tratarse de un homenaje crepitante y digno.

Llueve. A este fuego no lo apaga el agua ni nada de lo que se le parezca.

Allí están las alegrías.

También un encuentro podríamos tener (haber tenido) con el otro gran cronopio patafísico, muy nacional, muy nuestro, Álvaro o Albano (según los humores) Rodríguez, y Beba su mujer que hizo el cuadro de los cincuenta zapatos encontrados en la calle. Cuadro de antes, no de ahora cuando los zapatos encontrados en la calle ya no hablan de pies libres sino de abominables horrores que queremos olvidar por un momento y no podemos.

Y llueve. Llueve en Nueva York y probablemente en París, no en Buenos Aires, en abril de 1983. Allí todo parece radiante y es un telón de fondo, otra mentira. Con decirte que hasta los palos borrachos, esos árboles, tienen la impudicia de estallar en floración rosada. Algo conmovedor y deslumbrante si no fuera que a lo largo de avenidas salpicadas de su rosa *shocking* pasamos por Palermo, rosa, llegamos a la Plaza San Martín, impresionantemente rosa y bella, no nos detenemos en la Recova, seguimos, Plaza Roma, más salpicaduras aisladas y de golpe el otro rosado agorero de la Casa. Con toda su carga a cuestas.

Diversos tonos de un mismo color que puede hablar de sangre. Los árboles, la Casa de Gobierno, las calles de atildada apariencia. Y Cortázar no aparece en esa ciudad que él-vos supo/ supiste reconocer mejor que nadie porque lograste dar la vuelta a la esquina del misterio y atisbar, en diversas iluminaciones, esa vereda de enfrente que reclamó el Maestro.

Paso que quisiera dar yo, iluminación que busco al entrar, pongamos por caso, en el gran café o confitería de Corrientes y Montevideo, elegido porque es el que mejor marca la paradoja. Y allí están tantos de ellos, los amigos y amigas poetas y pintores, como si nunca hubiesen sido perseguidos, como si citarse allí no fuera un estar sentados sobre la santabárbara de un buque, como si nunca las razzias y nunca el horror imposible de asimilar o comprender entre un balón y otro. Están porque el café se llama La Paz y éste es su deseo.

Con el solo deseo no se alcanza la vereda de enfrente.

Todos buscamos, por lo tanto. Vos buscaste a Duchamps por las calles porteñas, yo te busqué de otra manera y supe que no era precisamente jugando al ajedrez que iba a encontrarte.

Hay que tomar medidas, me dije entonces, y entré a una mercería y pedí un metro ¡bien medido! de cordón, colorado en honor a la Maga, y lo elevé a un metro exacto del suelo en una esquina cualquiera de San Telmo y lo dejé caer. Ahí quedó con sus curvas caprichosas. La receta de Duchamp la cumplí a medias: un metro de azar, sí, pero no en conserva, no lo recogí después con un cartón engomado. Atendí la tácita receta de Cortázar: un metro de azar librado al azar y abierto a todas las modificaciones.

Y con la consciencia del anti-deber cumplido me metí en un boliche para tomar un vino. Una vieja casona transformada, anteayer, en antiguo café. ¿Lo sabías? Hay muchas, ahora: cafés, restaurantes, bares, todos sugestivos y extrañamente inquietantes. Las casas han sido tomadas. Fantasmas extraños las habitan y son los fantasmas de la simulación, de la crisis disfrazada de fiesta.

El país todo es casa tomada. Y no precisamente para ir a comer como se va a comer a éstas, sino para comerte mejor, Caperucita. Poco a poco, sin que quisiéramos darnos cuenta, fueron avanzando las voces de mando, las patadas. Queda un corredor estrecho por el que deambulamos y hay luces rojizas, amarillentas, sordas, acogedoras, vagas, esas que siempre fueron las luces de Buenos Aires. Porque es de noche y *aquí no ha pasado nada,* hoy ciertos ecos siguen resonado desde antes. Ecos

donio. Mientras queden quienes traten de justificar/justificarse.

Pero hay muchos otros y ya se oyen tantas voces. Tanta bronca por tanto horror vivido. Tanto dolor pero ya no impotencia.

Y van pasando los días. Los palos borrachos van perdiendo algo de su insolente rosada lozanía, los cielos de abril en Buenos Aires siguen igual de azules, ajenos a las ollas populares a un pasito nomás, detrás de los engaños, vaya una a saber a través de qué puertas andará bailando Celina ahora. La brecha no se abre.

En el abril porteño no llueve pero cuánto llueve, cuántas lágrimas. Metiéndome en capas superpuestas de poesía lloro como en los versos de Homero (Manzi) llora el ciego inconsolable del verso de Carriego, que fuma y fuma, sentado en el umbral.

En el reflejo de una lágrima quisiera, hubiera querido, percibir el destello que me haría comprender algo, al menos toparme con Calac o con Polanco y tener que aguantarles alguna de sus inaguantables parábolas puestas en acción, esclarecedoras. O encontrar los tablones tendidos entre dos sueños por Talita, Traveler y Oliveira. Un puente. La célebre puerta que vos sabés abrir tan bien para ir a jugar o mejor aún para incitarnos al juego de una lectura distinta.

¿Dónde? ¿Cuándo?

En el lugar debido, en el momento exacto. Que fue Plaza de Mayo, el viernes 15 de abril. Una manifestación multitudinaria, y los estribillos coreados hasta adquirir una verdad y una fuerza insospechadas: "Abajo los cobardes, la Plaza es de las Madres", o "Resulta, resulta indispensables, aparición con vida y castigo a los culpables". Y la noche va cayendo una vez más entre amarillentas luces y una vez más yo lloro, de emoción ahora; con lágrimas que empiezan a aclararse me voy sumergiendo en la muchedumbre, entre carteles de apoyo a las Madres de la Plaza de Mayo, entre las mismas madres, las llamadas locas con sus pañuelos blancos y su determinación de no darse por vencidas. Y de golpe allá arriba y sobre los árboles me aparece una sonrisa tenue como el gato de Cheshire pero no es gato, ni siquiera Teodoro W. en sus buenos tiempos. Es sonrisa de sabiduría que se va haciendo profunda, entendedora, flotando sobre la pirámide de mayo, ese símbolo que algunos quisieron borrar con zurcido invisible. Todo bien visible, ahora, los pañuelos blancos con los nombres de los hijos desaparecidos bordados en negro o en azul y la sonrisa ampliándose, abriéndose como no se abre puerta o ventana alguna de la casa de gobierno para recibir o reconocer los cientos de miles de firmas que las madres han llevado hasta allí en changuitos de la feria.

Todos saben, y también yo sé, gracias a la sonrisa, que son otras las puertas que se deben abrir. Y era tuya Julio Cortázar la sonrisa que entreví en la Plaza, y ojalá hubieras estado allí aquella noche para sonreír como sonreías mientras proferíamos al unísono el último verso del himno nacional con los puños en alto frente a la Casa Rosada, como una imprecación.

Por eso mismo ahora te pido disculpas, Julio, por haber querido encontrarte del otro lado del espejo, en un Buenos Aires otro sin horror y sin desaparecidos, hecho de añoranzas. Debería de haber sabido que sólo se te puede encontrar en el filo de la brecha, en el momento fugaz de una verdad, en el ángulo de intersección de este mundo con su complementario, en el instante preciso de la transgresión que genera múltiples respuestas, en la noche cuando la Plaza tiembla con las voces que al unísono corean "Se va acabar, se va a acabar / esta costumbre de matar". Cuando la Casa Rosada parece oscurecer de pronto, sonrojándose.

Y te puedo asegurar, Julio, me creas o no me creas, que en verdad allí estabas.

Luisa Valenzuela

México, febrero 12 de 2004
Querido Julio,

¿Quién sabe dónde empieza y dónde termina el espacio, quién puede tener conocimiento de espacios distintos del que habitamos? ¿Quién, sino vos, entiende de los des/espacios, virtuales o no?

Discúlpame el preámbulo, Julio, necesario para decir que quise mandarte un correo electrónico, pero de golpe recordé aquella frase de William Burroughs que seguramente has escuchado por boca de Laurie Anderson en tus sesiones caseras de jazz con audífonos. "El lenguaje es un virus del espacio exterior", dijo Burroughs alguna vez, con conocimiento de causa porque por ahí navegaba, por los espacios exteriores de la droga.

¡Droga! La exclamación favorita de muchos brasileros me vienen bien ahora para disimular la enorme emoción de abrir la ceremonia y dar comienzo a este *Diálogo nocturno con Julio Cortázar*.

Te he escrito algunas otras cartas públicas, una o dos, pero eran tiempos más luminosos cuando estabas físicamente entre nosotros.

Han pasado veinte años desde tu partida, y ha pasado, casi, ya, un año dedicado a tu memoria aquí en Buenos Aires. Y fue en febrero del Año Julio Cortázar, en Guadalajara, donde Fuentes y Saramago y García Márquez, junto con varios de quienes participamos ayer y hoy en estas jornadas porteñas, dieron con todos los fastos la señal de largada. Los extremos de nuestra América Latina se tocan para homenajearte, Julio, y eso habla no sólo de la admiración que sentimos por vos sino también del calor de la amistad que supiste alentar.

Veinte años desde aquél aciago 12 de febrero de 1984. Como si se hubiera apagado una luz. Pero nos quedan los reflejos de tu caleidoscópica escritura. Y en el inasible tiempo, atrapado como en ámbar, el último sueño recurrente que alguna vez me contaste sigue palpitando allí donde los hechos y las cosas están a punto de transformarse en algo que ni siquiera podemos entrever.

Tu sueño lo he recordado en múltiples oportunidades. Me lo contaste una fría tarde de diciembre en Nueva York, acordate Julio, en 1983. Querías tomarte un sabático para escribir una novela, y si bien no tenías idea del tema, estabas seguro de que la novela palpitaba en tu consciencia esperando que la despertaras, porque en sueños el editor te entregaba el libro y lo encontrabas perfecto, lo mejor que habías escrito, y no te asombraba en absoluto que en lugar de letras estuviera configurado por figuras geométricas.

El lenguaje es un virus del espacio exterior. La geometría es un lenguaje que quizá algún día comprendamos mejor, con tu ayuda.

Lezama Lima te asocia a Macedonio Fernández, precisamente, quien alguna vez afirmó que "Lo bonito, ha dicho Schopenhauer, es lo opuesto a lo bello. ¿Por qué? No lo dice, y creo poder decirlo: porque no nos conversa de la muerte."

Mucho nos conversaste de la muerte, Julio Cortázar; le tendiste a la muerte todo tipo de trampas, sortilegios y subterfugios para intentar cazarla viva y develárnosla "Aquí pero dónde, cómo", para mencionar uno de tus cuentos incluido en ese atisbo de futuro que titulaste *Octaedro*.

Y hoy, veinte años después, no corresponde llorar una muerte que el soñado libro de la perfección geométrica parecería haberte anunciado. Vos siempre anduviste, en tu ficción, tratando de cazar a la muerte por la cola; bien le conocías la belleza, a la muerte, más allá de Schopenhauer.

Por eso mismo, de alguna forma, no resulta tan absurdo querer mandarte mensajes electrónicos a ese otro lugar (un ciberespacio imaginario a la segunda potencia), porque en tus cuentos y novelas trataste a menudo de borrar la frontera. Invocaste fantasmas, algún personaje que puede ser "un pozo de aire que dura", que "se hace humo en un segundo", como el Abel de fugaces y ominosas apariciones en *El examen*, o como Paco en el cuento "Aquí pero dónde, cómo", colado como una percepción indescriptible en esta banalidad que llamamos realidad: "el agujero entre lo que todavía sigue aquí pero se va entregando más y más a los nítidos filos de la cosa de al lado".

Sin embargo las caras patéticas del fantasma no son tus caras, Julio Cortázar, payaso sagrado, escritor de los bordes, de las fronteras donde lo oscuro celebra su fiesta en honor al brillo de las tinieblas, "contrabandista bicultural", "escritor del borde" como te llamó alguna vez la crítica Emily Hicks.

Nada es binario en tus novelas. El abanico se abre en multiplicidad de seres que hablan y actúan en consonancia, en disonancia, en fuga o en contrapunto, como aceitadas piezas de una maquinaria en busca del Secreto con mayúscula que sólo se puede rozar con la punta de los dedos; y entonces tus personajes con sus dobles y sus paredros son uno solo: el jánico autor que puso sus multiplicidades en juego en la escritura, como puso en juego su vida al seguir excavando cada vez más hondo en la gruta del lenguaje en busca de la veta.

"Desde el lenguaje, desde un mundo de categorías, articulaciones, distinciones, Cortázar quiere hablarnos de una totalidad indivisible, para acabar diciéndonos que es inaferrable", escribió Cecilia Graña, en un ensayo que lleva el bello título de "Recorrer el silencio desde la palabra".

Cierto, es inaferrable, inasible, pero está allí como latencia, como bien demuestra tu lenguaje, arma de doble filo que suele traicionar a otros pero no a vos, Julio, porque supiste enfrentarte a la traición, ponerla en evidencia, burlarte de ella llevando al extremo de la lógica el precepto patafísico de ver la realidad complementaria de la que nos tiene acostumbrado nuestro magro razonar maniqueo.

Todo payaso sagrado sabe cómo empujar los límites de lo concebible, y también de lo inconfesable. Hasta las últimas consecuencias. Hasta volverlo peligroso porque el acceso al conocimiento secreto, por oblicuo que sea, representa siempre una amenaza.

Pero cada una de tus deslumbrantes páginas nos demuestra que la amenaza, mientras tengamos el coraje de mirarla de frente y hasta de reírnos de ella, ayuda a salvarnos.

Hoy, Julio, podemos seguir compartiendo tu búsqueda eterna, porque mucho más allá de *Rayuela*, de tus inolvidables cuentos, de toda tu obra de reflexión, está la apuesta que el sueño de la perfecta geometría pretendió clausurar pero para felicidad y angustia de todos los humanos, lectores y no lectores, sigue abierta: las palabras son lo único que tenemos, las palabras no alcanzan para comprender el misterio de la vida y de la muerte, pero son el andamiaje y tratamos de alzarlo lo más alto, de la manera más excelsa posible. Respetando el Misterio. Con pánico y a carcajadas. Como bien nos enseñaste, Julio Cortázar.

Y aquí concluye mi e-mail. Pero no voy a cliquear enter (ese Amén electrónico). No; voy a dejar el mensaje flotando en el aire porque estoy segura de que Gonzalo Celorio y Eduardo Casar, estos dos deslumbrantísimos cronopios, sabrán forwardearlo mejor que nadie, con o sin ciberespacio

Abrazos, entonces. Y muchas gracias a todos, y más aún a Julio dondequiera que estés.

Z
Salida

Nos estamos acercando al cierre de este libro de citas. En ambos sentidos de la palabra.

Cortázar y Fuentes se encontraron aquí como si se hubieran dado cita, y sus palabras fueron citadas *verbatim* "con la intención de dar autoridad o justificar lo que se está diciendo".

Las citas del encuentro fueron en su mayoría involuntarias pero allí están, para testimoniar los entrecruzamientos, los enlazamientos cuánticos que se producen entre dos mentes de igual calibre entregadas de lleno a la misma pasión: la búsqueda del conocimiento a través de la escritura, la consciencia de que sólo la ficción puede darle sentido a esto que llamamos realidad.

Aun así resulta asombroso que hasta el último momento se hayan concretado nuevas citas.

Por ejemplo en la elección de Londres como lugar de refugio. Carlos se aislaba allí casi la mitad del año para escribir, Julio contó que cruzaba el Canal de La Mancha cuando necesitaba descanso y anonimato. Se ve que la célebre flema inglesa era beneficiosa para ambos. Si bien de ambos se puede decir que vivieran donde viviesen siempre escribían en México y Buenos Aires, respectivamente.

Ahora son vecinos en el descanso eterno, porque ambos para su última morada eligieron el cementerio de Montparnasse en París. Julio porque allí yacía su amada Carol Dunlop y quizá en alguna zona de su inconsciente quiso volver con ella a la Autopista del Sur, no en calidad de autonautas de la cosmopista rememorando el viaje de tortugas que hicieron juntos deteniéndose para pernoctar cada dos paradores, sino la de su cuento homónimo de *Todos los fuegos el fuego*. La muerte como perenne embotellamiento. No es mala idea...

Por su parte Carlos, poco antes de que la muerte lo tomara de sorpresa en plena salud y goce de su contagiosa vitalidad, compró su parcela en Montparnasse en recuerdo quizá del final de su omnisciente *Terra Nostra*.

En el último capítulo Cuba Venegas, que reconocemos como la rumbosa rumbera de la *boomica* novela de Cabrera Infante, *Tres tristes tigres*, lanza el *dictum*:

—Todos los buenos latinoamericanos vienen a morir a París.

En la novela, el Cronista asiente: "Quizá tenía razón. Quizá París era el punto exacto del equilibrio moral, sexual e intelectual entre los dos mundos que nos desgarraron: el germánico y el mediterráneo, el norte y el sur, el anglosajón y el latino. En los aniversarios de sus respectivas muertes, Cuba Venegas llevaba flores a las tumbas de Eva Perón, en Père Lachaise, y del Che Guevara, en Montparnasse."

Al cementerio de Montparnasse el Che nunca llegó, como tampoco llegó Evita después de muchas tribulaciones al Père Lachaise, era muy poco probable que lo hicieran, pero a Carlos estaban ya esperándolo su amiga Susan Sontag, también Ionesco, Sartre, Simone de Beauvoir, Samuel Beckett, César Vallejo. Y sobre todo su querido Cortázar.

Vecinos y compadres, compañeros diría Julio, en sus últimas moradas.

Para soslayar la fascinación mexicana por la muerte y la necrofilia argentina, dos caras de la misma moneda, volvamos al último capítulo de la tan fuentiana *Terra Nostra*, donde asistimos a un juego cortazariano por demás entre protagonistas que reconoceremos como tales (Oliveira, Buendía, Cuba Venegas, Humberto el mudito, los primos Esteban y Sofía y el limeño Santiago Zavalita). Desde la España y América de los tiempos del "descubrimiento" la acción se ha desplazado a "La última ciudad" y transcurre en un futuro de la novela publicada en 1975, el año 2000:

"Qué lejanas aquellas veladas en el piso más alto de la vieja casa de la rue de Savoie, cuando se reunían todos a beber el amargo mate preparado por Oliveira y la rubia Valkiria lituana ponía tangos en el tocadiscos y servía pisco y tequila y ron, mientras todos jugaban a la Super joda, una partida de naipes competitiva en la que ganaba el que reuniera mayor cantidad de oprobios y derrotas y horrores. Crímenes, Tiranos, Imperialismos e Injusticias: tales eran los cuatro palos de esta baraja, en vez de tréboles, corazones, espadas y diamantes."

Es pues en homenaje a la casa en París de Ugné y Julio que se desarrolla esa competencia de sombras creada por Fuentes. Y Cortázar involuntariamente (pero es un adverbio que no se puede usar con el Gran Cronopio) le devolvió la atención.

Más allá de citas póstumas o concertadas, asombra comprobar que el último viaje de ambos fue a nuestro Buenos Aires querido. Acudieron, cada uno en su momento, a la ciudad que era un imán para ellos.

Como cita desfasada y como quienes cierran un círculo.

Julio, dejando de lado proyectos de ir antes a Nicaragua y a Cuba, a fines de 1983 vino directamente a su ciudad del alma a despedirse, sin admitírselo, de su madre, su hermana, su público que lo veneraba y también el que no, esos que se creen tan "superados". Y en ese último viaje a Buenos Aires, a la salida de un cine de la Avenida Corrientes, Julio y sus amigos se toparon con una manifestación de estudiantes que con todo alborozo lo reconocieron. Los chicos entonces se abalanzaron a las librerías siempre abiertas y compraron los libros de su ídolo para hacérselos firmar. El kiosquero de la esquina, con cierta timidez y pidiendo disculpas, sólo tuvo para acercarle el de otro autor latinoamericano. Julio se lo firmó con una gran sonrisa. Era una novela de Carlos Fuentes.

En su última visita Carlos llegó a Buenos Aires veintiocho años después que Julio, desde Chile, para dar el 1 de mayo de 2012 la conferencia magistral, ésa es la palabra, en la Feria del Libro porteña.

Pero la barca de Caronte no zarpó de este puerto. Tanto el uno como el otro volvieron desde Buenos Aires a sus respectivos hogares en su momento, y la parca lentamente se llevó a Julio en París el 12 de febrero de 1984 y tomó de sorpresa a Carlos en México el 15 de mayo de 2012.

Se fueron pero nos dejaron los dos libros póstumos que nos conciernen, el de la *Perfecta geometría* y *Federico en su balcón*, y tantos más que nos siguen enriqueciendo. En el caso de Julio pienso sobre todo en *Papeles inesperados* y *Clases de literatura. Berkeley, 1980*, en el caso de Carlos el libro *Personas*, que habla de quienes "le cambiaron la vida" y donde por supuesto figura Cortázar. Pero quedó otro que ya estaba en gestación titilando en el aire.

Carlos tenía un secreto que supo compartir estando en Buenos Aires: "Mi sistema de juventud es trabajar mucho, tener siempre un proyecto pendiente. Ahora he terminado un libro, *Federico en su balcón*, pero ya tengo uno nuevo, *El baile del Centenario*, que empiezo a escribirlo el lunes en México."

Dicha novela estaba destinada a completar la trilogía de "El tiempo romántico". Y se convirtió en su libro fantasma, porque en la solapa de *Federico en su balcón* está anunciado en la etapa III de "*La edad del tiempo*", luego de *La campaña* y de *La novia muerta*, otro libro que quedó en gateras y del cual le contó a Raymond Williams que sería la continuación de *La campaña*, con los personajes chilenos, argentinos y mexicanos envejecidos y cumpliendo el sueño de la oligarquía latinoamericana decimonónica de vivir en París. En cuanto a la siguiente novela, *El baile del Centenario* "cubre desde la celebración del centenario de la Independencia en septiembre de 1910, que la organiza Porfirio Díaz, hasta la celebración del fin del centenario en 1920, que la organiza Álvaro Obregón con José Vasconcelos, de manera que cubre diez años de la vida de México. Tengo ya muchos capítulos, notas y personajes. Hay una mujer que me interesa mucho, que no quiere decir nada de su pasado y se va descubriendo poco a poco, hasta que llega al mar y se libera".

La parca parece haberse llevado con ella las dos novelas en un baile que podemos imaginar al mejor estilo de los grabados populares de Guadalupe Posada, pero nos dejó las últimas palabras tanto de Fuentes como de Cortázar.

Son éstas, para mí, no las del aliento postrero sino aquellas que, impresas, pueden quedar fijadas en la memoria como una marca del espíritu de quien las emitió.

En su libro *La fascinación de las palabras*, Omar Prego completa sus conversaciones con Cortázar yendo a visitarlo al hospital, donde Julio no le menciona el *Libro de la Perfecta geometría* pero le dice que ya tenía algunas notas de una novela que le andaba dando vueltas en la cabeza "como una nebulosa".

Yo estaba releyendo el libro de Prego, y mientras subrayaba el párrafo en la introducción donde habla de su última visita a Julio en el hospital el 20 de enero de 1984, cuando Julio le promete que saldría de allí y juntos irían a pasear por el bosque, porque "lo que quiero es ver árboles", sonó el timbre en casa y se cumplió uno más de mis instantes Cortázar.

Me acababa de llegar un paquete de libros que había pedido a la editorial para completar este trabajo. De inmediato abrí con alegría el *Diario de Andrés Fava* (1986) y ¿qué leo en la primera página? Nada menos que la siguiente entrada:

"Esperando un ómnibus en Chacarita. Tormenta, cielo bajo sobre el cementerio. Cumpliendo la cola me quedo largo rato mirando la copa de los árboles que preceden el peristilo. Una línea continua de copas (el cielo gris la ahonda y purifica), ondulando graciosa como al borde de las nubes. En lo alto del peristilo el ángel enorme se cierne sobre los perfiles de árbol: parece como si apoyara el pie sobre las hojas. Un segundo de belleza perfecta, luego gritos, trepar al ómnibus, córranse más, de cinco o de diez, la vida. Adiós, hermosos, un día descansaré ceñido por ese encaje delicado que me protegerá por siempre de los ómnibus."

Me pregunto si le habrá llegado a Julio, en su lecho de muerte, una reverberación de la paz arbórea de nuestro cementerio más popular y famoso. Como un anhelo. ¿Por qué, si no, ese álter ego de Julio llamado Andrés Fava, nacido en la novela *Los premios*, se me presentó en ese instante para cerrar el círculo?

Con Cortázar las cosas eran así. El tenía su valeriana propia, decía, que atraía lo que Jung llamó las sincronicidades y los surrealistas llamaron encuentros fortuitos.

Esto me remite a aquel lejano encuentro casual en París. Marzo de 1977. Le había mandado yo una notita diciendo que iba a andar por allí y que me encantaría verlo. Al día siguiente de mi llegada, paseando sin rumbo fijo por el Quartier Latin, lo crucé en una esquina. Nos alegramos mucho, de las millones de personas que circulan por esa ciudad, pero no hay casualidades, dijo él, justo nos venimos a encontrar, etc., etc. Julio estaba haciendo tiempo antes de ir al teatro y me invitó a tomar un café. Allí me explicó que, como al día siguiente se tenía que ir a Bruselas por tres meses, me acababa de dejar un mensaje diciendo que mejor nos viéramos a su regreso en junio, si no me importaba. Cómo me va a importar, le dije, siempre es una rebajita esperar hasta junio para volver a ver a Julio. Y él festejó la ocurrencia y yo no tanto porque sabía que en junio vaya una a saber dónde estaría yo. Y de hecho recién nos volvimos a ver al año siguiente, pero ese encuentro casual por zonas de *Rayuela* y lejos de nuestras respectivas moradas (y hasta del teatro a cual Julio iría más tarde) me hizo muy feliz de todas maneras.

¿Cómo habría sido un instante Fuentes? ¿He tenido alguno?

Puede ser.

Años ha le estaba haciendo una entrevista telefónica desde las oficinas del periódico cuando me sorprendí. "¡Carlos!", le dije, "frente a esta ventana del octavo piso acaba de pasar un halcón, y nunca he visto halcones peregrinos en esta ciudad. ¿Lo mandaste vos?"

Y él sin vacilar me contestó: "Te lo envié especialmente. Anoche le dije Halcón, muévete hasta Buenos Aires, ve a saludar a Luisa."

¿Se habrá tratado del azor que la Señora, nuera de Isabel la Católica y de Felipe el Hermoso, pasea sobre el rugoso guante de cetrería en *Terra Nostra*?

"Paradoja, metáfora, imágenes, a qué peligros conducís" afirmó Fuentes, ya en su primera novela. Por lo tanto, mejor volver a lo concreto y retener las últimas palabras, es decir las más categóricas y terminantes, que le escuchamos decir durante su conferencia en Buenos Aires, casi de despedida.

"Educación, educación, educación", clamó Fuentes con su mejor histrionismo y su vitalidad a todo vuelo. La inmensa sala en el pabellón principal de la Feria del Libro estaba colmada a reventar, pero no nos lo decía sólo a nosotros, con su voz llena se lo reclamaba al universo.

Su reclamo, casi una invocación, me trajo a la memoria el personaje de la novela *Gringo viejo*, Ambrose Bierce, quien en su *Diccionario del diablo*, en la entrada "Novela" anotó: *imaginación, imaginación, imaginación*.

Educación e imaginación son términos que pueden muy bien consustanciarse. Carlos Fuentes los repartió a manos llenas.

¿Y ahora?

Para salir del laberinto espiralado aquí propuesto se necesita volver al principio del fin. A los dos libros póstumos. Y conjeturar. Porque si sus autores ya están del Otro Lado, el del todo desconocido, no nos queda más remedio que usar sus propias armas, o mejor sus propias herramientas, y atisbar desde la imaginación los posibles desenlaces, que nunca serán clausurantes.

Julio Cortázar, gran lector de Borges, no podía ignorar la trama del cuento "El milagro secreto". Allí el dramaturgo checo Jaromir Hladík está a punto de morir fusilado por los nazis. A último momento, Hladík sabe que lo único que le importa es completar su drama *Los enemigos* y ruega a Dios que le conceda el tiempo necesario:

"Un año entero había solicitado de Dios para terminar su labor: un año le otorgaba su omnipotencia. Dios operaba para él un milagro secreto: lo mataría el plomo alemán, en la hora determinada, pero en su mente un año transcurría entre la orden y la ejecución de la orden. De la perplejidad pasó al estupor, del estupor a la resignación, de la resignación a la súbita gratitud".

En su propio cuento "La isla a mediodía" Cortázar demostró conocer el mecanismo. Marini, asistente de vuelo a pesar de su apellido náutico, queda embelesado cada vez que sobrevuelan cierta diminuta isla griega, hasta que una feliz mañana después de elaborados desplazamientos logra llegar a esas playas donde los habitantes lo reciben con cordial sorpresa. Marini se queda a vivir con ellos, feliz, desentendido del accidente aéreo que arroja su propio cadáver a esas mismas playas.

Por lo tanto, propongo, en el instante supremo de la muerte Julio pudo escribir entera la novela que se debía a sí mismo, la que lo había estado convocando desde los sueños. Las figuras geométricas, en ese larguísimo instante, se hicieron palabras y Julio pudo llevarse a la eternidad el libro para el cual se había ido preparando toda su vida.

Carlos por su parte, que alguna vez me dijo que ante la disyuntiva cielo-infierno prefería mil veces este último porque allí estaba la gente más interesante, ya en total dominio del secreto del eterno retorno, en el Más Allá se reencuentra y reencuentra con Federico, don Niche para los íntimos. En cada instancia, el filósofo vuelve a reconocerlo y lo saluda y lo increpa:

"—¿Usted es el que me dijo Súper-Dúper-Gary-Cooper? ¿El que cree en el libre arbitrio en la actividad de los seres humanos, incluyendo a los personajes de una novela?"

Carlos Fuentes le ruega que sigan debatiendo, que tienen más tela que cortar y más historias que contarse.

"—De acuerdo", acepta Federico Nietzsche. "Pero salgamos al balcón, acá hace demasiado calor."

Índice

Este ejemplar se terminó de imprimir en Julio de 2014,
En COMERCIALIZADORA DE IMPRESOS OM S.A. de C.V.
Insurgentes Sur 1889 Piso 12 Col. Florida
Alvaro Obregon, México, D.F.